LES ANCIENS ET LES MODERNES –
ÉTUDES DE PHILOSOPHIE
sous la direction de Chantal Jaquet et Pierre-Marie Morel
53

Duratio vitalis

Nicolas Lema Habash

Duratio vitalis

Figures et variations de la vie dans la philosophie de Spinoza

PARIS
CLASSIQUES GARNIER
2022

Nicolas Lema Habash est maître de conférences au département de philosophie de l'université de los Andes de Bogotá. Docteur en philosophie, il est également membre associé au Centre d'histoire des philosophies modernes de l'université Paris 1 Panthéon-Sorbonne. Ses travaux portent sur la philosophie moderne et contemporaine, l'esthétique, la pensée et le cinéma latino-américains.

ISBN 978-2-406-13138-0 (livre broché)
ISBN 978-2-406-13139-7 (livre relié)
ISSN 2109-8042

À *Catalina.*

Es curioso,
pero vivir consiste en construir futuros recuerdos
Ernesto SÁBATO, *El túnel*.

ABRÉVIATIONS

DESCARTES

AT *Œuvres complètes* de René Descartes, édition de Charles Adam et Paul Tannery, Paris, Vrin, 1996. Suivi du tome et de la page.

SPINOZA

CT *Court traité*. Traduction par Joël Ganault, *Œuvres* I, *Premiers écrits*, Paris, Presses universitaires de France, 2009. *CT* I, II/5 = première partie, chapitre II, paragraphe 5 de cette édition.

É *Éthique*. Traduction par Pierre-François Moreau, *Œuvres* IV, Paris, Presses universitaires de France, 2000. *É* II, prop. 17, sc. = deuxième partie, proposition 17, scolie ; *É* IV, prop. 35, cor. 2 = quatrième partie, proposition 35, corolaire 2.

Ep. *Correspondance* de Spinoza. Traduction par Maxime Rovere, Paris, Garnier-Flammarion, 2010. Suivi du numéro de la lettre.

G *Spinoza Opera*. Im Auftrag der Heidelberger Akademie des Wissenschaften herasgegeben von Carl Gebhardt, 4 tomes, Heidelberg, Carl Winter, 1925. Suivi du tome et de la page.

PM *Pensées métaphysiques*. Traduction par Charles Appuhn, *Œuvres de Spinoza* I, Paris, Garnier-Flammarion, 1964. *PM* II, 6 = deuxième partie, chapitre 6.

PPD *Principes de la philosophie de Descartes*. Traduction par Charles Appuhn, *Œuvres de Spinoza* I, Paris, Garnier-Flammarion, 1964. *PPD* I, ax. 10 = première partie, axiome 10 ; *PPD* II, prop. 15, dém. = deuxième partie, proposition 15, démonstration.

TP *Traité politique*. Traduction par Charles Ramond, *Œuvres* V, Paris, Presses universitaires de France, 2005. *TP* V/6 = chapitre 5, article 6.

TRE *Traité de la réforme de l'entendement.* Traduction par Michelle Beyssade, *Œuvres* I, *Premiers écrits*, Paris, Presses universitaires de France, 2009. *TRE* 11 = paragraphe 11 de l'édition Bruder, telle qu'elle a été reprise dans la traduction de Beyssade.

TTP *Traité théologique-politique.* Traduction par Jacqueline Lagrée et Pierre-François Moreau, *Œuvres* III, Paris, Presses universitaires de France, 1999. *TTP* XX/6 = chapitre xx, paragraphe 6 de cette édition.

app. appendice

ax. axiome

chap. chapitre

cor. corollaire

déf. définition

dém. démonstration

lem. lemme

préf. préface

prop. proposition

sc. scolie

INTRODUCTION

Malgré une fausse apparence de simplicité, le concept de vie n'est pas univoque chez Spinoza. Il est passible d'une diversité de significations, comme le suggère d'emblée le seul texte qu'il a publié sous son nom de son vivant, les *Principes de la philosophie de Descartes*, suivi de l'appendice intitulé *Pensées métaphysiques*. Dans la deuxième partie de cet appendice, lorsque Spinoza traite le sujet de la « Vie de Dieu », il écrit ceci à propos du terme *vita* : « Bien que ce mot [*vox*] soit souvent pris par métaphore pour signifier les mœurs d'un homme, nous nous contenterons d'expliquer brièvement ce qu'il désigne philosophiquement[1] ». Ce bref passage met au jour deux éléments clés : la manière dont Spinoza utilise la terminologie de la *vita* et la variété d'objets que ce terme peut désigner.

En effet, Spinoza entame sa réflexion par une remarque sur la façon dont on peut employer le « mot » *vita*. Il le considère comme un moyen de désigner des objets qui peuvent se situer dans des domaines différents. Il rappelle son emploi fréquent comme « métaphore » pour exprimer les « mœurs » des hommes, c'est-à-dire la façon dont les êtres humains organisent et déploient leur existence ; mais il met aussi en avant une modalité « philosophique » d'utilisation de ce terme. Quelques lignes plus loin, on découvre que cette acception philosophique englobe à son tour une énorme variété de choses, dans la mesure où elle donne à entendre la vie comme la « *force par laquelle les choses persévèrent dans leur être*[2] ». Autrement dit, la vie au sens philosophique peut s'appliquer à toute l'infinie diversité de ce qui existe dans la durée, aussi bien à ce qui est corporel qu'à ce qui est incorporel. Cet usage du terme implique déjà une multiplicité d'objets et de modalités de références.

À partir de ces remarques, l'étude de la notion de vie s'ouvre par hypothèse comme une exploration de ses « variations » conceptuelles.

1 *PM* II, 6. G. I, p. 260.
2 *Ibid.*

En ce sens, le problème qui nous occupe suit des pistes proposées par Spinoza lui-même dans ce fragment, afin de tracer les transformations du concept de vie dans son corpus. Il s'agit ainsi de mener une recherche de la notion de vie reposant sur un exercice d'exploration de l'éventuelle diversité de façons dont elle a été mise en œuvre par Spinoza.

Si le texte des *Pensées métaphysiques* permet déjà d'observer un principe de possible variation dans la référence de la terminologie de la vie, il faut se demander si, dans cet ouvrage, Spinoza ne manifeste pas sa préférence pour un emploi spécifique de cette notion au détriment d'autres. Est-ce qu'il n'incline pas plutôt pour un sens « philosophique » que pour un usage « métaphorique » ? Certes, si l'on réduit l'analyse aux *Pensées métaphysiques*, la définition de la vie comme force s'impose comme la perspective préférentielle. Mais il faut noter que Spinoza ne dit pas qu'une de ces modalités de référence à la vie est inadéquate ; il constate simplement que le mot *vita* est utilisé différemment.

Ainsi, la question qui se pose à partir de ces repérages terminologiques est la suivante : si Spinoza lui-même ne dit pas qu'un autre usage de la terminologie de la vie est inadéquat, peut-on soutenir que la référence appelée « philosophique » dans cet ouvrage est la seule acceptable ? Ne peut-on envisager, à titre d'hypothèse, que la conception « métaphorique », qui fait référence aux mœurs des hommes, puisse être aussi développée et mise au premier plan dans d'autres contextes d'écriture ? Ou bien faut-il dire que la « force », et la constellation de concepts associés, a toujours une stricte équivalence avec la « vie » ?

Dans son étude séminale sur *L'idée de vie dans la philosophie de Spinoza*, Sylvain Zac a répondu par l'affirmative à cette dernière interrogation. Pour lui, la conception spinoziste de la vie implique la référence à une grande variété de sujets, au point d'écrire que l'on « peut centrer tous les thèmes spinozistes autour de la notion de vie[3] ». Mais d'après Zac, cette référence multiple est une sorte de prolongement, dans toute l'œuvre de Spinoza, de l'argument du chapitre 6 de la deuxième partie des *Pensées métaphysiques*, qui établit une équivalence entre la force des choses et la vie qu'elles ont. Sa thèse centrale à cet égard est que l'idée de force comme vie se prolonge dans la théorie du *conatus*, dont l'importance dans la philosophie spinoziste permettrait d'avancer une exploration multiple

3 Zylvain Zac, *L'idée de vie dans la philosophie de Spinoza*, Paris, Presses universitaires de France, 1963, p. 15.

de la vie des choses en tant qu'expression de la vie de Dieu, depuis une perspective non anthropocentrique et non téléologique : « Le *conatus* est précisément ce par quoi les choses "vivent et demeurent en Dieu", ou, autrement dit, il est la vie même de Dieu, en tant qu'elle s'exprime à des degrés différents dans la diversité infinie des choses. C'est donc la notion de "vie" qui fonde l'unité de l'homme, l'unité de Dieu et assure le passage de l'unité de Dieu à l'unité de l'homme[4] ».

Nul doute que Zac a le mérite d'avoir mis en lumière la richesse conceptuelle et référentielle de ces notions de force et de *conatus*. Il a également établi une continuité indiscutable entre l'idée de force que Spinoza développe depuis son commentaire sur Descartes et ses réflexions ultérieures sur la politique et la sagesse. Pourtant, il nous semble plutôt que son étude est centrée conceptuellement sur l'idée de « force » et non sur celle de « vie », car il est discutable de prendre l'équivalence entre vie et force dans les *Pensées métaphysiques* comme une référence valable pour toute l'œuvre de Spinoza. En effet, si cet appendice au livre sur Descartes est la poursuite d'un commentaire philosophique, peut-on affirmer que Spinoza a maintenu le contenu de la notion de vie telle qu'il l'a établi dans ce texte-là ? Dans la mesure où ultérieurement, Spinoza ne définit jamais le *conatus* comme la vie qu'ont les choses ni ne reprend l'idée d'une « vie de Dieu », on peut penser que les *Pensées métaphysiques* occupent une place très particulière dans son œuvre et n'ont pas nécessairement de prolongement.

En ce sens, la recherche au sujet de la notion de vie chez Spinoza doit se rouvrir en tenant compte de l'absence, dans d'autres ouvrages, des thèses avancées dans les *Pensées métaphysiques*. Nous devons ainsi envisager l'hypothèse que le problème de la vie ait subi des modifications importantes au fur et à mesure que Spinoza a développé son écriture et sa philosophie. Le fait qu'il n'a jamais explicitement défini le *conatus* ou la puissance de chaque chose comme sa « vie » nous invite donc à reprendre à nouveaux frais cette notion et à nous pencher sur ses possibles variations, au lieu de la concevoir uniquement comme synonyme de la force des choses et de présupposer que cette signification – qu'il appelle « philosophique » – est maintenue dans toute l'œuvre. Cela implique en toute rigueur de prendre au sérieux la réflexion de Spinoza lui-même au sujet de la possibilité d'un usage varié du mot vie, et d'examiner

4 *Ibid.*, p. 100.

ce qui se maintient et ce qui se modifie dans son corpus à l'égard de cette thématique. Il s'agit donc au fond d'examiner ce que nous pourrions appeler le « partage » entre la vie et la force des choses, partage à considérer dans les deux sens du terme : à la fois comme ce qui désigne le « commun » entre la force et la vie, et comme ce qui indique une « division » ou une « séparation » entre les deux.

Au-delà de l'étude de Zac, on a assisté à une sorte de renouvellement de l'intérêt pour le problème de la vie chez Spinoza durant les dernières années, ainsi qu'à la parution d'un ensemble de travaux remarquables à cet égard[5]. Parmi eux, il faut notamment mentionner les ouvrages de Raphaële Andrault, *La vie selon la raison. Physiologie et métaphysique chez Spinoza et Leibniz*[6], et d'Henri Atlan, *Cours de philosophie biologique et cognitiviste. Spinoza et la biologie actuelle*[7], qui ont étudié la notion spinoziste de vie depuis deux perspectives différentes.

Dans une étude comparative des œuvres de Spinoza et Leibniz, Andrault propose un examen de ces deux philosophes d'un point de vue historique. Elle établit la façon dont ils abordent le problème de la vie, en faisant notamment référence aux discussions sur la physiologie à leur époque. Les conceptions de Spinoza et Leibniz au sujet de la vie sont donc situées au sein du champ des discussions médicales et par rapport aux développements scientifiques et technologiques au sein de ce domaine. Il ne s'agit pas d'établir s'ils ont été directement influencés

---

5 Nous mentionnons sur ce sujet les travaux suivants récemment publiés : Steven Nadler, *Think Least of Death : Spinoza on How to Live and How to Die*, Princeton, Princeton University Press, 2020 ; Juan Vicente Cortés-Cuadra, « Vie, mort et mort en vie. Mémoire et identité chez Spinoza », *Revue philosophique de Louvain*, vol. 117, n° 1, 2019, p. 31-62 ; Gábor Boros, « Life as Death in Spinoza », in Gábor Boros, Judit Szalai, Olivér István Tóth (dir.), *The Concept of Affectivity in Early Modern Philosophy*, Budapest, The Dean of the Faculty of Humanities of Eötvös Loránd University, 2017, p. 142-158 ; Julie Henri, *Spinoza, une anthropologie éthique. Variations affectives et historicité de l'existence*, Paris, Classiques Garnier, 2015 ; Emanuela Scribano, « Spinoza muore », *Rivista di Storia della Filosofia*, vol. 67, n° 1, 2012, p. 107-130 ; Bernard Vandewalle, *Spinoza et la médicine. Éthique et thérapeutique*, Paris, L'Harmattan, 2011 ; Judith Butler, « The Desire to Live : Spinoza's *Ethics* under Pressure », *Senses of the Subject*, New York, Fordham University Press, 2015, p. 63-89. Ce texte de Butler est disponible en français sous le titre « Le désir de vivre. L'*Éthique* de Spinoza sous pression », in Eva Debray, Frédéric Lordon et Kim Sang Ong-Van-Cung (dir.), *Spinoza et les passions du social*, Paris, Éditions Amsterdam, 2019, p. 45-73.

6 Raphaële Andrault, *La vie selon la raison. Physiologie et métaphysique chez Spinoza et Leibniz*, Paris, Honoré Champion, 2014.

7 Henri Atlan, *Cours de philosophie biologique et cognitiviste. Spinoza et la biologie actuelle*, Paris, Odile Jacob, 2018.

par ces développements, mais de localiser leurs philosophies dans cette épistémè, afin de voir comment ils s'accordent avec elle ou s'en séparent. Dans le cas de Spinoza, Andrault soutient qu'il distingue le problème de la vie en tant que tel de celui d'un corps vivant, au point d'en conclure qu'il propose une perspective « aphysiologique » de la vie. En même temps, la notion spinoziste de la vie se situe à l'encontre d'une idée « intuitive » traditionnelle, car elle remet ouvertement en question une distinction rigide entre vie et mort :

> (i) On trouve une réécriture de la notion de vie qu'on peut qualifier de contre-intuitive, en ce qu'elle s'édifie complètement en dehors des représentations communes de ce qui oppose le corps vivant à un cadavre, et la vie à la mort. (ii) Cette représentation est dans le même temps aphysiologique, au sens où elle ne suppose pas de faire intervenir la physiologie, ne serait-ce que de manière elliptique, pour déchiffrer les sentiments internes ou pour mettre au jour les modalités spécifiques de la conservation animale et humaine *en tant* qu'elle répond à ces sentiments[8].

Cette conception non « ordinaire » de la vie peut aussi s'inscrire dans le contexte épistémologique des discussions des sciences médicales à l'époque, bien que Spinoza prenne une voie non physiologique[9].

De son côté, Atlan propose d'aborder le problème de la vie chez Spinoza, et d'autres sujets associés comme l'individuation corporelle ou la relation corps-esprit, par rapport au champ des sciences médicales, et plus spécifiquement de la biologie. Il ne le fait pas depuis un point de vue historique ; mais, en combinant le commentaire des textes avec leur corrélation avec des discussions en biologie contemporaine, il propose en quelque sorte une thèse double : si Spinoza permet de mieux concevoir quelques aspects de la biologie contemporaine, celle-ci permet de mieux comprendre quelques aspects de la philosophie spinoziste. On trouve chez Spinoza, *in embryo*, presque tous les éléments pour développer ce qu'en biologie contemporaine on désigne comme une théorie de l'auto-organisation, laquelle explique, entre autres choses, l'apparition du vivant. Lu à la lumière de la théorie biologique contemporaine de l'émergence, Spinoza apparaît donc comme l'un de ses précurseurs[10].

---

8 Andrault, *La vie*, *op. cit.*, p. 243.

9 *Ibid.*, p. 243-244.

10 Cette thèse avait déjà été avancée dans *Le vivant post-génomique*, un livre publié en 2011, où Atlan propose une théorie de l'auto-organisation définie comme « un mécanisme ou

En même temps, si Spinoza annonce des éléments propres aux sciences biologiques contemporaines, selon Atlan l'interprétation de sa philosophie s'enrichit aussi lorsqu'on la lit depuis la perspective de la théorie contemporaine de l'auto-organisation, car on découvre pourquoi Spinoza n'a pu avancer davantage dans certaines découvertes, sur des sujets comme la composition des individus corporels. Atlan analyse ainsi la petite physique qui suit la proposition 13 d'*Éthique* II comme un bref traité de « biophysique » qui propose des mécanismes de formation corporelle annonçant les développements de la chimie contemporaine, que Spinoza ne pouvait connaître à son époque[11].

Tout en tenant compte de ces développements, notre démarche vise à combler une lacune et à compléter les travaux menés sur le problème de la vie chez Spinoza en proposant une nouvelle voie d'approche. Par un examen des variations de la notion de vie ancré dans les différents écrits de Spinoza, nous entendons prendre de la distance par rapport à l'idée que le problème de la vie est automatiquement lié au champ des sciences médicales, soit de manière historique, soit de manière contemporaine. Cela ne signifie pas que la réflexion spinoziste sur la vie ne se réfère pas à ce domaine ou qu'elle ne discute pas avec lui, implicitement ou explicitement. Les études d'Andrault et d'Atlan ont démontré que ce type de discussion est présent et il n'est pas question de le nier. Cependant, il s'agit d'adopter ici une autre perspective et d'établir que le problème de la vie chez Spinoza peut se penser d'une

---

un ensemble de mécanismes par lesquels des structures sont produites au niveau global d'un système à partir d'interactions entre ses constituants à un niveau d'interaction inférieur. Les interactions entre les constituants sont elles-mêmes produites localement sans aucune référence à une structure globale préconçue. Au contraire, celle–ci est une propriété émergente du système et non une propriété imposée de l'extérieur du système » (*Le vivant post-génomique ou qu'est-ce que l'auto-organisation*, Paris, Odile Jacob, 2011, p. 10). Les chapitres finaux montrent explicitement comment Spinoza annonce quelques éléments clés de cette théorie (voir, notamment, chap. 8 et 9, p. 243-294). Il est intéressant de voir la façon dont, dans son travail sur Spinoza, Atlan combine deux perspectives autour de la position historique de Spinoza par rapport aux connaissances des sciences biologiques et de la nature. D'une part, dans ces deux ouvrages, *Le vivant post-génomique* et *Cours de philosophie biologique et cognitiviste*, il propose la figure de Spinoza comme précurseur de développements biologiques contemporains. D'autre part, dans un ouvrage antérieur, il soutient que Spinoza était une sorte de point culminant des théories juives à propos de la connaissance de la nature. Voir *Les étincelles de hasard*, Paris, Seuil, 1999, notamment le tome 1, *Connaissance spermatique*.

11 Atlan, *Cours de philosophie biologique*, *op. cit.*, p. 69-85.

autre manière encore, qui va au-delà de son rapport à la biologie et à la médecine. Notre ligne d'interprétation vient ainsi compléter le cadre des études qui ont considéré le sujet de la vie par rapport aux sciences de la nature comme le domaine préférentiel pour analyser cette thématique.

Cette perspective sur la notion de vie, que l'on pourrait qualifier de « non biologique », est d'ailleurs suggérée textuellement par Spinoza lui-même, car l'analyse du lexique de la *vita* présent dans ses ouvrages révèle un usage qui excède les discussions scientifiques et témoigne d'un intérêt à la situer dans des champs tels que l'éthique et la politique, et à l'inscrire au cœur même de la caractérisation spécifique de la puissance de l'être humain comme mode raisonnable. Tel est le cas, par exemple, des concepts clés de *vita vera*, dans le *Traité théologico-politique*, ou de *vita vitalis*, que les éditeurs de la dernière édition du texte de l'*Éthique*[12] ont décidé d'adopter au lieu de *vita rationalis*, dans l'appendice de la partie IV, en tenant compte de la leçon du Manuscrit Vatican[13]. La notion de *vita* mobilisée au sein de ces concepts nous incite à examiner l'usage de ce terme : il renvoie à des modalités de mener une existence humaine dans la durée qui mettent en jeu le développement de la raison et de l'entendement et font référence à des aspects éthiques et politiques. Ces exemples montrent déjà comment les déclinaisons explicites de la vie tendent à s'éloigner d'une définition biologique de l'existence modale, qu'elle soit centrée sur la description du fonctionnement physiologique du corps, ou fondée sur la catégorie d'âme héritée de la tradition aristotélicienne. Ainsi, tout en étant d'accord avec l'argument d'Andrault qui souligne que la vie chez Spinoza ne se réduit pas à son application pour décrire le fonctionnement physiologique ou biologique des corps végétaux et animaux, nous pouvons avancer l'hypothèse que les usages lexicaux de la *vita* s'accompagnent souvent d'autres concepts (tels que les adjectifs mêmes de *vera* ou *vitalis*) qui font varier ses objets, au-delà des savoirs médicaux de l'époque.

À cette fin, pour analyser l'œuvre de Spinoza, nous prenons appui sur une méthode que l'on pourrait qualifier de « pointilliste[14] ». Il s'agit

12 Le texte a été établi par Fokke Akkerman et Piet Steenbakkers, Paris, Presses universitaires de France, 2020.

13 *É* IV, app., ch. 5. G. II, p. 267. Voir *The Vatican Manuscript of Spinoza's* Ethica, édition de Leen Spruit et Pina Totaro, Leyde, Brill, 2011.

14 Telle que Chantal Jaquet l'a proposé dans son *Spinoza à l'œuvre. Composition des corps et force des idées*, Paris, Publications de la Sorbonne, 2017, p. 8-9 : « Ainsi la première règle de ce

d'examiner la notion de vie dans les textes à partir des mots considérés comme des « points » qui indiquent comment la *vita* (et des termes apparentés) est explicitement exprimée par Spinoza et dessinent des lignes interprétatives. Le mot se transforme en référence centrale pour établir le développement de cette conception, et constitue le « point » à partir duquel nous déterminerons ses usages dans les différents ouvrages et repérerons les distinctions et associations avec d'autres termes et concepts. En suivant la piste donnée par Spinoza lui-même lorsqu'il a parlé de la diversité de manières dont on peut « prendre » ce mot, le « point » que nous examinerons de manière préférentielle dans notre interprétation sera celui du terme *vita*. Il s'agira donc d'étudier comment Spinoza a « pris » ce mot et de quelles façons il l'a utilisé ; c'est par ce moyen que nous examinerons sa pensée sur la vie.

Si la méthode pointilliste se fonde sur l'attention aux mots, elle s'appuie aussi sur leur absence. Par conséquent, on peut dire que l'absence du mot devient aussi « un autre point », surtout lorsqu'un terme est attendu de manière logique ou cohérente dans un texte ou fragment déterminé. En faisant l'analogie avec un tableau, si les mots sont comme les points d'une peinture « marqués » explicitement pour être perçus par la vue, leur manque est comme une sorte d'espace « vide » sur la toile, qui aide également la perception à établir les connexions entre les points peints, afin de former l'image complète. Cet espace vide sur le tableau indique la présence de ce qu'on appellera un « silence » terminologique dans un texte. En nous fondant sur ce pointillisme méthodologique, il s'agira d'interpréter, non seulement les mots explicitement écrits dans le texte concernant la terminologie de la *vita*, mais aussi les moments où cette terminologie manque alors qu'elle semblerait appropriée.

Pour donner un exemple que nous examinerons plus loin en détail, la célèbre proposition 7 d'*Éthique* III donne une définition du mode en tant qu'effort ou tendance : « L'effort (*Conatus*) par lequel chaque chose

---

que j'ai appelé le *pointillisme méthodologique* est le retour au texte, à son lexique propre. Il faut voir ce qui est écrit exactement, prêter une attention aux mots, à leur présence ou à leur absence et pas simplement aux idées générales véhiculées. Les termes ne sont pas interchangeables. C'est dans le mot que nous pensons, dit très justement Hegel. C'est la plus petite unité de sens, de sorte que mettre un mot à la place de l'autre n'est pas indifférent. Le pointillisme méthodologique conduit alors à s'interroger aussi bien sur les raisons de la présence de ce terme-ci que de l'absence de ce terme-là pour en dégager toutes les implications ».

s'efforce de persévérer dans son être n'est rien d'autre que l'essence actuelle de cette chose[15] ». À la lumière du passage des *Pensées métaphysiques* déjà cité, où force et vie sont équivalents (dans un texte où *vis* et *conatus* le sont aussi), on pourrait penser que dans l'*Éthique* effort et vie le sont également. Pourtant, ce qu'il faut considérer, c'est l'absence du mot « *vita* » dans la définition du *conatus* de l'*Éthique*. Pourquoi le *conatus* n'a-t-il pas été défini explicitement comme la « vie » des choses, de la même manière dont la force l'avait été dans les *Pensées métaphysiques* ? Cette variation terminologique implique-t-elle un changement général dans la doctrine spinoziste sur la force et le *conatus* des modes ? Si la vie n'est pas définie comme *conatus*, quelles sont les références exactes de chacun de ces termes dans l'*Éthique* ? Dans quelle mesure peut-on utiliser un langage ouvertement vitaliste pour parler du *conatus* des choses, ainsi que Zac l'a fait dans sa célèbre étude, comme nous l'avons remarqué ?

Au lieu de conduire à interpréter immédiatement la conception du *conatus* comme équivalente à la notion de vie, ce silence incite à se demander s'il n'existe pas une *différence* spécifique entre les objets désignés par ces deux termes. Ainsi, l'absence du mot *vita*, pourtant attendu dans ce texte sur le *conatus*, conduit à la recherche de nouvelles hypothèses explicatives, comme celle d'un « dédoublement » de la notion de force dans l'*Éthique*, que nous explorerons sans préjuger de l'identité stricte des termes ni reconduire automatiquement des thèses antérieures des *Pensées métaphysiques*.

Ainsi, il s'agira d'étudier ce que nous pourrions appeler un « parcours de la *vita* » et de ses figures conceptuelles au sein du corpus spinoziste. Dans cette optique, nous prendrons d'abord appui sur les deux textes qui composent le commentaire de Spinoza sur Descartes et la métaphysique classique, les *Principes de la philosophie de Descartes* et son appendice, les *Pensées métaphysiques*. Cet ouvrage nous aidera à présenter et établir le milieu philosophique à l'intérieur duquel Spinoza commence sa réflexion sur la vie, et à définir la manière critique dont il utilise ce terme par rapport au contexte. Nous examinerons ensuite le *Traité de la réforme de l'entendement*, le *Traité théologico-politique*, l'*Éthique* et le *Traité politique*. Le *Court traité* ne fera pas l'objet d'un chapitre indépendant, mais nous utiliserons la discussion qu'y propose Spinoza sur la destruction et

15 G. II, p. 146.

l'engendrement dans l'étendue pour mieux comprendre sa réflexion sur les transformations modales et la mort.

Le parcours de la *vita* que nous suivons dans l'œuvre de Spinoza repose sur des modalités de références non biologiques. Dans les *Pensées métaphysiques* déjà, l'utilisation de la notion de force comme figure provenant de la physique cartésienne détermine cette démarche ; mais cette référence non biologique épouse une autre perspective dans le *Traité de la réforme de l'entendement*, qui présente les idées de Spinoza au-delà de la modalité du commentaire philosophique. La terminologie de la vie s'enracine dès cet ouvrage dans une référence appliquée presque uniquement aux modes humains. Il s'agira donc de reprendre ce parcours de la vie selon une double ligne argumentative suivant un axe intensif et un axe extensif. Un axe intensif, d'une part, car le terme *vita* s'ancre dans chaque ouvrage à des figures centrales qui réfèrent à différents degrés de puissance d'agir et d'organisation éthico-politique du mode humain, comme la *vita communis*, la *vita vera*, la bio-graphie et la multitude libre. Un axe extensif, d'autre part, en raison des variations des objets de la notion de *vita* et des diverses modalités de focalisation : sur tous les modes, sur l'espèce humaine, sur une biographie singulière, sur un corps politique collectif. Ce double angle d'analyse suppose aussi d'examiner l'association de la terminologie de la *vita* à une constellation incluant d'autres éléments textuels, comme les concepts de *ratio vivendi*, *vita rationalis*, *vita vitalis*, *vita in concordia* ou *vita ex suo ingenio*, qui jalonnent l'œuvre et réfèrent tous à des formes spécifiques pour *qualifier* la vie en tant qu'existence humaine dans la durée.

QUARE NOS PER VITAM INTELLIGIMUS VIM, PER QUAM RES IN SUO ESSE PERSEVERANT

L'extension radicale de la notion de vie dans les commentaires de Spinoza sur Descartes

Dans le chapitre 6 de la deuxième partie des *Pensées métaphysiques*, l'appendice de son ouvrage intitulé *Principes de la philosophie de Descartes*, Spinoza donne une définition de la vie telle qu'il l'entend au-delà des organismes auxquels on se réfère souvent comme « vivants » : « Nous entendons donc par *vie la force par laquelle des choses persévèrent dans leur être*[1] ». Cette définition de la vie comme force marque une reformulation des notions cartésiennes de vie et de force. Pour mieux comprendre cette reformulation, nous proposons dans ce chapitre d'examiner la manière dont Spinoza utilise ces deux notions – en considérant que les *Principes de la philosophie de Descartes* et son appendice constituent un commentaire des *Principia philosophiae* de Descartes. La ligne argumentative développée par Spinoza implique un rapport entre le commentaire sur Descartes et de potentielles innovations que Spinoza pourrait avancer comme propres[2].

Les usages des notions de vie et de force dans les *Pensées métaphysiques* se situent donc au croisement du commentaire philosophique qui explique les idées de Descartes et de l'expression subtile de thèses philosophiques de Spinoza. C'est justement ce qu'expose l'ami de Spinoza, Louis Meyer, dans sa préface : il y considère que le but principal est d'expliquer la philosophie de Descartes, tout en soulignant que la pensée spinoziste diverge parfois de la philosophie naturelle cartésienne[3]. Cette discussion

---

1 *PM* II, 6. G. I, p. 260.

2 Voir Chantal Jaquet, « Préface », dans Chantal Jaquet (dir.), *Les pensées métaphysiques de Spinoza*, Paris, Publications de la Sorbonne, 2004, p. 11-15.

3 « Avant tout je désire qu'on observe que dans tout l'ouvrage, aussi bien dans la première partie et la deuxième des *Principes* et dans le fragment de la troisième, que dans ses *Pensées métaphysiques*, notre Auteur [Spinoza] a seulement voulu exposer les idées de Descartes et leurs démonstrations, telles qu'on les trouve dans ses écrits, ou telles que des principes

invite à considérer les idées de Spinoza avancées dans ces textes à la fois comme une présentation du champ historique et philosophique cartésien dans lequel sa philosophie s'inscrit, et comme une opération critique – ancrée dans cette même philosophie cartésienne – du domaine de la métaphysique traditionnelle. Si le résultat de ce travail n'est pas une simple répétition des idées cartésiennes, c'est parce que Spinoza est capable de l'aller subtilement au-delà de Descartes, tout en gardant la possibilité d'expliquer ses doctrines.

En effet, bien que quelques concepts cartésiens soient délicatement transformés par Spinoza, la mobilisation de la doctrine de la création continuée – laquelle se trouve derrière la notion d'*vis* chez Descartes – est fondamentale pour accomplir une reformulation des notions de vie et de force. Pourtant, si l'on considère l'*Éthique* comme un texte où Dieu est une substance immanente par rapport aux modes créés, il est difficile de concevoir comment Spinoza peut accepter une doctrine telle que celle de la création continuée, où le type de Dieu accomplissant l'acte créateur est un Dieu transcendant.

Ce paradoxe a été précisément remarqué par Daniel Garber. Dans un article où il commente les notions de force et de persistance chez Descartes et Spinoza, Garber souligne une différence essentielle entre ces deux philosophes : « Pour Descartes, la persistance du mouvement (et d'autres états) vient de la providence de Dieu, de sa recréation continuée. Cette perspective semble requérir un Dieu transcendant que Spinoza ne peut pas accepter[4] ». Comme nous le verrons, dans les *Pensées métaphysiques*, Spinoza accepte bien un type de Dieu transcendant, tel qu'en la doctrine de création continuée, précisément parce que ce texte est un commentaire de la doctrine de Descartes. Cependant, Spinoza réussit à métamorphoser des notions attachées à cette doctrine, telles que vie, force et tendance.

établis on les peut déduire par légitime conséquence [...]. Qu'on ne croie donc pas qu'il fasse connaître ici ses propres idées ou même des idées qui aient son approbation. S'il en juge vraies quelques-unes de lui-même, il en a rencontré beaucoup qu'il rejette comme fausses et auxquelles il oppose une conviction profondément différente » (Louis Meyer, « Au lecteur bienveillant » G. I, p. 131).

4 « For Descartes, the persistence of motion (and other states) follows from God's providence, from his continual recreation. Such a view would seem to require the very sort of transcendent God that Spinoza could not accept » (Daniel Garber, « Descartes and Spinoza on Persistence and Conatus », *Studia spinozana*, vol. 10, 1994, p. 52. Nous traduisons).

Dans la mesure où Spinoza accepte la doctrine de la création continuée et fonde sa définition de la vie sur la notion cartésienne de force, il nous faudra d'abord commencer par expliquer le rapport entre conservation divine et force chez Descartes. Puis nous expliquerons le rapport paradoxal entre la notion de corps et la notion de vie chez lui. Ensuite, nous nous attacherons à l'examen de la lecture faite par Spinoza de la doctrine de la création continuée dans les *Principe de la philosophie de Descartes*. Enfin, nous analyserons les *Pensées métaphysiques* à la lumière de cette discussion et soulignerons l'usage que Spinoza fait de la notion de vie dans ce texte.

LES DEUX EXPRESSIONS DE LA CRÉATION CONTINUÉE CHEZ DESCARTES

Dans la troisième des *Méditations métaphysiques*, Descartes introduit la célèbre doctrine de la création continuée. Après avoir prouvé l'existence de Dieu par des arguments *a posteriori*, notamment celui de l'idée de Dieu présente dans l'esprit humain en tant qu'effet de Dieu lui-même, le sujet méditant se demande si cette idée-là « doit nécessairement avoir été mise en moi par un être qui soit en effet plus parfait[5] ». C'est pourquoi Descartes en vient à considérer le problème de son existence : le sujet méditant peut-il exister, tout en ayant l'idée de Dieu dans l'esprit, sans que l'on soit dans le « cas qu'il n'y eut point de Dieu[6] » ? De même que l'idée de Dieu pourrait avoir été mise dans l'esprit par une cause moins parfaite que le contenu de cette idée même (c'est-à-dire Dieu), l'existence aussi pourrait venir « [p]eut-être de moi-même, ou de mes parents, ou bien de quelques autres causes moins parfaites que Dieu[7] ».

Ainsi, d'une réflexion sur la présence de l'idée de Dieu, la troisième *Méditation* passe à une réflexion sur l'existence. Cependant, la possibilité d'être né de soi-même est immédiatement abandonnée par le sujet méditant. Si cela avait été le cas, alors le sujet méditant, lui, aurait toutes les perfections. En fait, il serait Dieu : « Si je m'étais moi-même donné ce

5 AT IX, p. 38.
6 *Ibid.*
7 *Ibid.*

plus que je viens de dire, c'est-à-dire si j'étais l'auteur de ma naissance et de mon existence, je ne me serais pas privé au moins des choses qui sont de plus facile acquisition, à savoir de beaucoup de connaissances dont ma nature est dénuée ; je ne me serais pas privé non plus d'aucune des choses qui sont contenues dans l'idée que je conçois de Dieu[8] ». La conclusion tirée de ce raisonnement conduit à réaffirmer le fait que Dieu est l'auteur de l'existence, ainsi que de l'idée de Dieu dans l'esprit humain. C'est précisément à ce moment-là que la doctrine de la création comme conservation, ou création continuée, est introduite : « il est nécessaire que Dieu soit l'auteur de mon existence. Car tout le temps de ma *vie* [*tempus* vitae] peut être divisé en une infinité de parties, chacune desquelles ne dépend en aucune façon des autres ; et ainsi, de ce qu'un peu auparavant j'ai été, il ne s'ensuit pas que je doive maintenant être, si ce n'est qu'en ce moment quelque cause me produise et me crée, pour ainsi dire, derechef, c'est-à-dire me conserve[9] ».

La divisibilité du temps implique que la création ici doive être continuée. Dieu crée, pour ainsi dire, la première fois, mais il continue la création à chaque instant pendant qu'il y a de l'existence. Le fait de se rendre compte de l'incapacité de se créer et de se maintenir (conserver) dans l'existence devient pour le sujet méditant une preuve supplémentaire de l'existence de Dieu. Dans la mesure où je suis incapable de me créer et de me conserver dans l'existence, le pouvoir pour le faire doit résider en une cause plus parfaite, à savoir Dieu :

> Il faut donc seulement ici que je m'interroge moi-même, pour savoir si je possède quelque pouvoir et quelque vertu, qui soit capable de faire en sorte que moi, qui suis maintenant, sois encore à l'avenir : car, puisque je ne suis rien qu'une chose qui pense (ou du moins puisqu'il ne s'agit encore jusques ici précisément que de cette partie-là de moi-même), si une telle puissance résidait en moi, certes je devrais à tout le moins le penser, et en avoir connaissance ; mais je n'en ressens aucune dans moi, et par là je connais évidemment que je dépends de quelque être différent de moi[10].

Exprimée dans la troisième *Méditation* comme un corollaire à la preuve *a posteriori* de l'existence de Dieu, la doctrine de la création continuée fait

8 *Ibid.*
9 AT VII, p. 48 ; AT IX, p. 125. Nous soulignons.
10 AT IX, p. 39.

référence à la conservation d'un type d'existence spécifique. Descartes est explicite dans le passage que nous venons de citer, puisqu'il y écrit que, au moins jusqu'à ce moment-là du parcours méditatif, le pouvoir de création/conservation divine fait référence à l'existence du moi en tant que *res cogitans*. Même si Descartes soutient aussi « qu'une substance » (qui peut être une substance quelconque) « a besoin du même pouvoir » pour se conserver pendant qu'elle dure[11], ou même s'il laisse ouverte la possibilité d'appliquer le même argument aux autres parties de soi-même, cette généralisation de la doctrine de la création continuée se produit à partir de la conservation de l'existence de la pensée, laquelle venait juste d'être démontrée dans la deuxième *Méditation*. L'intérêt central de Descartes dans la troisième *Méditation* est la conservation de la *res cogitans*, et c'est à cette substance-là (la seule qui existe indubitablement jusqu'à ce moment pour le sujet méditant) que Descartes donne le nom de « vie ». La création continuée s'établit à partir d'une forme de durée fondée sur une notion de vie ancrée au-delà de toute matérialité ou corporalité. Dans ces passages de la troisième *Méditation*, le pouvoir de Dieu est au service d'une « vie » considérée uniquement comme vie humaine. Autrement dit, la doctrine de la conservation continuée est au service de la conservation de la vie en tant qu'âme.

Dans le passage parallèle des *Principia philosophiae*, la notion de « vie » est exprimée de la même façon. L'article 21 de la partie I dit que « la seule durée de notre *vie* suffit pour démontrer que Dieu est[12] ». De même que dans les *Méditations*, à ce moment des *Principia*, la seule chose qui existe pour Descartes est l'âme : la « vie » à laquelle il fait référence est aussi un type de vie sans corps.

Cependant, l'argument se complexifie dans la deuxième partie des *Principia*, où Descartes introduit sa philosophie naturelle et réintroduit la doctrine de la création continuée, appliquée cette fois aux corps inertes. L'article 36 des *Principia* II porte sur la cause « première et plus universelle[13] » du mouvement des corps, à savoir Dieu. En soulignant l'immutabilité de Dieu comme l'une de ses perfections, Descartes soutient en outre que la quantité de mouvement causée par Dieu dans l'univers est toujours la même. En tant que Dieu est immuable et qu'il

11 *Ibid.*
12 AT IXb, p. 34. Nous soulignons.
13 AT IXb, p. 83.

agit toujours de la même manière, « il conserve incessamment en cette matière une égale quantité de mouvement[14] ».

À partir de ce principe de l'égalité de mouvement dans l'univers, Descartes extrait ce qu'il appelle les trois « lois de la nature » (formulées dans les articles 37, 39 et 40), lesquelles seront à la base des lois du choc. Un traitement détaillé de ces lois n'est pas le centre de notre discussion, mais quelques remarques à leur propos sont nécessaires, parce que Descartes introduit là les notions de « force » et « tendance » par rapport à la création continuée.

Fondée sur l'immutabilité divine, la première loi se concentre non sur la quantité de mouvement général dans l'univers, mais sur le mouvement d'un corps particulier. Elle établit, en somme, un principe d'inertie du mouvement : « Chaque chose en particulier continue d'être en même état autant qu'il se peut, et que jamais elle ne le change que par la rencontre des autres[15] ». Descartes considère que le mouvement d'un corps est une « façon » ou un « mode » d'être de cette chose, comme l'est aussi, par exemple, sa figure. La façon ou manière d'être d'un corps ne changera que si elle est changée par un autre corps. Ce serait le cas d'un morceau de matière carré qui demeurera carré à moins qu'un autre corps ne change sa figure ; ainsi, si une partie de matière « a commencé une fois de se mouvoir, nous n'avons aussi aucune raison de penser qu'elle doive jamais cesser de se mouvoir de même force, pendant qu'elle ne rencontre rien qui retarde ou qui arrête son mouvement ». Cela vaut aussi pour le repos : si une chose « est en repos, elle ne commence point à se mouvoir de soi-même », de même que, une fois en mouvement, elle « ne s'arrête de soi-même[16] ».

La deuxième loi est peut-être plus importante pour notre propos, car elle introduit la notion de « tendance » : « Tout corps qui se meut, tend à continuer son mouvement en ligne droite[17] ». Si le mouvement d'un corps prend une ligne courbe, c'est donc en raison de sa rencontre avec d'autres corps. Descartes utilise le célèbre exemple d'une pierre qui tourne dans une fronde. Tandis que la pierre tourne circulairement en raison de la force que la fronde exerce sur la pierre, elle a toujours la tendance (le *conatus*)

14 *Principes* II, art. 36. AT IXb, p. 84.
15 *Principes* II, art. 37. AT IXb, p. 84.
16 *Ibid.*
17 *Principes* II, art. 38. AT IXb, p. 85.

à s'éloigner du centre en ligne droite à chaque point de son mouvement circulaire. La conclusion générale tirée de cet exemple énonce que « tout corps qui est mû en rond, tend sans cesse à s'éloigner du centre du cercle qu'il décrit[18] ». Cette loi est fondée aussi sur l'immutabilité de Dieu. On trouve donc un nouvel usage de la doctrine de la conservation continuée, ici appliquée à la tendance d'un corps à se mouvoir en ligne droite : « Cette règle, comme la précédente, dépend de ce que Dieu est immuable, et qu'il conserve le mouvement en la matière par une opération très simple ; car il ne le conserve pas comme il a pu être quelque temps auparavant, mais comme il est précisément au même instant qu'il le conserve[19] ». La conservation du mouvement par sa cause première, Dieu, se traduit ici par une tendance à se mouvoir de manière rectiligne.

Descartes ajoute une troisième loi, qui porte sur le rapport de forces entre les corps : « Si un corps qui se meut en rencontre un autre plus fort que soi, il ne perd rien de son mouvement, et s'il en rencontre un plus faible qu'il puisse mouvoir, il en perd autant qu'il lui en donne[20] ». Par le principe de conservation universelle de mouvement décrit auparavant, la troisième loi explique la manière dont les corps font des transferts de mouvement sans jamais diminuer ou augmenter la quantité de mouvement total dans l'ensemble du système. Le plus remarquable pour notre propos, c'est la manière dont la notion de force – beaucoup plus détaillée dans l'article 40 – apparaît dans ce contexte. Comme l'a remarqué Martial Gueroult, la notion de force désigne le mode d'une chose, tout comme les notions de durée et d'existence. En tant que Dieu crée les choses de façon continue, et que tous les corps ont de la force (laquelle peut être ici force de se mouvoir ou force de repos), il est impossible de concevoir une chose sans force dont la cause soit Dieu. Depuis cette perspective, la force n'est que le *conatus* ou la tendance de la chose vue sous un aspect particulier[21].

Mais qu'est-ce que cet aspect particulier exactement ? La description faite par Descartes de la tendance d'un corps à se mouvoir en ligne droite exprime un point de vue sur la chose prise isolement. Considéré en lui-même, le corps a toujours une tendance à se mouvoir en ligne

18 *Principes* II, art. 39. AT IXb, p. 86.

19 *Ibid.*

20 *Principes* II, art. 40. AT IXb, p. 86.

21 Martial Gueroult « Métaphysique et physique de la force chez Descartes et chez Malebranche », *Revue de Métaphysique et de morale*, vol. 59, n°1, 1954, p. 2-3.

droite. La notion de force se dégage de cette même tendance provenant de Dieu. Le point que nous voulons souligner est que cette notion de force implique de considérer les corps au-delà de leur isolement. La description de la force dans l'article 43 ne se fait pas par rapport à un corps en particulier, mais par rapport à la tension établie *entre* les corps. L'article 43 des *Principia* II fait référence à « la force de chaque corps pour agir ou pour résister[22] ». La force d'un corps peut être le *conatus* d'un corps sous un certain aspect, et cet aspect comprend la relation entre les corps. Bien que la force d'un corps particulier puisse se calculer, dans le système cartésien, en multipliant la masse d'un corps par sa vélocité, la manière dont l'analyse de la force d'un corps s'exprime dans le texte des *Principia* implique une référence, plus ou moins explicite, à la tension qui se manifeste entre les corps. La façon dont le corps agit ou résiste par rapport aux autres corps manifeste la force de ce corps-là : « il faut remarquer que la force dont un corps agit contre un autre corps ou résiste à son action consiste en cela seul, que chaque chose persiste autant qu'elle peut à demeurer au même état où elle se trouve, conformément à la première loi[23] ».

Autrement dit, la notion de force est une notion qui fait référence à une perspective « relationnelle », au-delà des corps pris isolément. En fait, cette perspective relationnelle des corps est déjà présente dans l'exemple de la pierre tournante, car la tendance de la pierre à se mouvoir de façon centripète s'exprime en tension avec la fronde. En outre, lorsque Descartes reprend l'exemple de la pierre tournant dans la fronde, dans la partie III des *Principia* (cette fois pour mettre la notion de *conatus* au service de sa théorie de la production de la lumière), les notions d'effort et de force sont expliquées ouvertement à partir de la notion relationnelle de « tension[24] ». Ainsi, même si l'on pouvait définir la tendance d'un corps à se mouvoir toujours en ligne droite, il faudrait préciser que la « traduction » de la notion de tendance en force se produit au moment où les corps sont pris les uns en rapport avec les autres[25].

22 AT IXb, p. 88.

23 *Principes* II, art. 42. AT IXb, p. 88.

24 *Principes* III, art. 57-58. Voir aussi, AT VIII, p. 109-112 ; IXb, p. 132-133.

25 Nous mettons l'accent sur cet aspect relationnel et dynamique de la théorie cartésienne de force, tout en considérant, comme l'a souligné Stephen Gaukroger, que la physique des *Principia* est problématique : Descartes hésite toujours entre deux manières de concevoir et décrire le mouvement et la tendance des corps, l'une mécanique et l'autre dynamique :

Revenons maintenant à la doctrine de la création continuée. Nous avons vu que Descartes utilise cette doctrine fondée sur l'immutabilité de Dieu dans deux contextes très différents. Le premier de ces contextes se trouve dans la troisième des *Méditations* et dans la première partie des *Principia*, et correspond à la conservation de la *res cogitans*. Le second se trouve dans l'analyse du mouvement du corps. Ce dernier contexte – celui de la physique cartésienne, qui fonde sa philosophie naturelle – a été soumis à un intense débat à propos du « lieu » spécifique où l'on devrait placer la « force » dont parle Descartes : est-elle en Dieu seulement[26] ? Est-elle en Dieu et dans les corps eux-mêmes[27] ? Ou ne se trouve-t-elle nulle part[28] ? Le problème central quant à la notion de création continuée appliquée aux mouvements des corps – précisément à travers la notion de force – semble être que Descartes utilise des notions dynamiques, comme force, tendance et *conatus*, lorsqu'il veut formuler un système physique uniquement fondé sur des prémisses mécaniques[29]. Quoi qu'il en soit, un problème moins traité par les commentatrices et commentateurs est la relation entre la notion de création continuée dans les deux contextes que nous avons décrits ici : celui de la conservation de la *res cogitans* du sujet méditant et celui de la tendance des corps.

Certes, dans les deux cas, la cause de la continuité est le même pouvoir immuable de Dieu. Cependant, la manière dont ce pouvoir s'exprime diffère beaucoup. Dans le premier cas, nous avons vu que la création continuée sert un argument qui réaffirme l'existence de Dieu. De plus, cette conception de création continuée s'exprime par rapport à la conservation de la « vie », considérée à ce moment-là comme l'existence de la pensée. En revanche, dans le second cas, considéré à partir des

« *He wants a definition of motion that makes no reference to force or action, and more generally he wants to pursue his natural philosophy without making reference to force or action. In that case, we might expect talk of force to be absent from the* Principia, *but it is not : force* (vis) *appears 290 times in the text, and the related terms action* (actio) *and striving* (conatus) *appear 59 and 8 times respectively. It is as if Descartes cannot avoid dynamical terminology, despite his attempt to construe motion in a purely kinematic way.* » (Stephen Gaukroger *Descartes' System of Natural Philosophy*, Cambridge, Cambridge University Press, 2002, p. 108).

26 Voir Gary Hatfield, « Force (God) in Descartes' Physics », *Studies in History and Philosophy of Science*, vol. 10, 1979.

27 Gueroult, « Métaphysique et physique », *op. cit.*, p. 33.

28 Daniel Garber, *Descartes' Metaphysical Physics*, Chicago, University of Chicago Press, 1992, p. 297-299. Un résumé des positions des commentateurs se trouve dans John Manchak, « On Force in Cartesian Physics », *Philosophy of Science*, vol. 76, 2009.

29 Gaukroger, *Descartes' System*, *op. cit.*, p. 103-114.

Principia II et III, le pouvoir continué de Dieu est convoqué pour expliquer le mouvement total dans l'univers et le mouvement particulier des corps, aboutissant à une théorie de la force des corps destinée à résister et agir vis-à-vis des autres corps. La doctrine de la création continuée ne s'exprime pas, dans ce cas, par rapport à l'existence continuée d'une vie dématérialisée, mais par rapport aux forces inertielles de corps dévitalisés, existant dans la durée. Au moins au niveau textuel, la durée de la pensée implique une « vie », tandis que la durée du corps implique une force de mouvement ou repos, mais pas une vie.

Cette perspective est transformée par Spinoza. En effet, comme nous l'avons mentionné au début de ce chapitre, et comme nous le verrons dans les sections suivantes, pour Spinoza cette « force » des corps est précisément ce qu'il appelle « vie ». Néanmoins, avant de continuer avec notre analyse spécifique des *Principes de la philosophie de Descartes* et des *Pensées métaphysiques* où cette idée est développée, il faut spécifier la notion de vie qui surgit chez Descartes après avoir considéré la doctrine de la création continuée.

LES CORPS SONT-ILS VIVANTS SELON DESCARTES ?

D'après la troisième *Méditation*, ce que Dieu conserve à travers un acte de création continuée est la « vie » en tant que pensée. Cependant, d'après d'autres textes cartésiens, la conservation par Dieu dépasse la vie de la *res cogitans* et l'argument devient donc plus complexe. Le développement des organismes vivants dans l'œuvre de Descartes suit, en général, la même structure que celle développée par William Harvey. Cette structure implique que la vie d'un organisme est fondée sur la circulation du sang (ou des autres nutriments dans le cas des plantes). Cependant, Descartes s'écarte de Harvey dans la mesure où pour ce dernier, le moteur de la circulation du sang se produit grâce aux contractions du cœur, tandis que pour l'auteur des *Passions de l'âme*, « le principe corporel » considéré comme la source de la circulation est « une chaleur continuelle de notre cœur, qui est une espèce de feu que le sang des veines y entretient[30] ». Grace à ce mécanisme, le sang peut circuler par l'ensemble du corps. Ses parties les plus subtiles, les esprits animaux, entrent dans le cerveau et, à partir de là, se dirigent vers les muscles et déclenchent leurs mouvements.

Dans *Les passions de l'âme*, Descartes établit une différence stricte entre ce qu'il appelle un « corps vivant » et un « corps mort[31] ». La différence réside uniquement dans la manière dont le fonctionnement du corps peut se maintenir grâce à la chaleur corporelle. Descartes soutient, contre une conception scolastique, que cette chaleur ne vient pas de l'âme : « on a cru sans raison que notre chaleur naturelle et tous les mouvements de nos corps dépendent de l'âme[32] ». Descartes prend une perspective purement mécanique pour expliquer la physiologie du corps vivant, et alors pour lui la raison de la mort se trouve dans le fait « que les organes qui servent à mouvoir les corps se corrompent[33] ».

Ainsi, la différence entre un corps vivant et un corps mort est-elle la même que celle entre « une montre, ou autre automate (c'est-à-dire autre machine qui se meut soi-même) » avec un bon fonctionnement de toutes ces parties instituées pour s'auto-mouvoir, et « la même montre ou autre machine, lorsqu'elle est rompue et que le principe de son mouvement cesse d'agir[34] ». La vie d'un corps s'exprime donc par le fait que le corps est capable de se mouvoir par lui-même. La notion d'animation corporelle qu'on trouve ici est une conception « machinale », laquelle n'établit pas de différence qualitative entre la matière présente dans le corps d'un organisme vivant et la matière présente dans une machine quelconque produite par la *techne* humaine. Il semblerait donc que la notion de vie trouvée dans *Les passions de l'âme* restitue le lien entre corporalité/matérialité et vie, lequel était absent dans l'usage de la notion de vie comme pensée dans la troisième *Méditation.*

En revanche, nous pourrions nous demander si lorsque Descartes qualifie de « vivant » un corps qui accomplit toutes ses fonctions de manière régulière et autonome, il parle de la même « vie » que celle qu'il présente à travers la référence à la pensée. Pourrait-on dire qu'il y a deux notions de vie en tension dans l'œuvre de Descartes ? Nous ne

30 *Passions* I, art. 8. AT, XI, 333.
31 *Passions* I, art. 6. AT, XI, p. 330-331.
32 *Passions* I, art. 5. AT, XI, p. 330.
33 *Ibid.*
34 *Passions* I, art. 6. AT, XI, p. 331.

souhaitons pas répondre exhaustivement à cette question. Cependant, nous voulons souligner que, si chez Descartes le corps peut être dit « vivant », la notion de « vie » présente dans *Les passions de l'âme* devient à tout le moins paradoxale.

En effet, bien que Descartes ne veuille pas fonder sur l'âme les principes de vitalité et du mouvement des corps, l'analyse des *Passions de l'âme* va au-delà d'une dimension uniquement matérialiste. Encore que dans cet ouvrage on trouve une description de la chaleur vitale centrée sur le cœur, la circulation des esprits à travers le cerveau humain implique une interaction entre l'âme et ce que Descartes appelle la « machine du corps », ce qui suppose que, au moins de façon indirecte, l'âme participe aux mouvements corporels. La glande pinéale, le siège de l'âme selon Descartes, joue un rôle fondamental dans le processus de locomotion animale. La glande peut être mue par les esprits, mais aussi par l'âme. Par là, l'âme peut exercer une influence sur les types de mouvements de la machine du corps, même si cela n'implique pas la génération d'une forme de mouvement volontaire ou conscient[35] : « Comme aussi réciproquement la machine du corps est tellement composée que, de cela seul que cette glande est diversement mue par l'âme ou par telle autre cause que ce puisse être, elle pousse les esprits qui l'environnent vers les pores du cerveau, qui les conduisent par les nerfs dans les muscles, au moyen de quoi elle leur fait mouvoir les membres[36] ». L'interaction entre l'âme et les esprits du corps à travers cette glande implique donc un type de production de mouvement qui dépasse les structures mécaniques et matérielles de la machine corporelle « vivante ». La théorie des passions de l'âme chez Descartes – et la locomotion du corps que celle-ci implique – a son siège dans le cerveau humain. Contrairement à Hobbes pour qui le siège des passions reste dans le cœur[37], Descartes fait jouer à l'âme un rôle central dans la locomotion de la machine du corps (du moins du corps humain).

---

35 Comme l'explique Ferdinand Alquié à partir du cas de mouvements de fuite entraînées par la passion de la peur : « L'âme sent, au niveau de la glande pinéale, un équivalent de la volonté de fuir qui n'est pourtant pas volonté de fuir. Je sens que, sans que je veuille fuir, je vais fuir, et que le mouvement cérébral des esprits animaux est analogue à celui qu'auraient ces esprits si, précisément, j'avais la volonté de fuir. » (*Œuvres philosophiques de Descartes*, Paris, Garnier, 1973, t. III, p. 982, n. 1).

36 *Passions* I, art. 34. AT, XI, p. 355.

37 « *sensionis omnis origo, cor.* » (*De corpore* XXV, 4).

C'est pourquoi l'analyse de la « vitalité » du corps humain chez Descartes ne peut être considérée comme strictement matérialiste. La qualification de la théorie des passions et de la locomotion humaine dans son œuvre comme « *cerebro-centric*[38] » montre bien l'importance capitale accordée à un élément qui est au-delà d'une mécanique strictement « machinale », à savoir l'âme. Ainsi, dans le cas du corps humain, la notion de « corps vivant » avancée dans l'article 6 des *Passions de l'âme* – lequel définit la vitalité du corps sous le modèle d'une machine automatique dont le principe le plus important est la chaleur du cœur – semble paradoxale par rapport au rôle que joue l'âme à travers la glande pinéale. Le bon fonctionnement du corps n'est pas seulement dû aux éléments matériels dans la machine du corps, mais aussi à la correcte interaction entre ce corps et l'âme.

D'après le rôle joué par l'âme dans le corps humain, il est très difficile d'ajouter l'adjectif « vif » au corps lui-même. Cela semble être aussi le cas pour les autres organismes dits « vivants », même si Descartes lui-même utilise ce terme. Dans des ouvrages comme *Le monde* et *L'homme*, Descartes décrit certes le processus de développement embryonnaire de tout organisme qu'on appelle vivant. Cependant, la matière par laquelle ces processus doivent être expliqués est toujours une matière inerte, soumise aux seules lois de la nature[39]. En effet, ce paradoxe autour de l'appellation du corps animal ou végétal comme « corps vivant » et son fonctionnement effectif d'automate devient évident à la fin de *L'homme*, lorsque Descartes compare encore une fois les fonctions du corps aux « mouvements d'une horloge, ou autre automate[40] ». Il rejette l'idée que le corps animal ou végétal soit porteur d'une substance qui l'anime, telle qu'une « âme végétative » ou « sensitive ». Le seul « principe de mouvement et de vie » du corps réside dans « son sang et ses esprits, agités par la chaleur du feu qui brûle continuellement dans son cœur[41] ». Descartes continue ainsi à utiliser le mot « vie » pour décrire ce fonctionnement automatique du corps animal et végétal, mais le paradoxe réside justement dans le fait que tous les composants qui font fonctionner ce prétendu

38 Rodolfo Garau, « Springs, Nitre, and Conatus. The Role of the Heart in Hobbes's Physiology and Animal Locomotion », *British Journal for the History of Philosophy*, vol. 24, n° 2, 2016, p. 149-151.

39 Voir Gaukroger, *Descartes' System*, *op. cit.*, p. 196-213.

40 AT XI, p. 202.

41 *Ibid.*

corps vivant ne sont « point d'autre nature que tous les feux qui sont dans les corps inanimés[42] ». Ainsi, le corps animal et végétal peut être dit « vivant » dans la mesure où il fonctionne de manière automatique, même si les parties matérielles qui le composent sont explicitement définies comme « inanimées ». Ce que Descartes appelle corps vivant n'est formé que par des corps non-vivants, inertes, avec certaines tendances et certaines forces, qui les conduisent à développer un organisme ; mais l'organisme formé (une plante ou un animal) est simplement conçu sous le modèle d'une machine très complexe capable de s'auto-mouvoir. C'est pourquoi, dans une note très éclairante, Ferdinand Alquié avance que pour Descartes il y a « continuité entre le domaine de l'inanimé et celui de l'animé, ou plutôt du *prétendu* animé[43] ». Nous soulignons cette idée du « prétendu » animé car Descartes appelle cet automate corps « vivant », mais il ne participe pas de la force de conservation de Dieu de la même manière que la *res cogitans*.

Ce que nous voudrions souligner, c'est que l'on trouve chez Descartes une sorte de décalage entre la notion de « vie », avancée dans la troisième *Méditation*, et la conception de « corps vivant », avancée dans des ouvrages où il analyse le développement des organismes d'un point de vue physiologique. Il semblerait que la notion de corps vivant ne soit qu'une manière de parler pour identifier un ensemble de matière capable de s'auto-mouvoir et de s'auto-développer, d'où la justesse du terme de « prétendu » animé, utilisé par Alquié à propos du *Traité de l'homme*. Cette manière de parler chercherait à expliquer une différence de sens commun entre les choses que l'on appelle couramment « organismes vivants » et les automates créés par la *techne* humaine. Autrement dit, l'adjectif « vivant » dans le concept de « corps vivant » n'exprime pas la même chose que la « vie » considérée comme une notion dématérialisée et rapportée à la pensée ou à l'âme – laquelle joue par ailleurs un rôle central dans le bon fonctionnement du corps (humain) vivant.

Dans la mesure où Descartes lui-même utilise la notion de « vivant » pour décrire la machine du corps, c'est sans doute aller contre le texte de dire que tous les corps sont, en réalité, « morts » et que l'appellation « corps vivant » n'est qu'une façon de parler. Néanmoins, la vitalité de la machine du corps demeure paradoxale, pour autant que Descartes

42 *Ibid.*
43 *Œuvres philosophiques de Descartes*, *op. cit.*, tome I, p. 480, n. 1. Nous soulignons.

lui-même, dans un autre contexte, dénie la notion de vie au corps. En effet, dans une célèbre lettre à Henry More d'août 1649, Descartes écrit en réponse au philosophe anglais : « À l'égard de ce que vous ajoutez que le corps vous semble jouir d'une vie, mais stupide et pleine d'ivresse, etc., je regarde cela comme fort belles paroles [*suauia*] ; mais permettez-moi [...] de vous dire que rien ne nous éloigne plus du chemin de la vérité que d'établir certaines choses, comme véritables, qu'aucune raison positive, mais notre volonté seule, nous persuade[44] ». Si l'on attribue une « vie » au corps, c'est donc par un acte de volonté seulement. Les corps ne jouissent pas de la vie, même si l'on peut parler d'eux en tant que « vivants ».

Le problème de la vie chez Descartes est lié au sujet de la conservation divine. La force de Dieu qui conserve la vie du sujet méditant est la même que celle qui conserve la force du mouvement (ou du repos) pour les corps. Mais comme nous l'avons vu, la notion de corps vivant dans l'œuvre de Descartes est paradoxale, car tout le monde matériel est fait d'éléments inertes et, dans le cas de l'être humain, l'âme joue un rôle central dans la machine du corps. Descartes établit une séparation entre les choses qui reçoivent la force divine : d'un côté, la création continuée implique la conservation d'une vie par la puissance divine, mais, de l'autre, l'existence des corps et leur inertie – leur *conatus* – n'impliquent pas la présence d'une vie.

Nous pourrons nous demander pourquoi Descartes ne dit jamais que les corps sont remplis par une force de « vie » à proprement parler, si la force qui conserve les substances de la pensée et l'étendue est un pouvoir divin unique. En effet, la réponse à More citée auparavant vise à nier la notion de vie aux corps. En outre, la lettre de More provoquant cette réponse soutient précisément l'idée sur laquelle nous nous interrogeons, à savoir que les corps sont remplis d'une vie provenant de la toute-puissance divine : « véritablement tout ce qu'on appelle corps n'a qu'une vie [*esse viuum*], pour ainsi dire, pleine de stupidité et d'ivresse, et je ne le regarde que comme la dernière et la plus infime ombre de l'essence divine, qui est la véritable vie et la vie très parfaite[45] ». More, qui se réclame de la tradition platonicienne, établit un rapport entre

44 Descartes à More, août 1649. AT V, p. 405. Nous donnons la traduction de Ferdinand Alquié, *Œuvres philosophiques de Descartes*, *op. cit.*, t. III, p. 934.

45 More à Descartes, juillet 1649. Nous citons la traduction de Geneviève Lewis dans son édition de Descartes, *Correspondance avec Arnauld et Morus*, Paris, Vrin, 1953, p. 181.

une certaine vie des corps et la vie suprême de Dieu qu'on pourrait considérer, pour le dire en langage cartésien, comme un argument par éminence divine. Cependant, il serait peut-être plus précis d'établir, en suivant le langage platonicien, que pour More les corps « participent » de la vie divine.

C'est de ce type de rapport que Descartes se garde : *stricto sensu*, la vie ne s'applique pas aux corps. De plus, les deux notions de préservation divine décrites par Descartes suivent deux modèles. Le premier est le modèle de conservation que nous appellerons de « conservation vitale », où le pouvoir de Dieu préserve la vie humaine considérée comme dématérialisée. Dans le second modèle, que nous appellerons de « conservation physique », c'est l'existence des corps matériels et leur inertie à se mouvoir (ou rester en repos) qui sont préservées. Ce second modèle est celui qui fonde la philosophie naturelle de Descartes, laquelle établit que les corps sont tous soumis aux lois mécaniques[46].

En passant à l'analyse de la lecture faite par Spinoza de la notion de force chez Descartes, il faudra donc que nous considérions les raisons pour lesquelles Spinoza soutient que la force de conservation est la même chose que la vie. Y a-t-il une « vitalisation » de toutes les choses existantes (au niveau de la *res cogitans* et de la *res extensa*) ? Y a-t-il une « participation » (à la More) entre la force de Dieu et les choses existant dans la durée ? Nous avançons la thèse selon laquelle la notion de vie dans les *Pensées métaphysiques* intègre les deux modèles de la notion de force de conservation présente chez Descartes. D'un côté, toutes les choses ayant de la force ont aussi une « vie » (d'après le modèle de « conservation vitale ») ; de l'autre, toutes les choses, même non corporelles (ou composées d'éléments corporels et non corporels) fonctionnent d'après le modèle de « conservation physique ». Par conséquent, la notion de vie s'étend à la matière, mais cela n'implique pas une analyse des choses au-delà des lois physiques.

---

46 En effet, l'importance attachée à la doctrine de la création continue n'implique pas que Descartes n'ait pas isolé, à l'aide de la notion de machine comme « modèle », le domaine du corps animal en tant que région dont le fonctionnement est complètement mécanique et automatique. Voir sur ce point, Vincent Aucante, *La philosophie médicale de Descartes*, Paris, Presses universitaires de France, 2006, notamment, p. 38-40, 45, 424-428.

LA FORCE COMMUNE À LA PENSÉE ET AUX CORPS DANS LE COMMENTAIRE DE SPINOZA

En commentant la doctrine de la création continuée tirée de la partie I des *Principia*, ainsi que de la troisième *Méditation*, Spinoza mène un double exercice destiné à expliquer la pensée cartésienne, ainsi qu'à la raffiner par le moyen d'une critique. La proposition 7 de la partie I des *Principes de la philosophie de Descartes* dit que l'« existence de Dieu est démontrée aussi de cela seul que nous-même, qui avons son idée, existons[47] ». Retrouvant l'argumentation cartésienne dans la troisième *Méditation*, Spinoza souligne que Descartes doit admettre deux axiomes pour soutenir sa thèse de la création continuée : « 1° Ce qui peut faire le plus ou le plus difficile peut aussi faire le moins ; 2° C'est une chose plus grande de créer ou (par l'Axiome 10) de conserver une substance que de créer ou conserver ses attributs ou propriétés[48] ». Selon Spinoza, ce second axiome est déduit de l'axiome 10, formulé dans la première partie des *Principes de la philosophie de Descartes*, lequel reprend explicitement la thèse cartésienne selon laquelle la cause de la conservation d'une chose ne doit pas être inférieure à la cause de sa création[49]. Cet axiome 10 est à la base des arguments de Spinoza sur la force divine et nous y reviendrons. Pour l'instant, il faut observer comment Spinoza assimile de façon critique l'argument de la création continuée avancé dans la troisième *Méditation*.

En effet, la proposition 7 de la première partie est l'un des endroits où Spinoza tend à s'éloigner explicitement de l'argumentation cartésienne. Il observe que les deux axiomes mentionnés ne sont pas suffisants pour soutenir l'existence de Dieu par le fait de la conservation de notre existence. Faisant référence à ces deux axiomes, Spinoza écrit : « Je ne sais pas ce qu'il [Descartes] veut dire par là[50] ». Dans le cas du premier

47 *PPD* I, prop. 7. G. I, p. 160.
48 *PPD* I, prop. 7, sc. G. I, p. 161.
49 *PPD* I, ax. 10. G. I, p. 157 : « Il ne faut pas pour conserver une chose une cause moindre que pour la créer à l'origine ».
50 *PPD* I, prop. 7, sc. G. I, p. 161.

axiome, Spinoza souligne que les notions de « facile » et « difficile » sont toujours relatives et non absolues. Quant au second axiome, Spinoza écrit qu'il ne voit pas comment Descartes a pu établir une différence entre la substance et ses attributs ou propriétés car, si l'on parle de création, « c'est la même chose de créer une substance et de créer ses attributs ».

Cependant, le nœud de la divergence entre l'argumentation de Spinoza et celle de Descartes se trouve dans la phrase suivante des *Méditations*, que Spinoza cite dans le scolie de cette même proposition 7 de son commentaire : « si j'étais indépendant de tout autre, et que je fusse moi-même l'auteur de mon être, certes je ne douterais d'aucune chose, je ne concevrais plus de désirs, et enfin il ne me manquerait aucune perfection ; car je me serais donné à moi-même toutes celles dont j'ai en moi quelque idée, et ainsi je serais Dieu[51] ». Pour Spinoza, la notion de perfection attribuée à une substance infinie n'a rien à voir avec les perfections propres à une substance créée et finie. En outre, une substance finie ne peut pas être dotée des perfections qui sont celles d'une autre substance. D'où vient l'argument suivant : Descartes ne peut pas soutenir que la possibilité d'autoconservation implique nécessairement de pouvoir se donner toutes les perfections de façon absolue : « par exemple, si je dis que j'ai le pouvoir de me conserver, moi substance pensante finie, je ne puis pas dire pour cela que j'aie le pouvoir de me donner les perfections de la substance infinie[52] ». Autrement dit, un pouvoir hypothétique d'autoconservation d'une substance finie ne peut se mesurer proportionnellement au pouvoir de la substance infinie, car, contrairement à une substance finie, « la force ou l'essence par laquelle se conserve une substance [est] absolument infinie[53] ». Pour Spinoza, il n'y a donc aucun rapport entre la force de conservation d'une substance finie et la même force d'une substance infinie. À strictement parler, la comparaison n'est pas possible.

Ainsi, contrairement à l'argument de Descartes, la possibilité de se conserver en tant que substance finie ne suppose pas la possibilité d'être Dieu, parce que cela impliquerait de devenir une autre substance,

51 AT IX, p. 38. Le texte latin de cette citation, celui qui était accessible à Spinoza, est plus bref : « *Atqui, si a me essem, nec dubitarem, nec optarem, nec omnimo quicquam mihi deesset ; omnes enim perfectiones quarum idea aliqua in me est, mihi dedissem, atque ita ipsemet Deus essem.* » (AT VII, p. 48).

52 *PPD* I, prop. 7, sc. G. I, p. 163.

53 *Ibid.*

différente de soi-même ; ce serait un acte d'autodestruction. Cela vaut non seulement pour devenir une autre substance plus parfaite (Dieu), mais aussi pour se transformer en une autre substance finie. Par exemple, la perfection hypothétique d'une substance pensante est une perfection *de sa nature*, donc les perfections qui lui appartiennent sont complètement différentes des perfections d'une substance parfaite étendue. Spinoza sépare donc la possibilité hypothétique d'autoconservation d'une substance finie, en tant que substance pensante, et celle d'une substance finie, en tant que substance étendue.

Cette critique ne conduit pas Spinoza à nier la doctrine de la conservation continuée, mais à la fonder sur deux lemmes supplémentaires qu'il ajoute avant la démonstration de la proposition 7. Le lemme 1 porte sur le rapport entre perfection et existence : l'existence d'une chose est d'autant plus nécessaire que la chose est plus parfaite. Donc, si le degré de perfection d'une chose est égal à zéro, son existence sera impossible. En revanche, si les degrés de sa perfection sont augmentés à l'infini, « nous [la] concevrons comme enveloppant l'existence suprême, et par suite, suprêmement nécessaire[54] ». Le lemme 2 complète l'argument par rapport à la conservation, en référant explicitement à l'axiome 10 dans sa démonstration : « Qui a le pouvoir de se conserver, sa nature enveloppe l'existence nécessaire[55] ». L'autoconservation exige l'existence nécessaire. À partir de là, Spinoza peut avancer la démonstration de la proposition 7 : dans la mesure où je n'ai pas toutes les perfections, je n'ai pas une existence nécessaire, et par conséquent je n'ai pas le pouvoir de me conserver. Cependant, encore selon l'axiome 10, si j'existe, il faut que je sois conservé par un autre dans la mesure où je n'ai pas le pouvoir de me conserver. Cet autre a la force de se conserver. Il a une existence nécessaire et toutes les perfections de « l'être suprêmement parfait ». Donc cet être suprêmement parfait, Dieu, existe[56].

Le but de la proposition 7 et de sa démonstration n'est pas de nier le fait, soutenu par Descartes, de la conservation divine. Cependant, la voie par laquelle Spinoza démontre l'existence de Dieu à partir de sa propre existence (en tant que sujet méditant) est différente de celle de Descartes. Tandis que ce dernier déduit l'existence de Dieu à partir

54 *PPD* I, prop. 7, lem. 1, dém. G. I, p. 164.
55 *PPD* I, prop 7, lem. 2. G. I, p. 165.
56 *PPD* I, prop 7, dém. G. I, p. 165.

de la substance créée ou, plus spécifiquement, des impuissances de la substance créée par rapport à la substance infinie, Spinoza opère une torsion dans l'argument cartésien et commence par établir que Dieu existe nécessairement. Spinoza s'appuie ici sur des arguments tirés de la preuve *a priori* (ou « ontologique ») de l'existence de Dieu, laquelle avait été énoncée dans l'axiome 6 de la partie I de son commentaire, sur lequel, en fait, le lemme 2 de la proposition 7 est fondé. Une fois établie l'existence nécessaire de Dieu, Spinoza revient sur la substance finie en établissant la nécessité qu'elle soit conservée par un être existant nécessairement.

La proposition 7 des *Principes de la philosophie de Descartes* établit donc la doctrine de la conservation divine à partir de l'existence nécessaire de Dieu, sans faire aucune mention du concept de vie, non plus que l'axiome 10. Rappelons ici que Descartes avait introduit la doctrine de la création continuée uniquement par rapport à la pensée (une substance à laquelle, dans les contextes de la troisième *Méditation* et de la partie I des *Principia*, il se réfère comme « vie »). Dans un second temps, dans la partie II des *Principia*, Descartes introduit la notion de force comme cause de mouvement (et repos) des corps inertes. L'axiome 10 de la partie I des *Principes de la philosophie de Descartes* introduit d'emblée une force de conservation divine qui gouvernera tout l'ouvrage, enveloppant ainsi la discussion sur la préservation de la pensée aussi bien que celle sur la préservation des corps étendus. Dans la mesure où la pensée n'enveloppe pas l'existence nécessaire, elle a besoin d'une force pour la conserver aussi puissante que la force qui l'a créée. Et cela vaut pour toutes les autres choses qui n'existent pas de façon nécessaire : « ce que nous disons de la pensée, nous le dirons aussi de toute chose dont l'essence n'enveloppe pas l'existence nécessaire[57] ».

C'est donc plus explicitement que Descartes que Spinoza soutient que les substances pensantes et étendues ont la même force de préservation tirée de Dieu. Sans doute, cette remarque sur le lien entre la force de préservation des substances pensantes et celle des substances étendues ne porte que sur une précision à propos d'un élément déjà présent dans l'œuvre de Descartes : la force de conservation divine est la même pour toute chose. Cependant, il nous semble que cette nuance a au moins une conséquence remarquable par rapport à Descartes : l'application, dans

57 *PPD* I, ax. 10. G. I, p. 157.

l'appendice à ce commentaire sur Descartes (les *Pensées métaphysiques*), de la notion de « vie » à toutes les choses qui ont ce type de préservation, y compris le corps.

L'axiome 10 joue un rôle central dans la formulation de la théorie de la force des corps conçue comme tendance à se mouvoir. La proposition 12 des *Principes de la philosophie de Descartes* II soutient, certes selon Descartes, que « Dieu est la cause principale du mouvement[58] ». La notion de tendance est introduite spécifiquement dans la proposition 15 où Spinoza formule, presque *ad verbum*, l'idée cartésienne portant sur l'inertie en ligne droite : « Tout corps en mouvement tend de lui-même à continuer à se mouvoir suivant une ligne droite et non une ligne courbe[59] ». La démonstration s'appuie sur l'axiome 10 et montre ainsi que cette tendance à se mouvoir provient de la même source – et en fait qu'elle est la même force – qui préserve la pensée. Pour illustrer la tendance des corps à se mouvoir, Spinoza répète l'exemple donné par Descartes de la pierre qui, tournant à l'intérieur d'une fronde, garde toujours une force centripète.

Cependant, Spinoza lie plus explicitement que Descartes la « durée » d'un corps en mouvement avec la force qu'il emploie pour se mouvoir. Dans l'article qui avance la deuxième loi de la nature dans les *Principia*, Descartes ne parle pas de la « durée » d'un corps en mouvement. Le rapport entre durée, existence et force de conservation est, certes, implicite dans la doctrine de création continuée. Il est pourtant plus explicitement impliqué dans le modèle que nous avons appelé de « conservation vitale », où la fin de la conservation de la pensée impliquerait la mort : si la durée de la « vie » met en évidence pour le sujet méditant que la création continuée a lieu, cela peut être le cas seulement parce qu'il y a une perspective selon laquelle cette vie est vécue dans la durée et que la « mort » implique sa fin. Dans le modèle de « conservation vitale », la durée est implicite du fait que l'expérience de la vie implique aussi une notion de la mort[60]. Néanmoins, dans la

58 *PPD* II, prop. 12. G. I, p. 200.

59 *PPD* II, prop. 15. G. I, p. 202.

60 Mettre en relief cette idée d'une durée de vie sous-jacente dans le *cogito*, à la lumière du commentaire de Spinoza, ne fait que proposer une idée qui se rapporte à ce que Kant explicite : pour établir l'existence du *cogito*, Descartes doit toujours supposer, au moins implicitement, une expérience de temporalité. Voir la section sur la réfutation de l'idéalisme dans la *Critique de la raison pure*, B274-276.

mesure où Descartes n'applique pas la notion de vie à la conservation impliquée dans le modèle « physique », il n'est pas possible de dire exactement ce que la « durée » implique dans ce cadre de conservation de la force des choses physiques. La fin de la conservation est-elle la totale néantisation du corps, à savoir quelque chose qui pourrait être conçue comme la disparition complète de la matière, et par conséquent de cet espace-là ? Ou bien, est-elle la fin du mouvement tel qu'il est provoqué par la force, à savoir un changement modal dans le corps ? Quel est l'équivalent de la « mort » dans le modèle de conservation physique ?

Il est difficile de répondre à ces questions par la lecture de Descartes. En revanche, dans les propositions parallèles avancées dans les *Principes de la philosophie de Descartes*, Spinoza inscrit ouvertement le mouvement rectiligne dans la perspective de la durée. Pour lui, l'inertie qui fait continuer sur une ligne droite exprime certes l'immutabilité de Dieu, mais aussi une manière d'être du corps dans la durée ; la création continuée de la chose, exprimée dans la force du corps à se mouvoir, implique ainsi une durée spécifique de la nature de la chose : « aussi longtemps que nous avons égard à la seule nature du mouvement, nous ne pourrons jamais lui attribuer, comme appartenant à sa nature, une durée pouvant être plus grande qu'une autre[61] ». Cette durée s'exprime dans le type de mouvement que la chose suit : si le mouvement était courbe, « on attribuerait à la nature du mouvement une durée plus grande que si l'on suppose qu'il est de la nature du corps mû de tendre à continuer de se mouvoir suivant une ligne droite[62] ». À ce moment-là, Spinoza s'appuie sur l'axiome 17 qui énonce que la « ligne plus courte entre deux points est la droite[63] ».

En d'autres termes, l'inclusion de la durée comme dimension temporelle de l'existence d'un corps en mouvement s'appuie sur un plan spatial. La référence au mouvement entre deux points n'implique pas un argument téléologique sur la prédisposition des corps à se mouvoir vers un but particulier. Il nous semble que l'importance donnée à une référence temporelle (« durée », dans ce contexte de l'œuvre de Spinoza) sur un plan spatial revoie à une manière de se mouvoir qui suppose le

61 *PPD* II, prop. 15, dém. G. I, p. 202.
62 *Ibid.*
63 *PPD* II, ax. 17. G. I, p. 185.

moindre effort possible. Comme Descartes l'explique, lorsqu'un corps se meut suivant une ligne courbe, l'effort pour se mouvoir sur une ligne droite est plus fort[64]. En outre, la variable temporelle sur un plan spatial inscrit de manière plus exacte la tendance d'un corps au mouvement dans une perspective de finitude. De même que la mort implique la fin de la préservation dans le cadre de la « conservation vitale », le parcours du premier point jusqu'au deuxième implique la fin de la durée du corps en tant que corps en mouvement.

Nous commençons à envisager comment Spinoza pourra concevoir les corps comme « vivants », au même titre que les substances pensantes, ou que les êtres avec pensée et étendue (comme les êtres humains), dans la mesure où la force qu'est cette vie est toujours une force explicitement comprise dans la durée.

LA VIE COMME FORCE : L'EXTENSION RADICALE DE LA VIE DANS LES *PENSÉES MÉTAPHYSIQUES*

Dans les *Pensées métaphysiques*, la référence à la création continuée occupe une position privilégiée. Spinoza répète maintes fois qu'il n'y a rien dont l'existence soit nécessaire qui puisse être conservé sans le concours de Dieu. Un résumé précis de cet argument se trouve dans le chapitre 3 de la première partie des *Pensées métaphysiques*, où Spinoza s'appuie, encore une fois, sur l'axiome 10 : « la même force est requise pour créer une chose que la conserver. Par suite, nulle chose créée ne fait quoi que ce soit par sa propre force, de même que nulle chose créée n'a commencé d'exister par sa propre force, d'où il suit que rien n'arrive sinon par la force de la cause qui crée toutes choses, c'est-à-dire de Dieu qui par son concours prolonge à chaque instant l'existence de toutes choses[65] ». Or, pour comprendre la notion de force dans les *Pensées métaphysiques*, il faut que nous nous occupions de trois notions étroitement liées à celle-ci : attribut, durée et tendance (*conatus*).

64 *Principia* III, art. 58. AT VIII, p. 109-111.
65 *PM* I, 3. G. I, p. 242-243.

Spinoza souligne que la durée est un attribut des substances créées[66]. En tant que substance éternelle, Dieu ne jouit pas de la durée[67]. Dans ce texte, la notion d'attribut désigne une affection des substances (« êtres »), une définition qui dans l'*Éthique* sera celle du mode. Dans *Pensées métaphysiques* I, 3, Spinoza explique : « les affections de l'Être *sont* certains attributs sous lesquels nous connaissons l'essence ou l'existence de chaque être, de laquelle cependant il ne se distingue que par une distinction de Raison[68] ». Nous reviendrons au problème de la distinction de raison, mais pour l'instant remarquons que cette distinction implique une façon de concevoir les substances, laquelle les sépare de leurs attributs afin de mieux en expliquer les propriétés. Au fond, comme Spinoza l'avait déjà remarqué en commentant la troisième *Méditation*, il n'y a pas de différence réelle entre une substance et ses attributs[69]. Cette indistinction entre un être, son existence et ses attributs est celle qui opère aussi dans la définition de la durée : « Elle est *l'attribut sous lequel nous concevons l'existence des choses créées en tant qu'elles persévèrent dans leur existence actuelle.* D'où il suit clairement qu'entre la durée et l'existence totale d'une chose quelconque il n'y a qu'une distinction de Raison[70] ». La durée d'une chose et son existence sont identiques, mais on sait que la chose existe à travers la durée. Si on sépare la durée de la chose, on sépare aussi la chose de l'existence.

De même que la durée n'est séparable de l'existence de la chose que par une distinction de raison, la chose n'est séparable de sa tendance à persévérer dans son être que par une distinction de raison. Pour Spinoza, c'est une erreur de distinguer « une chose elle-même et la tendance [*conatum*] qui est en elle à conserver son être[71] ». En reprenant les mots utilisés dans la définition de la durée, Spinoza soutient qu'« entre une chose

66 La durée « est l'*attribut sous lequel nous concevons l'existence des choses créés en qu'elles préservèrent dans leur existence actuelle* », *PM* I, 4. G. I, p. 244. Voir Chantal Jaquet, *Sub specie aeternitatis. Étude des concepts de temps, durée et éternité chez Spinoza*, Paris, Kimé, 1997, p. 146-147, 190-196.

67 *PM* II, 1. G. I, p. 252.

68 *PM* I, 3. G. I, p. 240. Voir sur ce point Yitzhak Melamed, « A Glimpse into Spinoza's Metaphysical Laboratory : The Development of the Concepts of Substance and Attribute », in Yitzhak Melamed (dir.), *The Young Spinoza : A Metaphysician in the Making*, Oxford, Oxford University Press, 2015, p. 279-280.

69 *PPD* I, prop. 7, sc. G. I, p. 163.

70 *PM* I, 4. G. I, p. 244.

71 *PM* I, 6. G. I, p. 248.

[...] et la tendance qu'elle a à se conserver » il n'y a qu'« une distinction de Raison[72] ». Même si Spinoza n'utilise pas la notion d'« attribut » dans cette définition spécifique, on pourrait dire que la tendance d'une chose à se préserver est un attribut de la chose ; ainsi, la tendance, le *conatus* de la chose, c'est la chose elle-même.

Dans ce contexte, la notion de force est utilisée comme équivalente à celle de *conatus*. L'intitulé d'un des paragraphes clés des *Pensées métaphysiques* demande « comment se distinguent les choses et la tendance [*conatus*] en vertu de laquelle elles tendent [*conatur*] à persévérer dans leur état[73] ». La réponse est qu'elles ne se distinguent pas ; mais Spinoza utilise le mot « force » pour l'illustrer avec un exemple qui fait référence à « une chose très simple » et au mouvement propre de cette chose : « Le mouvement a la force de persévérer dans son état ; or cette force n'est pas autre chose que le mouvement lui-même, c'est-à-dire que telle est la nature du mouvement[74] ». Tendance et force, *conatus* et *vis*, sont deux termes équivalents. Ils ne se distinguent de la chose que par une distinction de raison, comme c'est le cas pour la durée. Donc, à strictement parler, en tant qu'attributs d'une chose, la durée, l'existence, la tendance et la force sont identiques à la chose même.

Il faut souligner que l'usage de la notion de *conatus* dans *Pensées métaphysiques* I, 6, tend à étendre la force d'une chose pour se conserver au-delà de la tendance au mouvement. Nous avons déjà mentionné que, dans les *Principes de la philosophie de Descartes*, Spinoza lie – plus explicitement que Descartes – la force de conservation de la pensée (de la « vie ») et la force de conservation du mouvement des corps (« conservation physique ») à la source divine de la force de Dieu. Le rôle crucial de l'axiome 10 exprime ce fait. Cependant, le modèle préféré par Spinoza pour illustrer le rôle de la force divine s'exprimant à travers le corps est le « modèle physique », c'est-à-dire le modèle où les substances (pensantes ou étendues) sont soumises aux lois mécaniques et analysées par le biais des lois de la nature.

En effet, vers la fin de la partie III inachevée des *Principes de la philosophie de Descartes*, Spinoza donne une définition technique de la notion de « tendance », laquelle s'applique aux corps matériels : « Par

72 *Ibid.*
73 *Ibid.*
74 *Ibid.*

Tendance au mouvement [conatum ad motum], nous entendons non une pensée quelconque, mais seulement qu'une partie de matière est située et poussée à se mouvoir de telle sorte qu'elle devrait réellement aller quelque part si elle n'en était empêchée par aucune cause[75] ». Le passage des *Pensées métaphysiques* I, 6, que nous avons commenté prend l'exemple des lois du mouvement pour établir l'identité d'une chose et sa force-*conatus*. En outre, ce passage soutient qu'il est faux de considérer « que la tendance à se conserver est quelque chose en plus des lois mêmes et de la nature même du mouvement[76] ».

Cependant, ce qui est étonnant dans ces passages, c'est l'extrapolation que Spinoza fait de la tendance à se conserver – considérée sous le modèle physique de conservation de force à partir des lois de la nature – vers ce qu'il appelle le « désir de se conserver » présent dans les êtres humains. En réponse à ceux qui croient que la chose et sa tendance sont séparées, Spinoza écrit : « Quant à la raison pour laquelle quelques-uns distinguent de la chose elle-même la tendance qui est en elle, c'est qu'ils trouvent en eux-mêmes le désir de se conserver et en imaginent un pareil en chaque chose[77] ». D'un côté, la force-tendance d'une chose à se conserver équivaut aux lois de la nature ; mais, de l'autre côté, cette tendance est aussi présente dans les êtres humains comme un certain « désir » qu'ils sentent face à leur propre conservation. Certes, la force est, *stricto sensu*, la même : Dieu. Pourtant, au moment où Spinoza applique le *conatus* au désir humain de conservation, au-delà des corps simples, il étend le modèle de « conservation physique » de force de mouvement à tout état de conservation des êtres, en y enveloppant la pensée, mais aussi la durée impliquée dans la conservation d'un être humain, que l'on pourrait parfaitement appeler « vie ».

Rappelons ici que Descartes n'utilise les concepts de tendance et *conatus* que dans le contexte restreint de ce que nous avons appelé modèle de conservation physique, afin d'expliquer surtout les lois de la nature. L'usage de la notion de « tendance » (ou « force ») par Spinoza implique une extension de ces notions au-delà des objets que Descartes privilégie pour son analyse dans la deuxième partie des *Principia*. La version latine de l'article 37 – laquelle exprime la première loi de la nature sur la conservation des corps dans leur même état de mouvement – soutient

75 *PPD* III, déf. 3. G. I, p. 229.
76 G. I, p. 248.
77 *PM* I, 6. G. I, p. 248.

qu'elle s'applique à chaque chose « *quatenus est simplex & indivisa*[78] ». En appliquant cette loi à la pensée et au désir humain de se conserver, Spinoza va au-delà de la lettre du texte cartésien[79]. Spinoza reprend de ce texte le modèle général de conservation physique, mais il l'applique à tous les états des choses, sans considérer si la chose est simple et/ou indivisée. C'est à partir de cette discussion des notions de force et tendance, et des divergences entre Spinoza et Descartes, que nous pourrons mieux comprendre une des principales innovations des *Pensées métaphysiques* par rapport à l'œuvre de Descartes, du moins au niveau terminologique : l'usage du concept de « vie » en tant que force-tendance.

Le concept de vie s'introduit dans les *Pensées métaphysiques* comme un des attributs de Dieu. De même que dans le cas des attributs des substances finies créées, les attributs de la substance infinie incréée ne se distinguent de Dieu lui-même, ou même entre eux, que par le moyen d'une distinction de raison[80]. Dans le but d'expliquer cet attribut de Dieu, il faut savoir ce « qui est désigné en chaque chose par vie[81] ». En d'autres termes, l'analyse de la vie de Dieu exige un examen des choses vivantes. Il semblerait qu'à partir de cette prémisse on établisse un rapport étroit entre la vie des êtres créés et la vie du créateur. Cependant, nous verrons que la définition de vie dans ce contexte se dirige vers une différenciation radicale entre cet attribut de Dieu et la vie des substances créées.

---

78 AT VIII, p. 62.

79 Cette idée qui souligne le dépassement accompli par Spinoza du pur commentaire sous la forme de paraphrase des *Principia* de Descartes autour de notions telles que durée, tendance ou force dans les *PPD* et les *PM*, a été remarquée aussi par des commentatrices et commentateurs à propos d'autres concepts et sujets traités par Spinoza. Dans ces textes de Spinoza, on ne trouve pas une simple répétition de ce que Descartes a déjà dit. Voir Chantal Jaquet, « L'erreur dans *Les principes de la philosophie de Descartes* de Spinoza, I, XV », in Jean-Pierre Cléro et Emmanuel Faye (dir.), *Descartes, des principes aux phénomènes*, Paris, Armand Colin, 2012, p. 61-78 ; Chantal Jaquet, *Spinoza à l'œuvre. Composition des corps et forces des idées*, Paris, Publications de la Sorbonne, 2017, p. 135-148 ; Jonathan Israel, « Spinoza as an Expounder, Critic, and 'Reformer' of Descartes », *Intellectual History Review*, vol. 17, nº 1, 2007, p. 58-78 ; Emmanuela Scribano, « Invention et interprétation dans la réécriture spinozienne de la métaphysique des *Principia philosophiae* », *Revue d'histoire des sciences*, vol. 58, nº 1, 2005, p. 67-85 ; Pierre-François Moreau, « Les *Principia* de Spinoza », *Revue d'histoire des sciences*, vol. 58, nº 1, 2005, p. 53-66 ; et Filip Buyse, « Le "démasquement" de Descartes par Spinoza dans les *Principia philosophae cartesianae* », *Teoria*, vol. 2, 2012, p. 15-44.

80 *PM* II, 5. G. I, p. 259.

81 *PM* II, 6. G. I, p. 259.

Le premier pas vers la définition de la vie est un examen critique de la tradition aristotélicienne autour de ce sujet. Spinoza cite le *Traité de la respiration* d'Aristote, en expliquant que pour les péripatéticiens, la vie est ancrée dans la notion d'une âme nutritive. Spinoza explique, dans les grandes lignes, la tripartition aristotélicienne de la vie avancée dans *De anima*, laquelle divise l'« âme » des êtres « vivants » en trois types : l'âme végétative, l'âme sensitive et l'âme rationnelle. Cette division établit, en même temps, une certaine « hiérarchie » dans la *scala naturae*[82] entre la vie des plantes, des animaux et des êtres humains.

Spinoza réfute cette conceptualisation péripatéticienne de la vie, en s'appuyant sur deux arguments. Le premier est que dans le cadre aristotélicien « les autres êtres sont privés de la vie[83] ». Qui sont ces « autres êtres » ? Spinoza fait explicitement référence aux « esprits » et à Dieu. Ancrer la vie dans les fonctions des âmes laisse de côté les êtres qui n'ont pas d'âme, et plus spécifiquement, les êtres qui n'ont pas une âme unie au corps, dans la mesure où chez Aristote, l'âme est la « forme du corps » et donc un principe fonctionnel par rapport au corps[84]. En fait, Spinoza reconnaît qu'Aristote lui-même se garde contre la non-application de la vie à Dieu : en craignant de tomber « dans ce qui est le contraire de la vie », à savoir la mort, Aristote ajoute dans la *Métaphysique* (au moins selon la lecture de Spinoza) que la vie est définie aussi comme acte pur de l'entendement, définition qui s'applique aussi à Dieu[85]. Donc, pour Spinoza, tel qu'elle se trouve dans la tradition péripatéticienne, la notion de vie est contradictoire, dans la mesure où parfois elle ne s'applique qu'à certaines âmes unies aux corps, et parfois elle s'étend à l'attribut de l'entendement divin.

Le second argument avancé par Spinoza contre la notion péripatéticienne de la vie porte non sur la sphère d'application de l'âme, mais sur la notion d'âme elle-même. Ici, Spinoza critique une interaction implicite entre les corps (ou la matière) et un principe extra matériel, exprimé par la notion d'âme. Spinoza insiste sur le fait que les rapports entre les corps suivent les lois « mécaniques » de la nature, selon des

82 Voir William Fortenbaugh, « Aristotle : Animals, Emotion, and Moral Virtue », *Arethusa*, vol. 4, n°2, 1971, p. 137-165.

83 *PM* II, 6. G. I, p. 259.

84 *De anima* II, 1, 412a19-20.

85 Voir *Métaphysique*, Λ, 7, 1072b26-28.

principes de « conservation physique » : « pour ce qui concerne les trois âmes attribuées aux plantes, aux animaux et aux hommes, nous avons assez démontré qu'elles ne sont que des fictions, puisque nous avons fait voir qu'il n'y a rien dans la matière sinon des assemblages et des opérations mécaniques[86] ». Notons que, même si la cible de cette polémique est Aristote, la critique de l'interaction entre une notion extra matérielle comme l'âme et le corps pourrait aussi être appliquée à Descartes. Donc, l'usage de la notion de vie que Spinoza exprime dans ce contexte implique une révision de la tradition péripatéticienne, ainsi que cartésienne.

À partir de cette critique, Spinoza a pour tâche de redéfinir la notion de vie, ou plus exactement, le champ d'application de ce concept. Le fait qu'il prend beaucoup de soin pour établir exactement les êtres auxquels la vie peut s'appliquer nous montre que, du moins dans le contexte des *Pensées métaphysiques*, lorsqu'on qualifie de « vivants » certains corps, cela n'est pas simplement une façon de parler. En fait, Spinoza distingue un usage « métaphorique » de la notion de vie et un usage proprement « philosophique ». Le premier fait référence aux « mœurs d'un homme ». En revanche, le second, le concept de vie au sens philosophique, doit être appliqué « aux choses corporelles non unies à des esprits et à des esprits séparés du corps[87] », faute de quoi la vie ne serait appliquée qu'« aux êtres où une âme est unie au corps », et « devrait être attribuée seulement aux hommes et peut-être aux animaux, mais non aux esprits ni à Dieu[88] ».

Il faut donc reconnaitre, premièrement, que la tâche originelle de l'extension de la notion de vie aux choses corporelles séparées des esprits et, *vice versa*, aux esprits séparés des corps (c'est-à-dire une extension de la notion de vie à tout ce qui existe) est celle d'établir la présence de l'attribut de la vie en Dieu. Suivre la tradition aristotélicienne pourrait donc impliquer de dire que Dieu est un être mort.

Deuxièmement, cette extension de la vie implique la possibilité de concevoir des sphères de vie autonomes, appartenant aux choses corporelles ou aux choses incorporelles. La critique de Spinoza sur l'interaction du corps et de l'âme, simplement esquissée dans les *Pensées métaphysiques*, laisse aussi entendre une manière de « vivre » des substances créées

86 *PM* II, 6. G. I, p. 259.
87 *PM* II, 6. G. I, p. 260.
88 *Ibid.*

(« modes » dans l'*Éthique*) sur des plans différents. Ce point est à peine insinué dans ces *Pensées*, mais il nous semble qu'il est un antécédent à la critique spinoziste de l'interactionnisme des attributs de l'extension et de la pensée dans l'*Éthique*[89].

Troisièmement, la notion de vie extraite de cette discussion ne se rapporte pas à une conception « biologique », comprise dans la tradition péripatéticienne comme un principe formel qui anime le corps[90]. Dans le livre II de la *Physique*, Aristote distingue les choses qui existent par nature (φύσει) et toutes les autres, lesquelles comprennent tout ce qui est résultat de la *techne* humaine. La division tripartite de l'âme fait référence à un sous-groupe des choses existant par nature, à savoir tous les êtres vivants selon la définition d'Aristote. Dans le cadre aristotélicien, il existe un autre sous-groupe de choses qui sont par nature mais qui ne sont pas « vivantes » : les « corps simples » (terre, feu, air et eau). Chez Aristote, les choses vivantes sont par nature et elles ont, en elles-mêmes, une « impulsion » propre vers la recherche de nutriments, afin de se développer selon un cadre téléologique[91]. Chaque type d'âme (végétative, sensitive et rationnelle) correspond à la manière spécifique dont chaque forme de vie trouve son développement optimal. L'âme, en tant que « forme du corps », agit comme un principe qui fait fonctionner de la manière la plus optimale possible les parties de matière dont le corps est formé. Spinoza, lui, ne relie pas la vie à l'âme, mais à la tendance-force présente dans toutes les substances créées : « Nous entendons par *vie la force par laquelle les choses persévèrent dans leur être*[92] ». Par là, la critique spinoziste détache la notion de vie d'un principe d'auto-développement finaliste, conçu au-delà des lois mécaniques.

---

89 « Le corps ne peut déterminer l'âme à penser, et l'âme ne peut déterminer le corps ni au mouvement, ni au repos, ni à quoi que ce soit d'autre (si autre il y a). » (É II, prop. 2. G. II, p. 141).

90 Ce caractère non biologique de la notion de vie dans les *Pensées métaphysiques* a été souligné par les commentatrices et commentateurs. Voir Raphaële Andrault, *La vie selon la raison. Physiologie et métaphysique chez Spinoza et Leibniz*, Paris, Honoré Champion, 2014, p. 182-184 ; Sylvain Zac, *L'idée de vie dans la philosophie de Spinoza*, Paris, Presse universitaires de France, 1963, p. 20-21 ; Renée Bouveresse, *L'idée d'animisme universel chez Spinoza et Leibniz*, Paris, Vrin, 1992, p. 122-123. Cet usage non biologique de la notion de *vita* accompagnera l'ensemble de l'œuvre de Spinoza, la référence de la vie variant selon les registres textuels. Autrement dit, l'usage non biologique de la notion de vie ne se réduit pas à une critique de la tradition aristotélicienne qui lie la vie à l'âme comme la forme du corps.

91 *Physique* II, 1, 192b8-15.

92 *PM* II, 6. G. I, 260.

Il est important de souligner, encore une fois, que la notion de vie comme force s'applique aux choses matérielles aussi bien qu'aux substances dématérialisées. Pourtant, dans la mesure où la notion de vie comme force de préservation est prise au modèle de conservation physique provenant de lois mécaniques, il faut dire que Spinoza applique aussi ce modèle, au-delà des corps, aux substances non-matérielles. L'expression d'une « physique de la pensée », forgée par François Zourabichvili pour exprimer la manière dont les modes de la pensée agissent[93], trouve déjà son antécédent théorique dans la notion de force comme vie appliquée au-delà de la matière dans les *Pensées métaphysiques*. De même, dans la mesure où Spinoza étend la notion de « préservation » au-delà du modèle cartésien portant sur la force du mouvement des corps simples, mais maintient, en même temps, le modèle de « conservation physique », on peut déjà observer comment la partie III de l'*Éthique* pourra proposer une analyse « physique » des états des êtres humains : « je considèrerai les actions des hommes et leurs appétits comme s'il était question de lignes, de surfaces ou de corps[94] ».

Une sous-conséquence de la définition de la vie comme force au-delà d'une perspective biologique est celle de « déhiérarchiser » l'échelle des choses naturelles. La source de la force (« Dieu ») est la même pour tous les êtres ; donc la vie (toute vie) est fondée sur ce qu'on pourrait appeler une même « qualité » et non sur un principe (l'« âme ») qui s'exprime dans une échelle de formes plus ou moins parfaites. Même si Spinoza ne développe pas le problème de la « complexité » des choses vivantes dans les *Pensées métaphysiques*, on peut ajouter que, s'il y a plus de complexité dans certaines choses dites « vivantes », cela n'a pas pour cause le principe même – la « force » – par lequel on peut les nommer ainsi. La source des degrés de complexité ne se trouve pas dans ce par quoi on reconnaît qu'une chose est vivante, mais plutôt dans la manière dont les choses vivantes se rapportent les unes aux autres.

La force de conservation des corps est aussi une force de conservation de « vie ». Dans les *Pensées métaphysiques*, cette force est la même qui, ancrée sur l'axiome 10, soutient la « vie » du sujet méditant dans la troisième *Méditation*, dans laquelle Descartes n'hésite pas à utiliser ce mot. La force

93 Voir François Zourabichvili, *Spinoza. Une physique de la pensée*, Paris, Presses universitaires de France, 2002, p. 111-145.

94 *É* III, préf. G. II, p. 138.

de vie mise en jeu par Spinoza dans les *Pensées métaphysiques* est donc la même force de conservation vitale exprimée par Descartes lorsqu'il avait parlé de conservation de soi-même comme *res cogitans*. Cependant, en se fondant aussi sur l'axiome 10, cette force ne s'explique que par des lois mécaniques, décrites par Descartes sous le modèle de « conservation physique » dans la partie II des *Principia*. Dans ce contexte-là, Descartes ne nomme pas « vivants » ces corps qui expriment la force de conservation divine. En fait, il leur nie ce qualificatif dans la lettre à More déjà citée. Spinoza reconnaît que, en tant que la force est la même, toutes les choses qui ont cette force doivent s'expliquer par le modèle de conservation physique ; mais il ajoute que ce type de conservation est aussi la conservation de la vie des choses, et pour cette raison, le modèle de conservation physique est le modèle de conservation vitale.

Si l'innovation de Spinoza par rapport à Aristote est celle de débiologiser la notion de vie, son innovation par rapport à Descartes est celle d'étendre ou d'extrapoler le modèle de conservation physique à toutes les substances créées (même à la pensée), mais surtout d'étendre la notion de « vie » au corps.

Cette dernière innovation par rapport au texte cartésien, plutôt que d'être une coupure avec Descartes, est une prolongation de la doctrine de l'auteur des *Méditations*. Nous avons mentionné le statut toujours problématique de l'adjectif « vivant » lorsque Descartes l'applique aux corps (et surtout aux corps non humains). Cependant, nous avons aussi remarqué que rien ne semble empêcher Descartes d'étendre la notion de vie aux corps, au moins conceptuellement, alors qu'on reconnaît que la force agissant dans ces corps est la même qui agit dans la conservation de la « vie » de la *res cogitans*.

Spinoza a dépassé cette impasse conceptuelle : il a appelé la force des corps « vie ». L'usage de ce terme n'est pas une rupture radicale avec Descartes, mais une prolongation de quelques conséquences de sa doctrine de la création continuée. Au moins au niveau formel, l'opération d'attribuer la vie aux corps n'est pas différente de celle de concevoir Dieu avec l'attribut de l'étendue dans les *Pensées métaphysiques*. Dans le chapitre 2 de la partie I de cet ouvrage, Spinoza, suivant Descartes, soutient que tous les attributs contenus dans les choses créées sont contenus en Dieu « de façon plus éminente[95] ». Donc, Dieu contient la matière comme un

95 *PM* I, 2. G. I, p. 237.

de ses attributs. Comme Chantal Jaquet l'a montré, en établissant que la matière est l'un des attributs de Dieu par l'argument sur l'éminence divine, Spinoza accomplit une action que Descartes lui-même aurait pu accomplir : Spinoza prolonge la doctrine cartésienne sur l'éminence divine par rapport aux substances créées et, au moins dans le cas de l'attribut de la matière, déploie les « conséquences ultimes de la pensée de Descartes[96] ». De la même façon, établir que toutes les choses qui ont la force de se préserver ont aussi la « vie » implique de prolonger la pensée de Descartes sur la toute-puissance divine jusqu'à ses conséquences ultimes : dans la mesure où il s'agit de la même force de conservation, Spinoza rompt la division entre un modèle de conservation de la vie dans le cas d'un être humain et le modèle de conservation physique dans le cas des mouvements du corps.

Il faut pourtant nous demander pourquoi Descartes a rejeté l'idée d'accorder la notion de vie aux corps. On pourrait penser que cette notion implique une espèce de « prestige » métaphysique qui ne pourrait être appliqué à la matière à cause de son caractère intrinsèquement périssable. En niant explicitement la vie aux corps, Descartes se placerait dans cette large tradition qui remonte au moins à quelques passages de l'œuvre de Platon et relègue la matière à la place la plus basse dans l'échelle des êtres créés. Cependant, la même lettre à More déjà citée nous donne des pistes d'une autre raison de la séparation entre les notions de vie, corps et matière. En parlant du fait que la force de mouvement dans le corps est un mode (tel que, par exemple, la figure), Descartes énonce : « cette force dans la substance créée est son mode, mais elle n'est pas un mode en Dieu ; ce qui étant un peu au-dessus de la portée du commun des esprits, je n'ai pas voulu traiter cette question dans mes écrits pour ne pas sembler favoriser le sentiment de ceux qui considèrent Dieu comme l'âme du monde unie à la matière [*tanquam animam mundi materiae unitam*][97] ». Au risque d'utiliser un concept anachronique, on

96 Chantal Jaquet, « Le problème de l'attribution de l'étendue à Dieu dans les *Pensées métaphysiques I*, ch. II », in Chantal Jaquet (dir.), *Les Pensées Métaphysiques de Spinoza*, Paris, Publications de la Sorbonne, 2004, p. 50-55. Un argument semblable sur l'étendu qui appartient à Dieu, dans le contexte de l'*Éthique*, est avancé par Edwin Curley, *Behind the Geometrical Method : A Reading of Spinoza's* Ethics, Princeton, Princeton University Press, 1988, p. 27.

97 Descartes à More, août 1649 (traduction d'Alquié, *Œuvres philosophiques de Descartes*, *op. cit.*, t. III, p. 933 ; AT V, p. 404).

pourrait dire que Descartes ne voulait pas favoriser un « vitalisme », ou en être accusé. Bien que ce passage ne concerne pas la notion de vie, il nous semble qu'étendre le terme vie aux corps en raison du fait que Dieu est la source et le soutien de leur force aurait pu provoquer la même anxiété dans l'esprit de Descartes : l'accusation de vitalisme, qui aurait détruit la notion d'un Dieu strictement transcendant dans sa métaphysique. Il n'est donc pas étonnant que cette accusation soit souvent lancée contre Spinoza.

Cependant, dans le contexte spécifique des *Pensées Métaphysiques*, est-il possible de dire que Spinoza propose un « vitalisme », ou bien qu'il cherche à dépasser le mécanicisme de Descartes ? Une réponse affirmative à cette question semble être au cœur de la notion de vie chez Spinoza telle que Zylvain Zac l'a développée. Il considère que le projet de Spinoza peut se nommer un « animisme universel ». Ce concept, pourtant, n'implique pas que Spinoza accepte une « Âme du monde », ni qu'il fonde la vie de toutes les choses sur le principe de l'âme à la manière d'Aristote[98]. Selon Zac, Spinoza, dans l'ensemble de son œuvre, rejette une notion biologiste de la vie, mais aussi une notion mécaniciste. Dans la mesure où le mécanicisme – tiré de la tradition cartésienne – implique un finalisme propre aux êtres vivants, lequel se fonde sur une analogie avec la *techne* humaine, Spinoza le refuse. Autrement dit, une notion de vie mécaniciste implique un anthropomorphisme, une façon de voir les organismes vivants comme des machines. La « totalité organique » de l'univers chez Spinoza – notion qui est à la base de la possibilité d'appeler ses idées sur la vie « animisme universel » – se fonde sur le fait que la vie est expression d'une même force vitale, celle de Dieu, laquelle s'exprime dans l'univers à divers degrés[99].

La lecture de Zac présente l'indubitable mérite de souligner par une analyse soigneuse le rejet dans l'œuvre de Spinoza de la conception cartésienne de la vie conçue sous le modèle de la machine. Cependant, il nous semble que, du moins dans le cas des *Pensées métaphysiques*, ce rejet n'implique pas que Spinoza refuse aussi la notion mécanique des rapports entre les corps – y compris le corps « vivant » – ni qu'il adopte une forme d'« animisme » ou de « vitalisme ». En effet, comme nous l'avons vu, la force des corps – laquelle est aussi la vie des corps – est

98 Zac, *L'idée de vie*, *op. cit.*, p. 104.
99 *Ibid.*, p. 104-120.

la même chose que leur tendance ; et il n'y a rien dans cette tendance au-delà des lois de la nature[100]. Il faut donc dire que l'acceptation du modèle cartésien des lois physiques et de la conservation de sa force implique, de la même façon, que la vie des corps – comprise comme force pour persévérer dans l'être – doive s'expliquer suivant les lois mécaniques des rapports entre les corps. En outre, Spinoza applique ce modèle mécanique et physique aux substances créées non corporelles, l'étendant ainsi à toute chose créée. Comme l'explique Zac, la notion de vie dans les *Pensées métaphysiques* n'implique pas un finalisme anthropomorphique. Or, ce rejet se fonde sur la critique que Spinoza fait d'Aristote, et non sur le positionnement qu'on pourrait supposer chez lui contre le mécanicisme cartésien.

Ainsi, nous pourrions dire qu'il y a, dans les *Pensées métaphysiques*, une lecture critique « croisée » des doctrines cartésienne et aristotélicienne. D'un côté, la lecture de Spinoza portant sur Descartes étend la notion de vie aux corps tout en acceptant le mécanicisme développé dans les *Principia* ; de l'autre, la lecture de Spinoza portant sur Aristote rejette le biologisme et le finalisme des êtres vivants dans la tradition péripatéticienne. Cette lecture antifinaliste de la vie pourrait pourtant être également opposée à la théorie des vivants fondée sous le modèle des machines développée par Descartes dans d'autres ouvrages. C'est pourquoi nous pourrions dire que dans les *Pensées métaphysiques* on trouve une forme de mécanicisme qui enveloppe la notion de vie, mais dépourvue du finalisme cartésien. Encore une fois, ce qu'on trouve dans les *Pensées métaphysiques* n'est pas une critique radicale du cartésianisme, mais un déploiement de ses conséquences ultimes.

Il faut noter que la lecture de Zac se fonde sur la présomption que le rapport entre les êtres créés et l'être incréé est le même dans toute l'œuvre de Spinoza. Plus spécifiquement, Zac semble projeter la même notion d'un Dieu immanent présente dans l'*Éthique* vers les *Pensées métaphysiques*. De même que dans l'*Éthique*, selon Zac, les *Pensées métaphysiques* avancent une notion de la vie de Dieu, laquelle est, *sensu stricto*, la même vie que celle des modes, exprimée de façon différente. Cependant, si on lit le texte complet où Spinoza avance la notion de vie comme force, on se rend compte que les choses sont plus complexes :

100 *PM* II, 6. G. I, p. 259.

« Nous entendons donc par *vie la force par laquelle les choses persévèrent dans leur être* ; et, comme cette force est distincte des choses elles-mêmes, nous disons proprement que les choses elles-mêmes ont la vie. Mais la force par laquelle Dieu persévère dans son être n'est autre chose que son essence ; ceux-là parlent donc très bien qui disent que Dieu est la vie[101] ». La racine de la lecture anti-mécaniciste et « animiste » de Zac provient précisément de son interprétation de ce passage. Il écrit : « Dieu est la vie, alors que toutes les autres choses ont la vie. La vie est l'être de Dieu et il ne peut pas s'en distinguer. Chez tous les autres êtres, au contraire, la vie est distincte d'eux-mêmes : ils vivent dans la mesure où ils dépendent de Dieu ; elle leur vient de Dieu et constitue, pour ainsi dire, leur "avoir"[102] ». Quelques pages plus loin, Zac établit que cette vie de Dieu est la même vie des choses : « Dieu est la vie, car il est la vie des choses[103] ». En s'appuyant sur la doctrine de la création continuée – et plus spécifiquement en faisant une lecture immanentiste de cette doctrine – Zac considère que la toute-puissance de la vie de Dieu est le soutien fondamental de la vie des choses.

Il nous semble cependant que la lecture de Zac de la différence entre « avoir » la vie et « être » la vie est symptomatique d'une tendance à lire les *Pensées métaphysiques* sans considérer que, tout en avançant des idées propres, cet ouvrage de Spinoza reste un commentaire de la philosophie de Descartes. Par conséquent, dans ce texte on trouve une sorte de « négociation » permanente entre la manière dont Spinoza propose des prolongations à la philosophie de Descartes et le commentaire explicatif de la philosophie naturelle cartésienne. Plus spécifiquement, la lecture de Zac suppose deux choses : qu'on peut « comparer » la vie de Dieu avec la vie des choses ; et que la différence entre la vie des choses et les choses elles-mêmes est une différence réelle.

Or, nous avons montré comment la force des choses, ainsi que leur durée, sont des attributs, dans la mesure où elles ne se distinguent pas réellement des choses. Cette distinction n'est qu'une distinction de raison. Sans durée, aussi bien que sans force-tendance, il n'y a pas d'existence de la chose. Suivant cette logique, si la vie dans toutes les choses équivaut à la force-tendance, il faut reconnaitre que la vie est un attribut

101 *PM* II, 6. G. I, p. 260.
102 Zac, *L'idée de vie*, *op. cit.*, p. 19.
103 *Ibid.*, p. 25.

des choses, tel que Spinoza l'affirme concernant la durée. Dans cette optique, on ne peut pas séparer la chose de sa vie : la chose est sa vie, de la même façon que la chose est sa durée, sa force et sa propre existence. C'est donc un véritable paradoxe que Spinoza lui-même soutienne que la chose est distincte de sa vie-force, car cela voudrait dire aussi que la chose est distincte de sa tendance, ce qu'il nie pourtant explicitement dans *Pensées métaphysiques* I, 4.

Comment résoudre ce paradoxe textuel ? La réponse, à notre avis, se trouve aussi dans ce chapitre 4 de la première partie. Juste avant d'établir qu'il n'y a pas de distinction réelle entre la chose et la tendance à se mouvoir, Spinoza avance quelques précisions sur le concept de distinction de raison. En critiquant ceux qui « distinguent entre une chose elle-même et la tendance qui est en elle à se conserver », Spinoza soutient qu'entre « une chose, en effet, et la tendance qu'elle a à se conserver, bien qu'il y ait une distinction de Raison ou plutôt une distinction verbale, ce qui surtout a causé l'erreur, il n'y a aucune distinction réelle[104] ». Distinguer entre la chose et sa tendance-force implique une distinction de raison. Cela *peut* produire une équivoque, dans la mesure où on pourrait concevoir que la chose est réellement distincte de son attribut. Cependant, Spinoza indique ici que cette équivoque, cette erreur, ne vient pas forcement du fait qu'on établit une distinction de raison. Au contraire, cette dernière peut être utile pour « faire mieux entendre une chose[105] ».

Revenons au passage sur la vie des choses et la vie de Dieu du chapitre 6 de la partie II. Si la différence entre la chose et sa vie était une différence réelle, il y aurait une grande contradiction entre ce passage et la définition des attributs dans les *Pensées métaphysiques*. Donc, il nous semble que ce que Spinoza avance dans ce passage est une distinction de raison entre la chose et sa vie (force-tendance). La différence de raison, comme Spinoza le souligne, peut être aussi considérée comme une distinction « verbale » : elle facilite une manière de parler à propos des choses. Textuellement, cela est précisément exprimé par le choix du verbe utilisé par Spinoza lorsqu'il explique que « nous *disons* [dicimus] que les choses elles-mêmes ont la vie[106] ».

104 *PM* I, 4. G. I, p. 248.
105 *PM* II, 5. G. I, p. 258.
106 *PM* II, 6. G. I, p. 260. Nous soulignons.

Cependant, si notre interprétation est juste, il faut expliquer ce que Spinoza veut « faire entendre » par cette introduction, assez surprenante, d'une distinction de raison. À notre avis, elle vise à mieux expliquer la distance entre les attributs de Dieu (comme la vie) et les attributs des choses créées (comme la vie-force-tendance). Nous avons expliqué comment Spinoza, dans l'ensemble des *Principes de la philosophie de Descartes*, fait explicitement référence à la finitude des choses créées. C'est le cas, par exemple, dans la proposition 12 de la partie II de cet ouvrage, où Spinoza introduit une dimension temporelle du mouvement d'un corps en s'appuyant sur un champ spatial. La distinction de raison entre la chose et sa vie-force fait référence à la « mort » comme limite de l'existence, une forme de destruction impossible dans le cas de Dieu, en raison de son éternité et de l'identité entre son essence et son existence.

La conséquence de l'écart entre les attributs de Dieu et les attributs des choses est que ce qu'on appelle « vie » dans le cas de Dieu n'est pas exactement la même chose que ce qu'on appelle « vie » dans le cas de substances créées. Encore une fois, une référence au problème de l'attribution de l'étendue à Dieu est utile pour comprendre ce sujet. En tant qu'attribut des choses créées, Dieu contient la matière de façon éminente. Cela implique que Spinoza, en prolongeant les idées de Descartes, conçoit l'étendue comme l'un des attributs de Dieu. La validité de cet argument doit pouvoir s'appliquer à tous les attributs des choses créées, y compris la vie. Cependant, l'étendue est un attribut imparfait (elle peut se diviser, elle a des limites) dans les substances créées, de sorte que l'étendue qui appartient à Dieu doit être plus parfaite (elle doit être « éminente » par rapport à l'étendue des choses). Cette matière appartenant à Dieu serait « un attribut qui contient toutes les perfections de la matière de façon plus excellente[107] » ; à savoir, une matière purifiée de sa divisibilité, non composée de parties, sans mouvement dans l'espace et indivisible : une matière sans limites[108].

Suivant la même logique, en tant qu'attribut de Dieu, la vie appartient à Dieu de manière éminente par rapport à la vie des choses : elle est une vie sans limite, une vie sans la finitude inhérente à l'existence des choses dans la durée. Certes, Dieu soutient, par le biais de la création continuée, la force-vie de choses. À strictement parler, cependant,

107 *PM*, I, 2. G. I, p. 238.

108 Jaquet, « Le problème de l'attribution », *op. cit.*, p. 46-47.

ce que Dieu soutient comme vie est quelque chose qui se distingue de la vie dont Dieu lui-même jouit. De même que Spinoza avait critiqué l'argument de la troisième *Méditation* sur la possibilité d'une substance créée de devenir Dieu, et de même qu'il avait ainsi ouvert un écart absolu entre la substance finie et la substance infinie[109], l'inclusion du verbe « avoir » dans la distinction entre vie et chose créée vise à établir un écart absolu entre la vie de Dieu et la vie des créatures. Donc la distinction de raison entre la chose et sa vie cherche à « mieux expliquer » l'écart entre la durée et l'éternité, la vie des choses et la vie de Dieu. Plus précisément, l'inclusion de cette distinction de raison permet de comparer, par des moyens verbaux, ce qui est en réalité incomparable : la vie de la substance infinie et la vie de la substance finie[110].

Spinoza peut se permettre cette distinction entre la chose et sa force-tendance-vie seulement dans le contexte d'un ouvrage où il commente et prolonge la pensée de Descartes, où il accepte l'idée d'un Dieu transcendant par rapport aux substances créées, et où la doctrine de création continuée joue un rôle fondamental. Spinoza utilise cette doctrine, mais il la détourne, la tord, autant que possible, pour exploiter les conséquences de la pensée de Descartes. L'une de ces conséquences est l'extension de la notion de vie à toutes les choses, même aux corps.

Dans un contexte où le Dieu dont écrit Spinoza n'est pas un Dieu absolument immanent, la notion de vie permet de concevoir la conservation au-delà du mouvement des corps simples. En même temps, au moyen de la référence à des arguments par l'éminence divine, la notion de vie sert à « expliquer » l'écart infranchissable entre la substance finie et la substance infinie. Donc, l'usage de la notion de vie dans les *Pensées métaphysiques* a un double but : étendre la notion de préservation, considerée comme force immanente, à toute chose qui existe dans la durée, mais aussi accomplir cette extension à l'intérieur d'un cadre explicatif des attributs divins, tout en s'ajustant aux arguments cartésiens sur la création continuée et l'éminence divine.

L'extension radicale de la notion de vie, en tant que force appartenant à toute chose qui existe, s'inscrit donc dans un contexte où la pensée de Spinoza n'est pas encore présentée explicitement pour elle-même,

109 *PPD* I, prop. 7, sc. G. I, p. 162.
110 Sur la fonction méthodologique de cette distinction entre Dieu et les choses créées, voir Chantal Jaquet, *Spinoza ou la prudence*, Paris, Éditions du Retour, 2019, p. 70-71.

bien que l'on découvre déjà des torsions conceptuelles par rapport à la philosophie cartésienne qu'il explique et commente. En ce qui concerne la *vita*, ces torsions critiques ciblent plus explicitement la métaphysique traditionnelle de racine péripatéticienne. Dans le cadre de l'ensemble de l'œuvre de Spinoza, la notion de vie exprimée dans les *Pensées métaphysiques* pourrait donc être considérée comme une sorte d'arrière-fond à partir duquel on peut comprendre comment Spinoza déploiera sa propre conception sur la *vita* et les différents usages du terme dans d'autres écrits, où sa pensée sera présentée en elle-même. Si dans cet arrière-fond on trouve une extension radicale de la notion de vie, on peut considérer cette perspective comme un point de départ pour explorer, dans les chapitres suivants, les différentes variations conceptuelles que Spinoza donne à la terminologie de *vita* et les figures qu'elle incarne.

NECCESSE EST VIVERE

La politique de la *vita communis* dans le *Traité de la réforme de l'entendement*

Si dans les *Pensées métaphysiques* la vie devient synonyme de la force de chaque chose pour persévérer dans son être, Spinoza propose une autre perspective dans le *Traité de la réforme de l'entendement*, premier texte où il présente sa philosophie en nom propre. Dans ce *Traité* inachevé, Spinoza avance sa théorie de la connaissance et enracine la notion de vie dans une figure conceptuelle spécifique : celle de *vita communis*. Elle se présente notamment dans le prologue de ce *Traité* comme un domaine d'expérience dans lequel le narrateur – qui écrit à la première personne – se trouve immergé, et dont les caractéristiques apparaissent nocives pour sa santé.

Ainsi, de prime abord, la *vita communis* se manifeste comme la figure d'un domaine où la puissance ou la force pour persévérer dans l'être se trouve constamment menacée. Ce champ d'expériences sera soumis à une évaluation, afin de décider s'il faut le fuir. Cette évaluation appartient au même domaine que la *vita communis*, car elle n'implique pas une perspective de jugement transcendante à lui. Au contraire, une telle évaluation se nourrit de la dynamique propre de ce champ et, par les moyens de la rationalité, en extrait les aspects qui pourront le reformer afin qu'il ne soit plus un domaine nocif. Plus précisément, nous avancerons que la réflexion de Spinoza sur la *vita communis* et son rapport avec une vie guidée par l'entendement se rapproche des thèses fondamentales développées par la première génération de l'École de Francfort : l'évaluation interne de la *vita communis* et sa réforme impliquent une démarche critique très proche de la méthode francfortoise, désignée la « critique immanente ».

Enfin, se jouera dans l'analyse de cette figure de vie sa compatibilité ou son incompatibilité avec le déploiement d'une vie philosophique, qui dans le prologue du *Traité de la réforme de l'entendement* apparaît implicitement comme le résultat de cette critique immanente et de la tentative de réforme de la *vita communis*. Mais s'il existe une compatibilité entre ces deux figures de vie, se traduit-elle uniquement dans une instrumentalisation du domaine de la vie commune pour le développement du philosophe, séparé des non-philosophes ? Ou bien la réforme de la *vita communis* implique-t-elle une démarche, de la part du philosophe lui-même, pour améliorer les conditions de la vie commune à tous ? Autrement dit, la présentation et la critique de la *vita communis* impliquent-elles finalement, selon Spinoza, un éloignement du philosophe hors de la communauté ou son immersion dans ce domaine ?

LES MODALITÉS DE VIVRE

Dans l'*Éthique à Nicomaque* X, 7-8, Aristote distingue strictement deux formes de vie : d'un côté, la « vie philosophique », de l'autre la « vie politique » ou « vie pratique ». Ces deux manières de vivre sont appréciées, mais la première est plus estimée : la vie philosophique, qui s'adonne à la contemplation, est heureuse par excellence. Cette excellence est établie par un double constat : l'activité philosophique est conduite par l'intellect, et ses objets de connaissance sont les meilleurs. Cet isomorphisme entre la meilleure partie de l'être humain et les meilleurs objets de connaissance implique aussi que cette activité théorétique soit la pratique possédant la plus grande continuité. Aristote écrit ceci sur l'activité de la *theoria* :

> C'est en effet l'activité la plus haute, puisque l'intelligence est la plus élevée de choses qui sont en nous que, parmi les objets connaissables, ceux qui sont assignés à l'intelligence son également les plus élevés. De plus, c'est par ailleurs l'activité la plus continue, puisque nous sommes capables de penser [θεωρεῖν] en continu plus que d'agir continûment d'une quelque façon. Nous croyons aussi qu'un plaisir doit être inextricablement mêlé au bonheur. Or la plus agréable des activités qui traduisent une vertu est, de l'avis unanime, celle qui traduit la sagesse. Il semble en tout cas que la poursuite de la sagesse implique d'étonnants plaisirs par leur pureté et leur stabilité ; or, très

> logiquement, les savants doivent avoir plus de plaisir dans la vie que ceux qui cherchent à l'être[1].

Le philosophe est le sujet le plus autonome et le plus heureux. En revanche, en tant que vie sans loisirs, Aristote dit dans *La politique* que la vie politique est considérée comme bonne, mais aussi assez différente de la vie philosophique ou théorétique :

> est-ce la vie politique et active [ὁ πολιτικὸς καὶ πρακτικὸς βίος] qui est à choisir, ou plutôt celle qui est affranchie de tous les soucis extérieurs, par exemple une vie contemplative [θεωρητικὸς] qui seule, au dire de certains, est celle du philosophe. Car il n'y a guère que ces deux genres de vie que ceux des hommes qui honorent le plus la vertu choisissent évidemment, aussi bien ceux du passé que ceux d'aujourd'hui. Deux vies, je veux dire la vie politique et la vie philosophique [τόν τε πολιτικὸν καὶ τὸν φιλόσοφον][2].

Tandis que la vie d'excellence politique et/ou pratique est associée aux corps et passions humaines, la vie philosophique ne concerne que l'intellect, lequel est une chose « séparée » ou « indépendante » (κεχωρισμένη)[3]. En commentant précisément le livre VII de *La politique*, Herbert Marcuse soulignait que, en distinguant la sphère spéculative de la sphère pratique, et en ne valorisant la sphère pratique que pour des raisons instrumentales par rapport à l'activité philosophique, Aristote opère une rupture entre la philosophie et la pratique sociale toute entière. Même si Aristote dit que le travail théorétique est justement une forme d'« activité », la séparation entre les sphères spéculative et sociale isole irrémédiablement la philosophie face à la pratique politique et sociale[4].

On pourrait penser que la notion de philosophie que l'on trouve chez Spinoza est semblable à celle d'Aristote : d'après le prologue du *Traité de la réforme de l'entendement*, Spinoza semble opérer la même division entre une vie pratique – menée dans la communauté, dans la *polis*, et qui intervient dans les affaires de la cité – et une vie philosophique dédiée aux thèmes de spéculation théorique, séparée des affaires socio-politiques. D'entrée de jeu, il paraît refuser la vie quotidienne en affirmant

1 *Éthique à Nicomaque* X, 7, 1177a19-27. Traduction de Richard Bodeüs, *Œuvres complètes*, Pierre Pellegrin (dir.), Paris, Flammarion, 2014.

2 *La politique* VII, 2, 1324a26-32. Traduction de Pierre Pellegrin, *Œuvres complètes*, *op. cit.*

3 *Éthique à Nicomaque* X, 8, 1178a22.

4 Herbert Marcuse, « Über den affirmativen Charakter der Kultur », *Zeitschrift für Sozialforschung*, vol. 6, n°2, 1939, p. 54-55.

que l'expérience lui a « enseigné que tout ce qui advient dans la vie commune [*in communi vita*] est vain et futile », d'où le fait qu'il vaut mieux « chercher un bien véritable ». Ensuite, comme chez Aristote, ce bien véritable cherché a aussi des caractéristiques dont on peut jouir de façon continue. Spinoza dit alors que ce qu'il cherche à découvrir est une chose qui le ferait « jouir pour l'éternité d'une joie suprême et continue » et lui donnerait un « bonheur suprême[5] ».

Enfin, Spinoza semble exprimer la même opposition développée par Aristote, non seulement entre la joie continue et les plaisirs de la vie quotidienne (comme les honneurs et la richesse), mais aussi entre ce que l'on a jusqu'ici considéré comme deux domaines de vie : celui d'une vie pratique dans la *polis*, ou *vita communis*, et celui d'une vie philosophique. Il semblerait que l'on trouve ce domaine philosophique dans le *Traité de la réforme de l'entendement* sous la mention d'« une autre chose nouvelle[6] », sur laquelle Spinoza cherchait à se pencher, après son refus de la vie ordinaire. La référence à un nouveau domaine vital de jouissance suprême, éloigné de la vie commune, se trouve dans la notion de « *novum institutum* », affirmée par la possibilité d'avancer vers une nouvelle manière de vivre ou de suivre de nouvelles règles éthiques sous la direction de la raison[7]. Ainsi, bien que Spinoza ne nomme pas « vie philosophique » cet autre « domaine » de façon explicite, il semble opposer strictement ces deux manières de vivre, et les valoriser de manière hiérarchique : le *novum institutum* de la vie philosophique *versus* la *vita communis*. L'incompatibilité entre les deux paraît s'imposer.

Des commentatrices et commentateurs ont établi, chez Spinoza, cette séparation entre une vie marquée par l'entendement philosophique, d'une part, et le refus de la vie ordinaire ou politique, d'autre part. Martha Nussbaum est sans doute celle qui a avancé cette idée de la manière la plus radicale : elle affirme que, comme Spinoza suit des doctrines stoïciennes, son idéal d'entendement implique aussi celui d'autonomie

5 *TRE* 1. G. II, p. 5.
6 *TRE* 2. G. II, p. 5.
7 Comme Theo Zweerman le souligne, la notion de *novum institutum* indique le changement d'orientation de la vie, qui comporte une double dimension : d'une part, éthique dans un sens individuel ; d'autre part, politique, au sens d'une réorganisation extérieure des conditions de vie. Voir Zweermann, *L'introduction à la philosophie selon Spinoza. Une analyse structurelle de l'introduction du Traité de la réforme de l'entendement, suivie d'un commentaire de ce texte*, Louvain, Presses universitaires de Louvain, 1993, p. 84.

(« *self-sufficiency* »), marqué par un total détachement de la pratique sociale. Alors, selon Nussbaum, si on suit les enseignements de Spinoza et si, par conséquent, on devient un philosophe spinoziste, on se trouve « au-delà de la honte, au-delà de la vengeance, au-delà de l'instabilité – mais aussi, au-delà de la politique, de l'amitié et de l'amour humain[8] ».

Pourtant, une analyse détaillée du prologue du *Traité de la réforme de l'entendement* offre une perspective totalement différente sur la compatibilité entre la vie commune et la vie philosophique. L'argument que nous proposons s'oppose à la thèse qui suppose que le développement de l'entendement chez Spinoza implique une séparation radicale de ces deux modalités de vie. Le parcours décrit dans le prologue indique, comme nous allons le voir[9], que la notion de vie philosophique chez Spinoza nécessite d'habiter dans la communauté et de mener une démarche qui demande la pratique et l'intervention politique.

Contrairement à la thèse de Nussbaum sur Spinoza, nous soutenons que dans le *Traité de la réforme de l'entendement*, le parcours vers la philosophie suppose un engagement progressif du philosophe dans la *polis* où il habite. Cet engagement s'exprime dans des pratiques qui entraînent l'immersion du philosophe (ou du sujet qui cherche la vie philosophique comme un bien à atteindre) dans la vie sociale. Ainsi, la pratique philosophique passe, premièrement, par une réflexion sur la vie comme champ d'expériences, où l'expérience du corps et des passions est soumise à une interrogation quant à son utilité vitale. Deuxièmement, une fois définie la notion de bien suprême à chercher, on trouve une inclusion de tous les moyens de la vie quotidienne dans le projet d'une vie philosophique, ce qui suppose une stratégie pédagogique vis-à-vis des non-philosophes, laquelle est, en même temps, une stratégie de « subversion » politique. Contre la tradition aristotélicienne qui divise la *praxis* vitale en activité philosophique spéculative et pratique politique, le *Traité de la réforme de l'entendement* avance une perspective de la vie philosophique qui intensifie son engagement dans la vie politique.

---

8 « [B]eyond shame, beyond revenge, beyond instability – but also, beyond politics, friendship, and human love » (Martha Nussbaum, *Upheavals of Thought : The Intelligence of Emotions*, Cambridge : Cambridge University Press, 2001, p. 526. Nous traduisons).

9 Nous situons cette analyse dans la ligne d'autres commentatrices et commentateurs. Voir, par exemple, à ce propos, Chantal Jaquet, *Les expressions de la puissance d'agir chez Spinoza*, Paris, Publications de la Sorbonne, 2005, p. 17-30 ; Ariel Suhamy, *La communication du bien chez Spinoza*, Paris, Garnier Classiques, 2010, p. 21-111 ; Philippe Danino, *Le meilleur ou le vrai. Spinoza et l'idée de philosophie*, Paris, Publications de la Sorbonne, 2014, p. 126-137.

VITA COMMUNIS : CHAMP MONO-AFFECTIF

La première mention littérale du terme *vita* apparaît dans la première ligne du *Traité de la réforme de l'entendement*. Elle se réfère à la notion de *vita communis* et renvoie à un domaine où des évènements adviennent (*occurrunt*) : « tout ce qui advient couramment dans la vie commune [*in communi vita*][10] ». La seconde mention de la *vita* s'attache, aussi, aux choses qui se passent. Elle est liée au même verbe, advenir (*ocurrire*) : « ce qui advient la plupart du temps dans la vie[11] ». C'est pourquoi la première tâche de Spinoza autour du champ vital est d'analyser les objets qui provoquent les expériences advenant dans la vie au regard des conséquences qu'ils produisent sur les êtres humains.

La vie, dans ce *Traité*, se constitue ainsi comme un champ d'expériences, et elle est désignée par la notion-clé de *vita communis*. C'est sans doute Pierre-François Moreau qui a développé de la manière la plus détaillée les caractères présents dans cette notion de *vita communis* chez Spinoza. La notion de « commun », dans ce concept, implique deux dimensions non exclusives. D'abord, le commun indique ce qui est toujours donné : la vie comme un fait de l'expérience qui se trouve toujours là, accompagnée de tous les éléments qui viennent et adviennent avec elle. Le narrateur n'a pas « choisi » d'entrer dans ce domaine d'expériences communes. Il se trouve tout simplement là, mais il peut réfléchir à comment en sortir. La notion de commun indique ensuite que ce champ d'expériences est « partagé » par tous ceux qui l'habitent. La réflexion sur ce champ est donc toujours interne à la vie commune elle-même, ce qui nécessite que le narrateur soit en quelque sorte lié de manière incontournable aux biens et aux activités qui se trouvent dans cette vie. La réflexion de Spinoza sur la *vita communis* combine donc une recherche (au sens d'une « investigation sur » le champ d'expériences) avec l'activité vitale même du chercheur[12].

À propos de ce dernier élément de caractérisation, insistons sur le fait que la recherche sur le champ de la vie commune, Spinoza la mène

10 *TRE* 1. G. II, p. 5.

11 *TRE* 3. G. II, p. 5.

12 Pierre-François Moreau, *Spinoza. L'expérience et l'éternité*, Paris, Presses universitaires de France, 1994, p. 107-113.

de manière immanente à ce champ, sans juger les expériences depuis une perspective extérieure à la *vita communis*. Il faut aussi noter que dans la caractérisation du commun comme ce qui est partagé, on trouve déjà une dimension collective de la vie commune. Nous soutenons que la recherche de Spinoza fait apparaître le mauvais état dans lequel se trouve l'organisation collective du commun, dont le résultat est, comme le dit Moreau, « une collectivité de répétition et d'imitation, voire de concurrence et d'exclusion, non de fondation[13] ».

La conséquence centrale de cette description et des acquis de cette recherche est que cette organisation non optimale du collectif est historique et peut donc être modifiée. Le contenu de la *vita communis* peut se transformer, il peut être réorganisé socialement et politiquement, même si pour ce faire il faut s'engager et vivre à l'intérieur de cette réalité non optimale. Les conséquences de cette reconnaissance de la dimension collective et politique de la *vita communis* sont immenses. Elles le sont, premièrement, pour identifier, dans le processus-même de recherche, les aspects critiquables du champ d'expériences ; et, deuxièmement, pour établir comment, à partir des résultats de cette recherche, une participation socio-politique est requise par le chercheur, qui propose une réforme collective de la *vita communis*.

Comme nous l'avons indiqué, il semblerait que Spinoza établisse une forte distinction, à la façon d'Aristote, entre une manière de mener la vie dans la communauté et une manière de vivre, plus parfaite, au-delà d'elle. Cette interprétation serait adéquate lorsqu'on lit que, juste après l'évaluation négative de l'honneur, la richesse et la libido[14], Spinoza mentionne, encore une fois, la possibilité de parvenir à une nouvelle règle de comportement. En effet, il semble convaincu du besoin de renoncer aux biens (apparents) de la vie quotidienne : « Voyant donc que tous ces objets m'empêchaient tellement de m'appliquer à une nouvelle règle de vie [*novo instituto*], et même y étaient opposés [...], il fallait nécessairement renoncer soit à ceux-là, soit à celle-ci[15] ». « Renoncer » et, comme Spinoza le dit après, « abandonner » les objets de la vie ordinaire, s'avèrent être des solutions pour aller, au-delà d'une vie vécue en commun, vers une autre forme de comportement.

13 *Ibid.*, p. 114.
14 *TRE* 3-5. G. II, p. 5-6.
15 *TRE* 6. G. II, p. 6.

Cependant, Spinoza ne donne jamais un nom ou un contenu précis à cette « autre » manière de vivre. Autrement dit, ce qui pour Aristote était indubitablement une séparation entre deux façons de mener une vie, pour Spinoza se pose comme une opposition dont l'un des pôles est dépourvu de contenu explicite. Donc, du moins jusqu'à cet endroit du texte, on ne peut parler d'un mode de vie déjà « constitué » ou « défini » par opposition à la vie commune. De plus, on ne trouvera dans le début du *Traité de la reforme* qu'une stratégie rhétorique avancée par Spinoza, destinée à créer une opposition très forte entre deux modalités de vivre. En effet, le contenu du domaine vital, qui semble opposé à la sphère de la vie commune, se construira à partir des propres objets, déjà mentionnés par Spinoza, au moment de réfléchir sur la *vita communis* ; mais avant cela, ces objets seront soumis à un processus d'analyse critique. Ainsi, il n'y aura pas une nécessité de sortie de la vie commune, mais un engagement plus fort avec celle-ci.

L'aspect essentiel sur lequel Spinoza se concentre au début de ce *Traité*, et qui définit la manière non optimale dont la vie est menée dans le champ de la *vita communis*, se rapporte à la fixation affective des individus. Ce qui advient dans ce domaine est lié aux trois objets que les êtres humains estiment comme le bien suprême : la richesse, les honneurs et le plaisir. Chaque objet divertit « tellement l'esprit qu'il ne peut guère penser à quelque autre bien[16] ». L'usage du verbe *distrahere* souligne l'impuissance de l'esprit humain à se régler rationnellement, ainsi que sa totale passivité[17]. Cependant, *distrahere*, tout comme sa traduction par « divertir », souligne aussi une incapacité à voir les choses comme interconnectées. Considérés comme des biens suprêmes, ces objets – la richesse, les honneurs et le plaisir – se présentent comme pris isolément par rapport à l'ensemble des éléments du champ vital. La libido absorbe l'âme « tellement, comme si elle trouvait le repos dans un bien, qu'elle est absolument empêchée de penser à un autre[18] ». Bien qu'ayant des caractéristiques différentes de la libido, l'honneur et la richesse, eux aussi, divertissent beaucoup « l'esprit, surtout lorsque celle-ci [la richesse] n'est recherchée que pour elle-même, parce qu'alors elle est prise pour le bien suprême. Quant aux honneurs, ils divertissent l'esprit beaucoup plus

16 *TRE* 3. G. II, p. 6.

17 Voir Zweerman, *L'introduction à la philosophie*, *op. cit.*, p. 86.

18 *TRE* 4. G. II, p. 6.

encore ; car ils sont toujours pris pour un bien en soi et comme la fin dernière vers laquelle tout est dirigé[19]». L'âme se montre impuissante dans les événements du champ d'expériences vitales, parce qu'elle est si fixée sur une fin spécifique qu'il est impossible pour elle d'aller au-delà du bien particulier. Le verbe « divertir », que l'on traduit par *distrahere*, souligne le double fait d'être « amusé » par ces objets, mais aussi d'être « détourné » ou « dévié » vers ceux-ci et seulement vers eux. Le reste du champ vital semble avoir disparu. Par cette analyse, Spinoza marque ainsi une coupure dans la vie commune. Dominé par la croyance que chacun de ces objets est la fin dernière et le bien suprême, le sujet « morcelle » son expérience en devenant incapable d'établir des rapports avec d'autres objets qui se trouvent dans le domaine de la vie commune. Cette situation implique une façon de vivre qu'on pourrait qualifier de « monomaniaque », voire « mono-affective », dans la mesure où un seul objet domine tout le champ vital.

Mais l'analyse de Spinoza n'est pas pour autant essentialiste : il n'évalue pas négativement la libido, la richesse et les honneurs à cause de certains traits propres – essentiels – de ces objets. Le problème principal pour Spinoza est la passion qu'ils provoquent chez les êtres humains, qui les cherchent comme des biens suprêmes. Donc, pour reprendre la formule utilisée au début du *Traité de la réforme de l'entendement*, « ce qui advient la plupart du temps » dans le champ de la vie, c'est l'expérience passionnelle de la *tristesse*. Le plaisir se ramène directement à cette passion parce qu'« après la jouissance qu'il donne vient une tristesse extrême[20] ». La richesse et les honneurs sont aussi liés à la tristesse parce que, en tant qu'ils sont des biens qui peuvent être cherchés sans fin, l'espoir de les obtenir apparait à chaque fois qu'on en jouit ; mais, dit Spinoza, « si nous sommes en quelque occasion frustrés dans notre espoir, alors naît une tristesse extrême[21] ».

Par conséquent, la vie commune, que Spinoza semble vouloir fuir, est soumise à une critique spécifique concernant la valorisation de trois objets en tant qu'ils sont considérés comme des fins suprêmes. Il s'agit donc d'une critique de la notion de *telos* suprême attaché à ces objets-là ; qui plus est, cette critique est avancée au regard de la passion

19 *TRE* 5. G. II, p. 6.
20 *TRE* 4. G. II, p. 6.
21 *TRE* 5. G. II, p. 6.

générée dans ce cadre d'expérience vitale. La tristesse, la souffrance et l'impuissance ne sont pas des conditions humaines essentiellement liées à la vie commune. La tristesse dans la vie commune s'attache plutôt à une *manière spécifique* de vivre : c'est la fixation sur un bien particulier – « mono-affectivité » de la vie commune – qui fait surgir cette passion.

La critique contre ce genre de vie qui valorise la libido, la richesse et les honneurs repose sur une idée proche de la critique de l'École de Francfort contre le fétichisme. Max Horkheimer, par exemple, a proposé une critique qui prolonge les réflexions de Marx lui-même dans le premier volume du *Capital*, concentré sur le caractère fétichisé de la marchandise[22]. Pour Horkheimer, une théorie critique de la société doit s'éloigner des programmes de recherche qui appliquent vulgairement la dialectique marxiste, afin de rompre avec le fétichisme qui concentre presque toute l'explication du développement historique sur le fonctionnement mécanique de l'infrastructure économique, et néglige les opérations et l'autonomie relatives de la superstructure culturelle. Au fond, la critique de Horkheimer attaque tout programme de recherche qui se concentre presque exclusivement sur une seule face de la réalité sociale, sans considérer l'univers social comme une totalité[23].

Certes, dans le *Traité de la réforme de l'entendement*, Spinoza ne cherche pas à attaquer d'autres programmes de recherche ou théories sur la société, mais à mener une critique de la manière dont la vie est vécue à partir de sa propre expérience (ou du moins à partir de l'expérience d'un narrateur qui parle à la première personne[24]). Cependant, lue à la lumière de la critique francfortoise, dans le cadre d'une recherche sur le déroulement concret et historique d'une société, la démarche de Spinoza

22 Karl Marx, *Das Kapital. Kritik der politischen Ökonomie*, volume I [1867, 1872², 1890³], in *Karl Marx. Friedrich Engels. Gesamtausgabe*, tome II/10, Berlin, Dietz Verlag, 1987, p. 70-82 ; *Le capital. Critique de l'économie politique*, sous la responsabilité de Jean-Pierre Lefebvre, Paris, Presses universitaires de France, 1993, p. 81-95.

23 Sur ce point, voir l'analyse de Martin Jay, *The Dialectical Imagination : A History of the Frankfurt School and the Institute of Social Research. 1923-1950*, Berkeley, University of California Press, 1993 [1973], p. 55.

24 Pour une association explicite (et polémique) entre la figure qui narre ce prologue et la biographie de Spinoza, voir Steven Nadler, *Spinoza : A Life*, Cambridge, Cambridge University Press, 1999, p. 175, 182-183 ; *Think Least of Death*, Princeton, Princeton, 2020, p. 7-10. Cette interprétation a été critiquée par Pierre-François Moreau. Voir *Spinoza. L'expérience*, *op. cit.*, p. 56-62 ; et « L'amnésie du poète espagnol », *Klesis*, vol. 5, nº 1, 2007, p. 13.

apparaît aussi comme une critique du fétichisme, dans la mesure où elle met l'accent sur le fait que la tristesse, dans le grand champ de la vie sociale, se produit justement à cause de la focalisation excessive et exclusive sur un seul bien (la libido, la richesse, les honneurs). Pour Spinoza, le problème principal de la manière dont on éprouve la *vita communis* est que l'on cherche et vit une seule face de ce champ d'expériences. Cela implique une impossibilité affective et intellectuelle à considérer ce domaine de vie comme une totalité. Ce que nous avons appelé une « vie mono-affective » est le corrélat, sur le plan affectif, d'une recherche fétichiste, qui conduit à l'expérience vitale de la tristesse.

Bien que pour Spinoza la philosophie doive être une méditation sur la vie, la réflexion sur la mort n'échappe pas à l'évaluation critique de cette manière « triste » de mener la vie. Que la sagesse soit une réflexion sur la vie[25] ne signifie pas que la philosophie spinoziste soit indifférente au problème de la mort. La mort est, avant tout, un mal[26] ; et, comme nous le verrons dans les prochains chapitres, ce mal vient surtout du fait que la mort produit l'affect triste de la crainte. Le début du *Traité de la réforme de l'entendement* est l'un des textes où Spinoza s'occupe du sujet de la mort, en la considérant précisément comme un mal. Elle apparaît comme la conséquence naturelle d'une vie vécue de manière fétichiste ou mono-affective. Spinoza écrit, en effet, que cette forme d'expérience vitale implique « un péril extrême et contraint de rechercher un remède, fût-il incertain, jusqu'à l'extrémité de mes forces, comme un malade atteint d'une affection mortelle[27] ». Mais, dans ce contexte, qu'est-ce que la mort exactement ? Spinoza attache le péril de mourir aux trois objets analysés :

> Il y a en effet de très nombreux exemples de gens qui ont souffert de la persécution jusqu'à la mort à cause de leur richesse, ainsi que d'autres qui, pour s'enrichir, se sont exposés à tant de périls qu'ils ont fini par payer de leur vie leur folie. Il n'y a pas moins d'exemples de gens qui, pour obtenir ou conserver des honneurs, ont souffert de manière très pitoyable.

---

25 « Un homme libre ne pense à rien moins qu'à la mort ; et sa sagesse est une méditation non de la mort, mais de la vie. » (*É* IV, prop. 67. p. G. II, 261).

26 Voir Chantal Jaquet, « Le mal de mort chez Spinoza (et pourquoi il n'y faut point songer) », in Chantal Jaquet, Pascal Sévérac et Ariel Suhamy (dir.), *Fortitude et servitude. Lectures de l'*Éthique *IV de Spinoza*, Paris, Kimé, 2003, p. 147-148, 153-154 ; *Les expressions de la puissance d'agir chez Spinoza*, Paris, Publications de la Sorbonne, 2005, p. 275-276, 282-283.

27 *TRE* 7. G. II, p. 6-7.

> Innombrables enfin sont les exemples de ceux qui ont hâté leur mort par excès de plaisir[28].

À première vue, il semblerait que dans ce passage Spinoza attache au mot « mort » un sens littéral, un sens biologique. La libido, la richesse et l'honneur, cherchés de manière mono-affective comme des fins en elles-mêmes, poussent les êtres humains, par différents moyens (persécution, actions irrationnelles, mauvais excès pour le corps) vers leur mort biologique.

Nous savons que la mort pour Spinoza, d'après l'*Éthique*, implique une transformation de la forme du corps, laquelle est exprimée par le changement du rapport de mouvement et de repos de ses parties[29]. Ainsi, comme nous le verrons au cours des analyses consacrées à la terminologie de la notion de vie dans son œuvre, la mort chez Spinoza n'est pas simplement biologique. Les commentateurs et commentatrices ont aussi souligné qu'elle peut référer à un fort changement arrivant pendant le temps de la vie qu'on appelle « biologique ». Comme le montre l'exemple du poète espagnol amnésique, avancé dans le scolie de la proposition 39 d'*Éthique* IV, ainsi que la différence radicale entre un enfant et un adulte, il n'est pas possible d'identifier la mort uniquement par le fait d'être un cadavre. Du moins de manière hypothétique, Spinoza souligne que la mort ne se réduit pas au devenir cadavre ; elle est quelque chose de toujours problématique et de tout à fait indéfini[30].

Même si le passage du *Traité de la réforme de l'entendement* à ce sujet semble porter spécifiquement sur la mort biologique, Spinoza n'est pas clair sur la signification exacte du mot « mourir ». En effet, dans ce

28 *TRE* 8. G. II, p. 7.

29 Le texte le plus important à cet égard est *É* IV, prop. 39, sc., sur le poète espagnol amnésique, qui sera commenté en détail (voir notamment p. 166-181).

30 « Mais il faut remarquer ici que je comprends que le corps meurt quand ses parties sont disposées de telle sorte qu'elles acquièrent entre elles un autre rapport de mouvement et de repos. Je n'ose pas nier en effet que le corps humain, même s'il conserve la circulation du sang et toutes les autres circonstances à cause desquelles on estime que le corps vit, puisse néanmoins se changer en une autre nature totalement diffèrente de la sienne. Car aucune raison ne me force à soutenir que le corps ne meurt que s'il est changé en cadavre. » (*É* IV, prop. 39. sc. G. II, p. 240). Voir ce que Jaquet dit sur ce scolie : « il faut noter que Spinoza ne se prononce pas affirmativement sur la question de savoir si la perte de la mémoire ou la sortie de l'enfance sont des formes de mort. Il suspend son jugement sur la mort [...]. Le statut de la mort demeure donc hypothétique et suspendu. » (Jaquet, « Le mal de mort », *op. cit.*, p 157 ; *Les expressions*, *op. cit.*, p. 286).

contexte les références à la mort se rapportent précisément à au problème de la « conservation » de soi-même, d'où découle précisément la notion de *conatus* et de vie comme conservation du rapport de mouvement et de repos des parties du corps. Spinoza dit que « tous ces objets que poursuit la foule, non seulement n'apportent aucun remède pour conserver notre être, mais ils y font même obstacle[31] ». Par conséquent, la mort n'apparaît pas ici nettement comme mort biologique. Elle se lie plutôt aux conditions de vie que pourrait provoquer la perte de soi-même, y compris des types de « mort » non biologiques comme, par exemple, une intense folie provoquée par la perte d'un objet désiré. Si la spécificité de la mort reste, dans ce contexte, hypothétique, on observe bien que l'analyse porte sur de mauvaises conditions de vie faisant encourir un risque constant de mourir. Vécue de manière mono-affective et fétichiste, la vie commune se transforme en un contexte d'expériences « autodestructrices », c'est-à-dire un contexte où la force de vivre elle-même ne peut pas prospérer.

Peut-on dire que la solution se trouve dans une évasion de la vie commune ? Cela semble être la première réponse de Spinoza. En visant le danger imminent de mourir attaché aux objets cherchés, la première réflexion qu'il propose est celle de les éliminer dans la mesure où « tout le bonheur ou le malheur ne dépend que d'une chose, la qualité de l'objet auquel l'amour nous attache[32] ». La tristesse, la jalousie, la crainte, la haine et tous les troubles de l'âme ne sont nés que de l'amour pour « des choses périssables, comme toutes celles dont nous venons de parler[33] ». La solution semble s'imposer : laisser de côté tous les objets d'amour périssables qu'on trouve dans la vie commune et s'attacher à « l'amour pour une chose éternelle et infinie [qui] repaît l'âme uniquement de joie », laquelle « est pur[e] de toute tristesse[34] ». À ce moment du parcours réflexif, Spinoza écrit que « c'est cela qu'il faut ardemment désirer et rechercher de toutes ses forces[35] ».

Ne trouvant pas de solution au problème de la conservation de son être, Spinoza semble aboutir à une vision essentialiste des objets : la

31 *TRE* 7. G. II, p. 7.
32 *TRE* 9. G. II, p. 7.
33 *Ibid.*
34 *Ibid.*
35 *Ibid.*

tristesse et la souffrance s'ajoutent aux objets en vertu de leurs qualités intrinsèques. La réflexion sur une manière de vivre en contact permanent avec la mort conduit ainsi à écarter les biens de la vie ordinaire et à chercher un autre bien aimable qui, en tant que non périssable, semble se situer hors du domaine de la vie commune. La *vita communis* se présente donc, du moins à première vue, comme une figure qui fait référence au niveau le plus bas de la puissance d'agir, à tel point que la force de conservation de soi risque toujours de se dissoudre dans la mort.

VITA COMMUNIS : CHAMP DE CRITIQUE IMMANENTE

Le point de revirement décisif dans le parcours du prologue se produit précisément dans le passage du § 9 au § 11. Spinoza y montre que le champ d'expériences de la vie ne peut pas s'éliminer ; il exprime aussi ce que nous avions déjà annoncé : la qualité non essentialiste de sa pensée sur la vie commune et ses objets.

Ce qu'il faut faire apparaît très clairement à l'esprit du narrateur, mais il lui est impossible de se « dépouiller totalement de la cupidité, de la libido et de la gloire[36] ». Pour le moment, l'âme trouve un soulagement dans la réflexion sur la possibilité d'une nouvelle manière de mener sa vie : « tant que l'esprit se tournait vers ces pensées, il se détournait des premiers objets et pensait sérieusement à une nouvelle règle de vie [*novo instituto*][37] ». La réflexion sur les expériences du champ vital a pour conséquence, non le refus total des objets auparavant mentionnés comme périssables, mais un changement concernant les mêmes objets à l'intérieur de ce même champ. La véritable possibilité de penser la vie commune naît au moment où la vie et ses objets sont admis à l'intérieur du cadre du nouveau *institutum*. La recherche du bien véritable est clarifiée lorsque les trois objets périssables sont intégrés dans le nouveau projet de vie : « à mesure que le bien véritable me fut de mieux en mieux connu, ces intervalles devinrent plus fréquents et plus longs, surtout quand j'eus

36 *TRE* 10. G. II, p. 7.
37 *TRE* 11. G. II, p. 7.

observé que le gain d'argent ou le plaisir et la gloire font du tort tant qu'on les recherche pour eux-mêmes et non comme moyens en vue d'autres choses. Mais si on les recherche comme moyens, ils auront alors leur limite et ne feront guère de tort[38] ». Comme l'a souligné Ariel Suhamy, ce moment est celui où le sujet qui parcourt le chemin vers la philosophie peut commencer à penser de manière vraiment sérieuse[39]. La négation de la vie commune ne suffit pas pour trouver une nouvelle règle de vie : il faut intégrer les objets de la vie commune dans un projet qui les avait rejetés.

La transformation de ces objets en moyens vers une nouvelle fin s'accomplit définitivement avec l'idée positive de bien souverain. Le narrateur, au début du prologue, dit chercher un vrai bien (*verum bonum*), pour pouvoir rejeter toutes les autres affections de l'âme qui impliquent la souffrance. Toutefois, cette visée, dans les §§ 12-13, se révèle inadéquate. En tant que moyens, la vie commune et ses objets font partie intégrante du projet vers le bien suprême : « Tout ce qui peut être un moyen d'y parvenir est appelé un vrai bien ; et le bien suprême est de parvenir à jouir d'une telle nature, avec d'autres individus, si possible[40] ». Cette nature « est la connaissance de l'union qu'a l'esprit avec la Nature tout entière[41] », et elle est fondée sur le fait que « tout ce qui arrive se produit selon un ordre éternel et selon les lois déterminées[42] ».

Le projet d'une vie nouvelle, d'une vie « philosophique », est celui du développement de la connaissance. Plus spécifiquement, il réside dans la « jouissance » d'une nature consistant en la connaissance de l'union de l'esprit avec la nature tout entière. Comme nous l'avons vu, l'analyse de Spinoza sur la vie commune montre que, au lieu de la préservation, le champ d'expériences vitales conduit la plupart du temps à la mort. À partir de là, nous pouvons dire que le projet de Spinoza – d'abord exprimé comme un chemin vers le vrai bien rejetant la vie commune, puis vers le bien suprême intégrant la vie commune et ses affections comme moyens – est celui de la récupération et de la transformation du champ d'expériences (de « ce qui advient ») dans l'intérêt de la vie,

38 *TRE* 11. G. II, p. 8.
39 Suhamy, *La communication*, *op. cit.*, p. 55-58. Voir aussi Moreau, *Spinoza. L'expérience*, *op. cit.*, p. 92.
40 *TRE* 13. G. II, p. 8.
41 *Ibid.*
42 *TRE* 12. G. II, p. 8.

contre le risque permanent de la mort au cœur du champ d'expériences. Il faut souligner qu'il ne s'agit pas de sortir du champ d'expériences vitales : le parcours du narrateur exprime, jusqu'à ce moment du texte, une manière d'« appréhender » le champ vital et d'y trouver les éléments nécessaires pour essayer de vaincre la mort (« la mauvaise vie ») à l'*intérieur* du même cadre de ce champ vital d'expériences.

En somme, la pratique de la pensée se polarise sur deux formes de vie : la vie commune et « une autre chose » qui semble être en dehors de l'existence commune et rejeter ses affections. Le travail de réflexion sur la possibilité d'échapper à la vie commune se fait par la méditation assidue à propos du champ vital, c'est-à-dire de ce qui advient. La découverte de la mort comme conséquence principale des affections humaines pousse à supposer que tous les objets qui déclenchent la mort – apparemment par leur propre nature – doivent être rejetés. Cependant, ni la sortie de la vie ni ce rejet des affections de la vie ne s'accomplissent, dans la mesure où les biens de la vie sont transformés en moyens vers un autre type de jouissance correspondant au bien suprême. Ainsi, l'analyse du narrateur parvient à un diagnostic critique des conditions de vie, mais fournit la manière de vaincre la mort ou d'avancer vers cette fin à travers *ces mêmes matériaux* affectifs présents dans le champ vital, dans la vie commune. Par conséquent, cette « autre chose », qui semblait située en dehors de l'existence commune, est remplie par les propres outils affectifs du champ vital en tant que moyens.

Nous pourrons donc avancer que l'analyse critique du champ vital développée par Spinoza au début du *Traité de la réforme de l'entendement* se présente comme une « critique immanente », en empruntant un concept francfortois. Pour expliquer ce point, qui définit la méthode adoptée par Spinoza pour analyser le champ social appelé *vita communis*, une brève digression est nécessaire afin de souligner quelques éléments présents dans cette notion de critique immanente telle qu'elle a été développée par la première génération de théoriciens critiques.

Le sociologue David L. Harvey définissait la critique immanente comme une méthode qui, en fin de compte, résiste au monde donné (« *the world as it is* »). Cette résistance se manifeste, d'abord, par une « rencontre » entre le chercheur et une « orthodoxie » sociale au sujet de laquelle se développe la critique. Cette dernière suit les mêmes critères que ceux qui valent dans la réalité donnée, en analysant ses contradictions de l'intérieur[43]. Le caractère « immanent » de la critique vient justement du fait que la résistance au monde donné ne repose pas sur un critère extérieur à l'objet analysé, mais sur ses propres présuppositions.

En effet, dans les passages où Horkheimer fait référence à la méthode de critique immanente (en se concentrant sur les tâches d'une « philosophie critique »), son analyse confirme l'idée que la critique immanente travaille « depuis l'intérieur » de son objet d'étude, mais souligne par ailleurs que les contradictions entre une réalité historique donnée et les idées qui les gouvernent impliquent que la vie sociale concrète apparaît « contaminée » (« *tainted* »)[44]. La rencontre avec une réalité donnée suppose ainsi que le rapport entre les idéaux de cette société-là et les conditions concrètes de vie des individus qui l'habitent n'est pas harmonieuse. Pour établir cette contradiction, il faut s'immerger dans cette réalité-là, afin justement d'évaluer dialectiquement les tensions entre idéaux et

43 « *Critical theory at its most abstract and general level thus begins as a formal "negativity." As a dissenting motif, it selects some tradition, ideological premise, or institutionalized orthodoxy for analysis. As immanent critique, it then "enters its object," so to speak, "boring from within." Provisionally accepting the methodological presuppositions, substantive premises, and truth-claims of orthodoxy as its own, immanent critique tests the postulates of orthodoxy by the latter's own standards of proof and adequacy. Upon "entering" the theory, orthodoxy's premises and assertions are registered and certain strategic contradictions located. These contradictions are then developed according to their own logic, and at some point in this process of internal expansion, the one-sided proclamations of orthodoxy collapse as material instances and their contradictions are allowed to develop "naturally".* » (David L. Harvey, « Introduction », *Sociological Perspectives*, vol. 33, nº 1, 1990, p. 5).

44 Ainsi, dans *Éclipse de la raison*, publié originalement en anglais en 1947, Horkheimer dit qu'une philosophie critique « *[o]n the one hand [...] appraises society by the light of the very ideas that it recognizes as its highest values ; on the other, it is aware that these ideas reflect the* taints *of reality* » (Max Horkheimer, *The Eclipse of Reason*, Londres, Continuum, 2004 [1947], p. 121. Nous soulignons). La traduction française de Jacques Debouzy dit : « D'une part, [la philosophie critique] évalue la société à la lumière des idées mêmes qu'elle reconnaît comme étant ses valeurs les plus élevées et, d'autre part, elle est consciente que ces idées reflètent les tares de la réalité. » (*Éclipse de la raison*, Paris, Payot, 1974, p. 185). L'idée de modalités de vie ou de régimes politiques « contaminés » (terme que nous utilisons comme traduction de « *taints* », en modifiant la seule traduction française publiée) a été conceptualisée par des théoriciens critiques comme correspondant à des réalités historiques non rationnelles. Voir, par exemple, Horkheimer, *The Eclipse of Reason*, *op. cit.*, p. 49 : « *There is no clear-cut distinction between liberalism and authoritarianism in modern science. In actual fact, liberalism and authoritarianism tend to interact in a way that helps to vest an ever more rigid rational control in the institutions of an irrational world.* » La traduction française dit : « Il n'y a aucune distinction bien nette entre le libéralisme et l'autoritarisme dans la science moderne. En fait, la tendance est à l'interaction du libéralisme et de l'autoritarisme, et de telle manière que cela favorise l'inclusion d'un dirigisme rationnel encore plus rigide dans les institutions d'un monde irrationnel. » (*Éclipse de la raison*, *op. cit.*, p. 81).

conditions de vie. Donc, la méthode de critique immanente ne choisit pas n'importe quel objet : elle vise des réalités historiques concrètes où l'on peut reconnaître des modalités de vies « contaminées ».

Par cette notion de « contamination », Horkheimer nomme le fait que la contradiction entre les idéaux et la réalité historique suppose toujours que la vie concrète se déroule de manière non optimale, c'est-à-dire que les conditions de vie n'arrivent pas à la hauteur des idéaux qui la gouvernent (sauf peut-être pour quelques groupes privilégiés). On peut donc dire qu'une critique immanente vise à étudier les conditions de vie concrètes d'une population à une période donnée, mais aussi à évaluer ces conditions par rapport à des aspirations plus optimales. La tâche de la philosophie critique est justement d'évaluer la valeur positive de ces aspirations, ainsi que de les confronter avec leur application concrète[45].

Pour cette première génération de l'École de Francfort, l'objet d'analyse privilégié au moyen de la critique immanente a été, bien sûr, la société industrielle avancée, où il s'avérait de manière évidente que la société bourgeoise n'atteignait pas ses propres idéaux. En effet, ce qui montre le caractère concret de cette méthode critique, et notamment sa focalisation sur les conditions de vie non optimales d'une population, est le fait que même les produits de la culture bourgeoise ont été analysés de manière immanente, afin d'y trouver une critique implicite, une dimension de négativité qui allait à l'encontre du développement des conditions de vie de sa propre société[46].

Pour en revenir à Spinoza, il est évident que son langage diffère fondamentalement de celui des théoriciens critiques, même si des commentateurs ont vu dans son œuvre des éléments à l'appui d'une théorie de l'idéologie ou de l'aliénation[47]. Pourtant, que fait-il dans le prologue du *Traité de la réforme de l'entendement*, sinon essayer de proposer

45 Horkheimer, *Eclipse of Reason*, *op. cit.*, p. 132.

46 On peut mentionner ici le travail de Marcuse qui, en étudiant l'art et la poésie bourgeois, soulignait que ses idéaux étaient ceux d'une vie sans travail et sans souffrance, ce qui contredisait la réalité concrète d'exploitation dominée par le travail salarié. Cependant, cette modalité de vie heureuse, optimale, était gardée seulement comme un idéal, dans des sphères éloignées de la vie concrète et quotidienne (comme l'art). Voir Marcuse, « Über den affirmativen », *op. cit.*, p. 77-85.

47 Voir notamment, Louis Althusser, « L'unique tradition matérialiste », *Lignes*, vol. 18, 1993, p. 75-97 ; et « Idéologie et appareils idéologiques d'État », in *Positions*, p. 114-115 ; et Alexandre Matheron, *Individu et communauté chez Spinoza*, Paris, Minuit, 1969, notamment la seconde et troisième partie, p. 79-514.

une critique des modalités de vie concrètes et non optimales dans une société donnée, en l'occurrence sa propre société ? Certes, contrairement aux critiques de la première génération de l'école francfortoise, son objet d'étude ne pouvait pas être la société capitaliste industriellement avancée (encore que Spinoza reconnaisse bien, surtout dans son examen de la tristesse à partir de l'accumulation de richesses, quelques éléments ultérieurement développés par l'analyse marxienne[48]). Cependant, sa méthode dans ce prologue avance une modalité de critique immanente dans la mesure où l'examen d'une réalité de vie concrète, dominée par la tristesse, est déployé sans qu'ait été établi un critère d'évaluation extérieur à la réalité historique analysée. Certes, Spinoza utilise une notion de « contradiction » entre idéaux et réalité concrète très différente de la dialectique francfortoise entre les idées qui gouvernent une société et sa réalité historique ; mais en s'engageant dans un exercice d'immersion dans une réalité donnée (l'objet d'étude est ici le grand champ d'expériences appelé *vita communis*), Spinoza découvre, de l'intérieur, une contradiction fondamentale entre ce qui est cherché (jouissance) et les résultats affectifs concrets (des conditions de vie « mortifères », dominées par la tristesse).

Le rapprochement entre la méthode de Spinoza et la notion de critique immanente ne fait pas uniquement référence au « diagnostic » non optimal pour le cas de la *vita communis*. En effet, à la lumière de la notion de critique immanente, l'évaluation de la forme de tristesse donnée dans cette modalité de vie demande de mettre l'accent sur le fait que la critique spinoziste n'est pas universaliste, mais historique, c'est-à-dire qu'elle n'est pas une critique de la *vita communis per se*, mais de la manière historiquement concrète dont les objets sont poursuivis en son sein. Chez Spinoza, on trouve donc une « résistance » à une orthodoxie de vie donnée, laquelle implique que des objets (la libido, la richesse et les honneurs), qui donnent apparemment de la joie, soient poursuivis comme buts. La critique immanente fait apparaître ce rapport comme historiquement établi et non comme essentiellement déterminé. Il s'ensuit que la contradiction entre le désir de la joie et l'expérience concrète de la tristesse assigne à la philosophie la tâche de réévaluer le lien avec ces objets, non pour les effacer, mais pour transformer le

48 Voir Cesare Casarino, « Marx before Spinoza : Notes toward an Investigation », in Dimitris Vardoulakis (dir.), *Spinoza Now*, Minneapolis, University of Minnesota Press, 2011, p. 179-234.

rapport entre la jouissance, qui devient fin, et ces objets, qui deviennent moyens. Spinoza peut donc garder l'« idéal » de la jouissance, mais en changeant les conditions historiques concrètes pour y arriver.

Cela signifie que Spinoza ne cherche pas à sortir du champ de la *vita communis* ; sa modalité de critique immanente le pousse plutôt à une *réorganisation* historique du champ vital[49]. La notion de critique immanente que nous proposons pour étudier cette « réforme », « réorganisation » ou ce « changement » de la vie suggère, en tant que *praxis* d'analyse des conditions vitales, une immersion dans la vie commune. Enfin, la pratique de la pensée ici mise en œuvre ne rejette pas la vie commune : elle rejette la possibilité-même du rejet[50].

Si la tâche du philosophe débute par une analyse critique de la vie commune, elle continue, grâce à sa réorganisation, par une tentative de la transformer. Changer sa propre vie implique par ailleurs de tenter de changer le champ vital où l'on habite. La transformation des biens de la vie commune en de vrais biens (à savoir, en moyens vers le bien suprême) entraîne la transformation du caractère mono-affectif de la vie. La réorganisation de biens comme la libido, la richesse et les honneurs en moyens suppose d'abolir la considération de ces objets comme des biens suprêmes. De la même façon, cette abolition implique la *diversification* du champ vital : au lieu d'une fixation fétichiste de l'esprit sur un de ces objets, il devient possible de les intégrer dans un cadre d'interactions affectives plus vaste. Lorsque Spinoza affirme que le bien suprême est la jouissance d'une nature consistant dans la connaissance de l'union de l'esprit avec toute la Nature, il établit une perspective sur la vie qui comprend une interconnexion de chaque partie de la nature avec toutes les autres parties. Que le bien suprême soit la jouissance de cette connaissance implique précisément un type de jouissance vitale

49 La formule d'Ariel Suhamy est très juste à cet égard : « Loin d'abandonner la vie commune pour la vie nouvelle, la vie nouvelle réformera la vie commune. » (*La communication*, *op. cit.*, p. 58).

50 On pourrait dire que l'analyse de l'Écriture sainte qu'avance Spinoza dans le *Traité théologico-politique* obéit aussi à un exercice de critique immanente de la religion, dans la mesure où, comme l'explique Henri Laux, le but de Spinoza n'est pas de trouver « une autre religion », mais d'avancer « une méthode spécifique qui introduise un rapport critique à la religion déjà constituée afin de la réorganiser. » Il s'agit ainsi de produire une « *transformation interne* », de la même manière qu'on réorganise et transforme la *vita communis*. Voir Henri Laux, *Imagination et religion chez Spinoza. La* potentia *dans l'histoire*, Paris, Vrin, 1993, p. 175.

opposé à celui qui considère un bien spécifique et fétichisé comme un bien suprême unique.

On pourrait cependant considérer que la démarche de Spinoza vers le *summum bonum* est aussi téléologique que la manière de vivre que nous avons appelée mono-affective. En effet, Spinoza répète souvent que ce qu'il comprend comme bien suprême est un « but » ou une « fin » vers laquelle les moyens doivent être ordonnés[51]. Il faut noter pourtant que le contenu de cette fin consiste précisément en une sorte de jouissance supposant la connaissance de la nature, en tant que domaine où rien n'est une fin en soi-même. Theo Zweerman l'a déjà souligné en disant qu'il faudrait relativiser la notion de *summum bonum*, du moins dans le *Traité de la réforme de l'entendement*, parce qu'elle consiste en un bien qui ne concerne pas uniquement les êtres humains mais se rapporte à la nature tout entière, laquelle est « inébranlable et, littéralement, sans but[52] ». Or, lorsque Spinoza emploie les termes de but ou de fin, il fait référence à une forme de jouissance rapportée à une manière de connaissance dont la pratique la plus importante n'est pas de trouver une fin, mais de connaitre un système (la Nature) saturé de moyens interdépendants. La réorganisation de la vie commune implique ainsi la diversification des types de jouissance à l'intérieur de ce domaine vital : pour aller au-delà de la tristesse, il faut comprendre les biens comme moyens et, par-là, rompre la fixation affective sur un objet spécifique. La vie philosophique est une forme de vie qui se comprend, en fait, à l'intérieur d'un domaine vital (la Nature) sans but. Donc, elle ne nécessite la destruction ni des affections de la vie commune ni de ses objets ; elle suppose plutôt que la vie cesse d'être mono-affective et devienne un domaine d'affections multiples et interconnectées.

---

51 « Voilà donc la *fin* vers laquelle je tends : acquérir une telle nature et tâcher que beaucoup l'acquièrent avec moi. » (*TRE* 14, G. II, p. 8) ; « Ainsi chacun pourra déjà voir que je veux diriger toutes les sciences vers une seule *fin* : parvenir à la suprême perfection humaine dont nous avons parlé. » (*TRE* 16, G. II, p. 9. Nous soulignons.)

52 Zweerman, *L'introduction à la philosophie*, *op. cit.*, p. 35-36. Moreau souligne le même paradoxe : « ce qui doit être pensé est précisément ce paradoxe : un Souverain Bien reconstitué à partir d'un monde sans fins » (*Spinoza. L'expérience*, *op. cit.*, p. 116). Suhamy exprime également cette idée : « La seule vérité que le philosophe découvre, c'est l'ordre de la nature, qui exclut précisément la finalité, ainsi que la présence d'un bien ou d'un mal objectif. » (*La communication*, *op. cit.*, p. 105).

Le but d'une jouissance ancrée dans la connaissance d'un système saturé de moyens interdépendants se rapporte, par ailleurs, à un autre trait de la méthode de critique immanente, sans lequel cette dernière deviendrait impossible : l'immersion dans une réalité donnée exige la reconnaissance que le chercheur lui-même fait partie de la totalité analysée. Cette reconnaissance conditionne sa recherche et, dans le même temps, rend impossible un détachement de l'objet ou champ d'étude. Horkheimer établit que l'une des différences les plus importantes entre ce qu'il appelle la « théorie traditionnelle » et la théorie critique est le fait que le pratiquant de cette dernière se reconnait comme une partie de la totalité sociale à laquelle il appartient, tandis que la recherche traditionnelle considère toujours l'objet d'étude comme externe au chercheur. En lien avec ce que nous avons dit sur la méthode de critique immanente, cette reconnaissance de la propre place dans les mécanismes sociaux est une reconnaissance justement *critique*, car elle se développe de manière dialectique, aidant à mettre au jour les contradictions au sein de la structure sociale[53].

Contrairement à une théorie traditionnelle, la méthode de Spinoza se rapproche des idées de Horkheimer de deux manières. Premièrement, la méthode même employée dans le prologue du *Traité de la réforme de l'entendement* entraîne déjà une auto-reconnaissance du narrateur, qui se dirige vers une vie philosophique comme faisant partie du même objet concret et historique qu'il analyse : la *vita communis*, dont les traits mortifères ont été vécus par le narrateur lui-même. Un examen détaché de l'objet, comme quelque chose d'externe à lui, s'avère donc impossible. De plus, le projet d'une réorganisation du rapport entre le narrateur et les objets de la vie commune implique aussi le déclenchement des tensions et contradictions vécues entre l'attente de la jouissance et les moyens pour y arriver. Deuxièmement, l'idée de faire partie d'une totalité de moyens interconnectés, dont la connaissance fournirait la jouissance, suppose déjà de se reconnaître comme partie de cette totalité-là. Donc, chez Spinoza, se reconnaître comme une partie de la réalité sociale

53 « L'identification est donc contradictoire, et la contradiction est la caractéristique de toutes les notions de la pensée critique » ; « la reconnaissance critique des catégories qui dominent la vie sociale implique en même temps la condamnation de celle-ci » (Max Horkheimer, « Théorie traditionnelle et théorie critique » [1937], in *Théorie traditionnelle et théorie critique*, traduit par Claude Maillard et Sibylle Muller, Paris, Gallimard, 1996, p. 39).

étudiée est un élément intrinsèque à l'identification critique de tensions et contradictions de cette réalité-là ; partant, cette reconnaissance est partie intégrante du projet de réformer la *vita communis*.

En dépit de ces rapprochements entre la théorie critique et la méthode de Spinoza dans le *Traité de la réforme*, une divergence persiste entre elles. En effet, si les théoriciens critiques établissent que le fait de se reconnaître à l'intérieur de l'objet d'étude conditionne la critique immanente, ils disent en même temps que ce fait marque que la vérité est intrinsèquement historique, dans la mesure où le rapport entre esprit et objet n'est pas immuable, puisque l'objet change d'après la transformation de sa réalité concrète[54]. Au contraire, pour Spinoza, la vérité est *index sui*[55], comme il le développe dans ce *Traité*, ce qui implique l'auto-évidence non historique des idées vraies. Donc, même si pour Spinoza les idées vraies sont produites à partir de la recherche des conditions affectives dans un domaine historique et concret, cela n'implique pas que les idées qui surgissent de cette démarche critique soient historiques. Elles sont, en fait, éternelles.

Or, parvenir à une vie philosophique par une critique immanente a ensuite pour corollaire un processus que nous avons déjà annoncé : la dés-essentialisation des objets. Avant de formuler la notion de bien suprême et la nouvelle définition du vrai bien, Spinoza souligne, dans le § 12, que pour comprendre ces concepts « il faut noter que bon et mauvais ne se disent que de manière relative, au point qu'une seule et même chose peut être dite bonne et mauvaise selon les diverses relations considérées, de même que parfaite et imparfaite. Nulle chose, en effet,

54 Cette idée fait l'objet d'une illustration célèbre dans la préface de 1969 à la seconde édition de *La dialectique de la raison*, lorsque Adorno et Horkheimer écrivent sur leur position concernant la première édition du livre, datant de 1944 : « Nous ne maintiendrions pas nécessairement tel quel tout ce qui est dit dans ce livre ; une telle attitude serait inconciliable avec une théorie qui affirme que le cœur de la vérité est lié au cours du temps au lieu de l'opposer telle une constante immuable au mouvement de l'histoire. » (Theodor Adorno et Max Horkheimer, *La dialectique de la raison : fragments philosophiques*, traduit par Éliane Kaufholz, Paris, Gallimard, 1974 [1944, 1969²], p. 9).

55 « [P]our la certitude de la vérité, il n'est pas besoin d'aucun autre signe que la possession de l'idée vraie ; en effet, comme nous l'avons montré, je n'ai pas besoin d'aucun autre signe que la possession de l'idée vraie. » (*TRE* 35. G. II, 15) ; « la vérité se manifeste d'elle-même [*se ipsam patefacit*]. » (*TRE* 44, 46. G. II, p. 17-18) La notion même de vérité comme « *index sui* » se trouve dans la lettre 76 à Burgh (G. IV, p. 320). Voir aussi *É* II, prop. 42 et 43.

considérée dans sa nature, ne sera dite parfaite ou imparfaite[56] ». Peu auparavant, le narrateur était arrivé à la conclusion que les biens de la vie commune peuvent devenir des moyens et, à plus forte raison, qu'ils ne sont mauvais que si on les considère comme des biens en eux-mêmes. Donc, la réflexion générale sur la relativité du bien et du mal procède directement d'une considération sur le champ d'expériences vitales, à savoir de la vie commune. La possibilité de concevoir les biens comme moyens dans les expériences qui adviennent dans la vie aboutit à une réflexion plus générale et abstraite sur le bien et le mal, mais aussi à la reformulation du refus des biens de la vie commune.

Le problème principal, pour Spinoza, est la tristesse provoquée par ces biens et la fixation sur eux, qui déclenchent un cadre mortifère au milieu même de l'expérience de la vie. Ainsi, la solution n'est pas l'élimination de ses biens ; il s'agit plutôt de changer la manière dont on crée des relations avec eux. En d'autres termes, la libido, la richesse et les honneurs ne sont mauvais que s'ils provoquent de la tristesse. Pour l'éviter, il faut changer la relation du sujet à l'objet, pour donner naissance à ce qu'on pourrait nommer un rapport alternatif entre le sujet et l'objet désiré. Ce nouveau rapport doit intégrer l'élément du bien suprême en référence auquel le sujet doit ordonner ses relations avec les biens de la vie commune. Que ces derniers deviennent des moyens face au bien suprême implique de modifier la manière d'« utiliser » les objets de la vie commune.

La question fondamentale qui surgit à partir de cette évaluation critique du champ vital d'expériences est donc : comment changer la vie vis-à-vis de ses objets, afin de changer « ce qui advient » dans la vie commune ? Il faut dire que la vie philosophique entraîne un double engagement : d'une part, elle mène une pratique évaluative des conditions de vie (« critique immanente ») ; d'autre part, cette évaluation comporte aussi une pratique par laquelle on cherche à changer la vie à l'intérieur du cadre vital analysé. La vie philosophique, en tant que pratique de critique immanente, ne se sépare jamais de la vie commune et y participe toujours. L'évaluation du caractère mortifère du champ vital, la critique de la notion de *telos* dans la nature, la pluralisation de la vie affective (par opposition à une vie mono-affective et fétichiste) et

56 *TRE* 12. G. II, p. 8.

la dés-essentialisation des objets font partie d'un parcours de la pensée qui cherche non seulement à comprendre la vie, mais à s'engager avec elle afin de la transformer.

Peut-on dire, néanmoins, que l'engagement critique avec le champ vital d'expériences se fait de manière collective ? Ou bien l'évaluation de la vie commune n'est-elle destinée qu'à réorganiser la vie du philosophe ? Le projet de changement vital vaut-il pour tous ou seulement pour le philosophe qui a trouvé le bien suprême ? La conversion des objets de la vie commune en moyens est-elle un pas simplement instrumental pour accommoder la vie commune aux demandes du philosophe, comme Marcuse l'a critiqué chez Aristote ? Et, si c'est le cas, dans quelle mesure peut-on dire, contre Nussbaum, que la vie philosophique spinoziste est aussi une vie politique ?

Le prologue du *Traité de la réforme de l'entendement* complète l'illustration d'une vie philosophique engagée dans le domaine politique, au-delà d'une évaluation critique du champ vital ; au-delà aussi des changements instrumentaux entrepris dans l'intérêt du philosophe. Si jusqu'aux sections de ce *Traité*, où les biens de la vie commune sont intégrés au projet de la nouvelle vie, l'apprentissage semble appartenir au seul philosophe, les sections suivantes (§§ 14-17) révèlent un nouvel engagement politique comprenant un horizon de réforme des institutions sociales et un plan de pédagogie subversive destiné à soutenir ce projet de changement du milieu social.

VITA COMMUNIS : L'IMMERSION

L'engagement critique dans la vie commune et l'utilisation de ses propres objets pour les réorganiser sont complétés par le désir de partage collectif du bien suprême. Spinoza place au même niveau deux tâches du philosophe, deux formes de pratique : la première, celle de l'entendement qui travaille pour parvenir à la jouissance dans la connaissance de l'union de la nature tout entière ; la seconde, celle du philosophe en tant qu'agent social et politique qui s'efforce à ce que d'autres y parviennent avec lui : « Voilà donc la fin vers laquelle je tends : acquérir une telle nature et m'efforcer [*conari*] que beaucoup l'acquièrent avec moi[57] ». La double pratique possède cette finalité conjointe. Le bonheur du philosophe se trouve donc augmenté par le partage de la compréhension de la Nature : « Autrement dit, il appartient aussi à mon bonheur de faire que beaucoup d'autres partagent ma compréhension des choses, afin que leur entendement et leur désir s'accordent pleinement avec mon entendement et mon désir[58] ».

Il faut nous souvenir que la tâche principale proposée par Spinoza au début du *Traité de la réforme de l'entendement* était l'élimination de la tristesse qui advient avec une manière spécifique de vivre rapportée à une fixation mono-affective. La compréhension de la nature tout entière et l'union de l'esprit avec elle impliquent une réorganisation du rapport entre sujet et objet, afin de « multiplier » les rapports affectifs dans le champ d'expériences vitales. Donc, le partage de cette connaissance ne fait pas référence à un type d'accord purement formel entre le philosophe et le non-philosophe. Le partage progressif de la jouissance de cette nature est aussi celui de cette « multiplication » ou « diversification » du monde affectif au niveau collectif et, par conséquent, le changement du champ d'expériences mortifères non seulement du philosophe, mais aussi des autres. Ce partage du projet suppose que ce champ rempli de tristesse puisse se transformer, afin d'améliorer la vie d'une collectivité tout entière. La pratique philosophique sur le champ vital commence avec un désir de changer non seulement la vie du philosophe, mais aussi d'améliorer la vie collective. Un tel projet ne peut donc se concevoir dans la solitude, car le désir premier de parvenir au bien suprême inclut celui de jouir avec autrui.

Afin de concevoir avec clarté les caractères spécifiques de cette forme de vie, il faut reconnaître que le philosophe spinoziste, du moins selon ce *Traité*, ne considère pas la vie philosophique comme une « fin » mais comme un moyen. De même que Spinoza transforme les biens de la vie commune en moyens par rapport au bien suprême, la vie philosophique devient aussi un moyen pour participer au projet d'amélioration de la vie collective. La vie philosophique n'est pas un *telos* qui s'accomplit simplement en s'installant dans un milieu confortable ; elle se conçoit, pour Spinoza, comme une source de jouissance, mais aussi comme un

57 *TRE* 14. G. II, p. 8.
58 *Ibid.*

moyen pratique de changer le champ vital d'expériences, à savoir, le contexte politique et social.

Ainsi que l'ont remarqué les commentatrices et commentateurs, la dimension politique la plus évidente dans ces passages se trouve dans les mots par lesquels Spinoza associe la tâche de la connaissance de la nature avec la tâche d'une nouvelle formation sociale : « il est nécessaire d'avoir de la Nature une compréhension suffisante pour l'acquisition d'une telle nature ; puis de former une société qui permette au plus grand nombre possible d'y parvenir aussi facilement et aussi sûrement que possible[59] ». Le double désir de Spinoza, la connaissance de l'unité de la Nature et le partage de cette jouissance avec beaucoup d'autres, s'exprime maintenant par la formulation d'un horizon de *réorganisation politique et sociale*. L'effort (le *conatus*) annoncé auparavant concerne la participation collective, plus répandue, à cette jouissance, et se met d'emblée en œuvre par la potentielle réorganisation de la vie commune sur le plan politique. La dimension éthique de la philosophie dans le § 14 se rapporte ainsi à une tâche politique en incluant une dimension de communicabilité d'ordre démocratique[60].

L'horizon politique de la philosophie avancé dans les §§ 15-16 suit la même logique que celle que nous avons désignée comme critique immanente. Dans la réorganisation future de la société menée par la philosophie, il ne s'agit pas d'éliminer les institutions et les domaines de connaissance existants, mais de les réordonner en tant que moyens vers la nouvelle connaissance. Les sphères mentionnées par Spinoza à cet égard (la « philosophie morale », « l'éducation des enfants », « la médecine » et « la mécanique ») étaient déjà présentes dans le cadre des enseignements de l'université médiévale, mais elles sont désormais réorganisées en vue d'obtenir des effets pratiques et affectifs nouveaux[61]. Ces effets font

---

59 *TRE* 15. G. II, 9.

60 Sur ce point, voir le commentaire du *Traité de la réforme de l'entendement* de Bernard Rousset (Paris, Vrin, 1992, p. 169), qui insiste sur l'horizon politique de Spinoza dans ces passages. Nous suivons la numération des paragraphes de l'édition de Filippo Mignini aux Presses universitaires de France, mais il nous semble que la transition entre le § 14 et le § 15, établie d'une autre manière par Rousset, convient mieux au sujet spécifique du § 14. Ce dernier paragraphe embrasse de manière très appropriée, dans l'édition de Rousset, le désir de communiquer et de partager la félicité, la compréhension de la nature et l'horizon d'une nouvelle société.

61 Voir Adrien Klajnman, *Méthode et art de penser chez Spinoza. Études sur l'idée vraie donnée*, Paris, Kimé, 2006, p. 76-77.

partie de l'horizon d'une nouvelle manière de vivre, destinée à parvenir à la jouissance collective de la connaissance de la Nature et à réformer le champ de vie mortifère dominé par la tristesse. Dans la mesure où le but n'est pas la jouissance en solitaire, la vie philosophique devient ainsi automatiquement une vie d'engagement politique.

Le rapport entre sphères de recherche et pratiques diverses au-delà de la philosophie établit un nouveau point de rapprochement entre la méthode de Spinoza autour de la réforme de la *vita communis* et la théorie critique : le caractère interdisciplinaire de la critique et de l'effort de réorganisation du champ social. C'est précisément l'élément qui a caractérisé le tournant scientifique au sein de l'Institut d'investigations sociales de Francfort, lorsque Horkheimer a pris sa direction en 1931[62]. Spinoza ne parvient pas à formuler complètement cette stratégie de collaboration entre les disciplines, mais il est possible d'avancer la thèse que cet effort fait partie du même projet de vie philosophique dont le but est la connaissance de la totalité comprise comme l'interconnexion de la Nature tout entière. De la même façon, l'interdisciplinarité de la recherche menée par les théoriciens critiques visait à établir une perspective de la totalité sociale.

La dimension politique de réorganisation sociale avancée par Spinoza dans les §§ 15-16 ne suppose pas une dimension utopique ou idéale, mais elle implique sans doute une perspective « futuriste » au-delà de la *vita communis* telle que le narrateur la subit et l'étudie. Cette dimension concernant l'avenir de la vie quotidienne entraîne un effort de planification de la transformation des sciences et des institutions de la vie commune en moyens. Il y a donc une recherche autour d'une vie future plus optimale, impliquée dans la vie philosophique, laquelle s'engage avec une politique de l'avenir.

Nous voulons pourtant soutenir qu'à côté de cette dimension politique concernant le futur se trouve le *topos* actuel de la vie commune auquel doit s'appliquer l'effort de réforme. Le philosophe spinoziste peut envisager l'avenir de la vie en réorganisant les outils disponibles dans la *vita communis*, mais, pour cela, il faut agir sur le présent. Il y a donc un second niveau de référence politique avancé dans le prologue du *Traité de*

---

62 Horkheimer, « Théorie traditionnelle », *op. cit.*, p. 60-66. Voir aussi, Jay, *The Dialectical*, *op. cit.*, p. 25-26 ; David Held, *Introduction to Critical Theory : Horkheimer to Habermas*, Berkeley, Berkeley University Press, 1980, p. 31-34.

la réforme de l'entendement, lequel a été moins commenté. Ce second niveau est observé par Spinoza dans le § 17 (le dernier du prologue), et a trait à la question suivante : que faut-il faire « pendant que nous travaillons » à atteindre le bien suprême[63] ? En effet, si le bien suprême était simplement d'ordre intellectuel, on pourrait dire que la pratique sociale et politique menée « pendant » cette attente n'est pas vraiment importante. On sait pourtant maintenant que la tâche de partage de la jouissance collective relève d'un travail éthique et politique qui ne peut être séparé de l'effort de connaissance intellectuelle. Donc, le temps « pendant » lequel cet effort sera mis en œuvre comprendra aussi une tâche politique destinée à contribuer, dans le champ vital d'expériences, à la voie du changement de la vie commune. Autrement dit, la tâche politique de la vie philosophique inclut une dimension *subversive*, c'est-à-dire qui avance une « autre version » de la vie en tant que domaine d'expérience. L'aspect le plus important dans cette tâche sera celui de la pédagogie.

Rappelons que le narrateur du *Traité de la réforme* fait une analyse critique de la *vita communis*, analyse dont résulte un diagnostic sur la manière dont la vie est menée. Le champ vital, marqué par la tristesse et la mort, est le même champ où vit le philosophe. Le changer est un projet pour lui et pour la collectivité des êtres humains qui y habitent. Même si le philosophe envisage un horizon de réforme politique pour l'avenir, il faut reconnaitre que le temps « pendant » lequel cette rénovation se réalise demande de vivre *dans* le contexte d'un champ vital marqué par la mort. Par conséquent, lorsque Spinoza écrit que « pendant que nous travaillons à l'atteindre [notre fin] et que nous nous appliquons à ramener l'entendement dans la voie droite, *il faut vivre* [necesse est vivere][64] », le verbe *vivere* exprime ici la même chose que la notion de *vita* au début du prologue de ce *Traité* : un champ d'expériences. La vie philosophique doit se dérouler *dans ce contexte-là*. « Il faut vivre » implique que la vie du philosophe doit se « plonger » dans ce champ d'expériences marqué par la mort et la tristesse, y participer et essayer de le réformer *en même temps* (c'est-à-dire, en faisant partie de la même pratique vitale) que l'entendement est réformé. C'est pourquoi nous disons qu'elle est une vie engagée pratiquement non seulement pour une réforme politique future, mais aussi dans la *vita* présente.

63 *TRE* 17. G. II, p. 9.

64 *Ibid.* Nous soulignons.

Les trois règles de vie (*vivendi regulas*) énoncées par Spinoza dans la partie finale du prologue font référence à cet engagement immédiat de la vie philosophique dans le champ de la vie commune. Ces règles expriment la manière dont le philosophe peut réorganiser les contacts avec le champ d'expériences, réorganiser la *vita* par rapport aux trois biens auparavant considérés comme fins suprêmes. La première – « [n]ous mettre à la portée de la foule dans nos paroles et en toutes les actions [*ad camptum vulgi loqui et illa omnia operari*] qui ne nous empêchent pas d'atteindre notre but » – est liée à l'honneur, dans la mesure où elle fait mention aussi de l'amitié et de la vérité. La deuxième règle – « [j]ouir des plaisirs autant qu'il suffit pour conserver la santé » – réorganise les rencontres libidinales par rapport à la santé du corps. Enfin, la troisième – « rechercher l'argent ou toute autre chose autant qu'il suffit pour entretenir la vie et la santé » – restructure les relations avec les biens matériels[65].

Des commentateurs ont observé que ces trois règles ordonnent les rapports affectifs dans le contexte de la vie sociale. Il nous semble pourtant qu'il y a une tendance à les considérer comme purement instrumentales pour la vie du philosophe et son développement de l'entendement, démarche à laquelle se consacre le reste du *Traité de la réforme de l'entendement*. Par exemple, Zweerman souligne que la nécessité de vivre (*necesse est vivere*) fondée par les trois règles implique un art de vivre cherchant une accommodation de la vie du philosophe à la vie quotidienne de la Cité : vivant « au milieu de gens et de choses qui aspirent tous à leur propre épanouissement, et tout en étant exposés aux influences de toutes sortes, il nous faut d'abord trouver un *accommodement*. En élaborant un équilibre initial, tout fragile qu'il soit, on peut élaborer une situation de vie (un "*novum institutum*") plus solide[66] ». Zweerman ajoute que les règles nécessitent aussi des conditions minimales d'existence par rapport au soin du corps en tant que point de départ pour la réalisation du projet spinoziste : « La particularité de trois Règles de vie réside en ceci qu'elles constituent les conditions minimales pour pouvoir réellement survivre. Comme telles, elles peuvent être la base et le point de départ de la réalisation de conditions ultérieures de survie contenues dans le Programme[67] ».

65 *Ibid.* Voir Zweerman, *L'introduction à la philosophie*, *op. cit.*, p. 204.
66 Zweerman, *L'introduction à la philosophie*, *op. cit.*, p. 198.
67 *Ibid.*, p. 201.

La lecture de Zweerman a le mérite de mettre au premier plan le sujet de la « survie » et le besoin philosophique de la santé corporelle, qui fait partie du projet spinoziste de réforme de l'entendement. Cependant, il nous semble que cette lecture tend à séparer la tâche de la pensée de la tâche politique impliquée simultanément dans cette réforme. Les règles de vie proposées par Spinoza ne sont pas, contrairement aux maximes morales de Descartes, « provisoires ». Les *regulas* spinozistes sont des normes éthiques valides pour toute la vie, même s'il n'y a pas de certitude totale quant à leur utilité[68]. Remarquons, encore une fois, que le philosophe vit sa vie suivant ces règles, mais que le contexte dont il s'« accommode » est celui-là même qui est marqué par la tristesse. Donc, si la pratique du philosophe cherche à changer la dimension affective du champ vital – pour sa jouissance et la jouissance des autres –, il faut reconnaître aussi que la seule accommodation au champ vital, quoique nécessaire, ne suffira pas à atteindre le but du changement collectif présent dans le projet du philosophe. Bien que les trois *regulas* se rapportent, certes, à la réorganisation affective (tirée de la pratique de critique immanente) des trois biens analysés au début du *Traité de la réforme*, elles expriment aussi d'autres éléments ayant trait à l'engagement dans la vie commune.

En effet, la dernière phrase du prologue, qui concerne les mœurs de la Cité, fait référence à la dimension politique des règles. Il s'agit de « rechercher l'argent ou toute autre chose autant qu'il suffit pour entretenir la vie et la santé, et pour suivre les mœurs de la cité *qui ne s'opposent pas à notre but*[69] ». Ces derniers mots expriment implicitement l'impossibilité d'une accommodation parfaite au contexte de la cité. La vie philosophique s'accommode autant qu'elle peut, mais subsisteront toujours des éléments qui empêchent le chemin vers une jouissance suprême. Cette dernière phrase souligne le fait que, au-delà de la vie du philosophe, le champ d'expériences sera encore marqué par la tristesse. Même si le philosophe peut réorganiser la dimension affective de sa vie grâce à des *regulas*, cela ne signifie pas que sa tâche politique soit accomplie.

Il faut donc reconsidérer la première des règles de vie. Comme elle porte sur une dimension de pédagogie et de communication active,

---

68 Sur ce point, voir le commentaire de Rousset au *Traité de la réforme de l'entendement*, *op. cit.*, p. 175.

69 *TRE* 17. G. II, p. 9. Nous soulignons.

elle se confond avec une intervention politique de la vie du philosophe, précisément sur le plan des expériences et des mœurs de la cité. Cette règle exige un rôle actif. Comme Jaquet l'a souligné, *ad captum vulgi* suppose un art de parler, d'écrire et d'agir du philosophe parmi les non-philosophes, un art associé aux sciences de l'éducation et au fait que, comme nous l'avons déjà remarqué plusieurs fois, la « quête du souverain bien n'est pas une entreprise solitaire, elle implique au contraire une jouissance partagée[70] ». Le contenu spécifique de la manière de parler ou d'écrire pour la foule est lié à une démarche de communication de l'expérience du bien, à condition de suspendre l'ordre démonstratif et de marier l'expérience avec la raison. Intégré dans cette démarche, cet art de persuader comporte ainsi – dans le *Traité de la réforme de l'entendement* mais aussi dans d'autres ouvrages – une « mise en scène du vrai[71] ».

Si la connaissance de l'union de l'esprit avec la Nature tout entière exige la réformation (« amélioration ») de la vie du narrateur qui affronte les biens du champ vital d'expériences, alors la communication de la connaissance de ce bien envisage de persuader les autres de réformer non seulement leur entendement, mais surtout leur vie. Le partage du bien, par le moyen de cette mise en scène du vrai, nécessite aussi le partage d'une manière de vivre « améliorée » face à celle dominée par la tristesse. C'est pourquoi nous insistons sur le fait que la vie philosophique n'est pas une fin statique à acquérir, mais plutôt un *moyen* d'étendre le partage du bien au double niveau de l'entendement et des expériences affectives.

La tâche pédagogique du philosophe, dans le contexte de la vie commune, entraîne une intervention active visant à une intervention transformatrice de la manière de vivre dans ce contexte, non seulement de façon individuelle, mais aussi collective. Il n'est donc pas possible d'affirmer, comme l'a fait Jean-Claude Fraisse, que la première des trois règles implique une « soumission du sage à l'ordre établi et aux usages les plus répandus, dans les limites de sa liberté de pensée et de conservation de son être[72] ». Fraisse établit qu'il y a des « limites » à la

70 Jaquet, *Les expressions*, *op. cit.*, p. 21.

71 *Ibid.*, p. 20. Comme Jaquet le développe davantage, cette stratégie n'implique pas de cacher la vérité mais de l'exprimer dans la mesure du possible, en l'adaptant à la compréhension de tous. On peut dire que cette mise en scène du vrai fait partie de la conception de sagesse pratique spinoziste. Voir Chantal Jaquet, *Spinoza ou la prudence*, Paris, Éditions du retour, 2019, p. 13, 27.

72 Jean-Claude Fraisse, *L'œuvre de Spinoza*, Paris, Vrin, 1978, p. 30.

liberté de la vie philosophique, mais la vie du philosophe spinoziste, d'après cette première règle, ne consiste pas simplement à s'adapter passivement au cadre du champ vital. Au lieu d'une soumission à l'ordre imposé par les limites de ce cadre, la démarche pédagogique de la vie du philosophe cherche à les repousser au moyen d'une écriture, d'une parole et d'actions fondées sur un art de persuader et sur la mise en scène du vrai[73].

Du fait, au lieu de nommer « soumission » la forme de vie philosophique tirée des règles – et surtout de la première d'entre elles –, il nous semble que la manière correcte de la concevoir est plutôt de la dénommer « subversion ». La vie philosophique spinoziste est une vie subversive. La pédagogie spinoziste impliquée par la première règle vise à provoquer un changement du champ vital, au-delà de la vie du philosophe en tant qu'individu particulier. Cela suppose donc une forme de pédagogie qui cherche à montrer et partager une « autre version » du champ vital affectif ; c'est-à-dire une pédagogie subversive destinée à bouleverser le champ vital, en souhaitant l'annulation, autant que possible, de son caractère mortifère. À travers cette démarche pédagogique, le philosophe non seulement enseigne ce qu'il a appris de son évaluation critique du champ vital, mais propose une nouvelle façon d'habiter dans la *polis*.

73 Nous sommes d'accord avec René Violette (« Méthode inventive et méthode inventée dans l'introduction au *De Intellectus Emendatione* de Spinoza », *Revue philosophique de la France et de l'étranger*, vol. 167, n° 3, 1977), sur le fait que la philosophie de Spinoza se déroule suivant une « méthode inventive », c'est-à-dire une « méthode de délivrance [qui] est contemporaine de l'activité intellectuelle qui délivre, elle ne la précède pas » (p. 309). La méthode inventive s'oppose à la méthode inventée qui « est vaine » car « elle n'est pas contemporaine du déploiement dynamique et naturel de la vérité dans l'esprit » (p. 310). Cependant, nous ne pouvons pas suivre Violette lorsqu'il dit que les *regulas vivendi* du *Traité de la réforme de l'entendement* sont un des endroits où Spinoza essaie d'avancer une méthode inventée, dans la mesure où les règles précèdent l'activité qu'elles règlent (*ibid.*). Si, comme nous l'avons énoncé, il y a une pédagogie subversive chez Spinoza, la manière de mieux la comprendre est comme une méthode inventive. La mise en scène du vrai, et le type de pédagogie qu'elle établit, supposent la considération contingente d'un « public » auquel le philosophe doit adapter son message. Ce message ne peut pas être complétement « (pré) inventé », sinon « inventif », à savoir dépendant de chaque situation.

VITA COMMUNIS : LE RISQUE DE PHILOSOPHER

Ainsi, il n'est pas possible de dire que la notion de vie philosophique avancée dans le *Traité de la réforme de l'entendement* tombe sous la critique que Marcuse avait soulevée contre Aristote. En effet, en incluant une règle vitale servie par une pédagogie subversive, la vie philosophique spinoziste est, en elle-même, une vie politique. Il n'y a pas, comme chez Aristote, une hiérarchie entre vie philosophique purement spéculative et une vie politique concernant les besoins humains, laquelle ne favoriserait que de manière instrumentale la démarche « supérieure » du philosophe[74].

Au contraire, la vie philosophique dans ce *Traité* est, en elle-même, une vie engagée politiquement dans son contexte. Cet engagement s'exprime par une évaluation critique du champ vital – de la *vita communis* – au niveau collectif et par la réorganisation des rencontres affectives de la vie du philosophe lui-même. Il se traduit aussi par le développement d'une perspective d'avenir concernant la réformation de la société tout entière, afin de parvenir à une jouissance collective du bien suprême. Mais l'engagement probablement le plus important dans la démarche quotidienne du philosophe est celui induit par les mots « il faut vivre », qui expriment l'exigence, non seulement de participer au champ vital, mais aussi d'essayer de le changer au niveau collectif. Spinoza n'instrumentalise pas le contexte afin d'obtenir une tranquillité propre à un espace de solitude destiné à philosopher : vivre de manière philosophique exige au contraire d'essayer de subvertir le contexte dans lequel habite le philosophe. Une meilleure compréhension des biens de la *vita* entraîne une amélioration de l'entendement ; cependant, contre la thèse de Nussbaum, cela ne nécessite pas de s'éloigner de la sphère de la politique, mais de s'y engager plus fort en cherchant à améliorer la vie de la Cité.

Si notre interprétation est juste, c'est-à-dire s'il est pertinent de voir dans le prologue du *Traité de la réforme de l'entendement* une conjonction

74 Andrew Youpa arrive à une conclusion semblable, mais à partir de sa lecture de l'*Éthique*, et non du *Traité de la réforme de l'entendement*. Voir son « Spinoza's Theory of the Good », in Olli Koistinen (dir.) *Cambridge Companion to Spinoza's* Ethics, Cambridge, Cambridge University Press, 2009, p. 247.

entre la vie philosophique et une vie politique, il faut aussi reconnaître que la forme de vie philosophique avancée par Spinoza suppose une manière de « montrer » et d'« exposer » cette face aux non-philosophes. De tous les commentaires sur la notion de vie philosophique chez Spinoza, c'est probablement celui de Michel Foucault qui a développé ce point de la manière la plus fine, ce qui peut étonner lorsqu'on connaît sa réticence par rapport à l'œuvre de Spinoza. Nous nous référons à une mention qu'il fait au sujet du concept de *bios philosophikos* spinoziste dans son dernier cours au Collège de France, en 1984. Commentant l'une des manières de concevoir ce qu'il appelle le « courage de la vérité », Foucault exprime l'existence dans l'Antiquité d'une forme de vie philosophique qui s'expose en tant que « pratique » – et non simplement « rhétorique » – du dire-vrai. Pratiquée par les cyniques, cette forme de déploiement du dire-vrai ressemble à la mise en scène du vrai avancée par Spinoza à propos de sa règle de pédagogie subversive. Foucault dit : « Dans le cas du scandale cynique [...], on risque sa vie, non pas simplement en disant la vérité, pour la dire, mais par la manière même dont on vit. Dans tous les sens du mot français, on "expose" sa vie. C'est-à-dire qu'on la montre et on la risque. On la risque en la montrant, et c'est parce qu'on la montre qu'on la risque. On expose sa vie, non pas par ses discours, mais par sa vie elle-même[75] ». Nous pourrions donc dire que le dire-vrai, ou une mise en scène du vrai, s'« incarne » dans la vie du philosophe.

Selon Foucault, dans le cadre de cette pratique du dire-vrai, la question d'une vie philosophique se révèle dans toute son ampleur. La question qui persiste dans la tradition philosophique occidentale, mais qui tombe progressivement dans l'oubli en tant que problème, est la suivante : « quelle peut être la forme de vie qui soit telle qu'elle pratique le dire-vrai[76] ? ». Cette question, c'est celle du lien entre la pratique philosophique et une vie philosophique.

Nous savons que Foucault avait lu avec beaucoup de réserves la conception de la vérité dans le *Traité de la réforme de l'entendement*, et notamment la notion spinoziste de la vérité comme *index sui*[77]. Il n'est

75 Michel Foucault, *Le courage de la vérité. Le gouvernement de soi et des autres. Cours au Collège de France II. 1984*, Paris, Seuil/Gallimard, 2009, p. 216.

76 *Ibid.*

77 Michel Foucault, *Du gouvernement des vivants. Cours au Collège de France, 1979-1980*, Paris, EHESS/Seuil/Gallimard, 2012, p. 94.

donc pas surprenant que Foucault établisse un lien direct entre la notion de vrai-dire et une pratique philosophique en citant le début de ce *Traité* :

> s'il est vrai que l'histoire traditionnelle de la philosophie [...] s'intéresse pratiquement exclusivement au problème de la pensée philosophique et de son dire-vrai dans sa structure formelle et systématique, il n'en reste pas moins que le problème de la vie philosophique s'est sans doute posé, depuis le XVIe siècle jusqu'au XVIIIe siècle, avec une certaine intensité et une certaine force. Après tout, Spinoza – lisez la *Réforme de l'entendement* – place bien la question de la vie philosophique et de la vraie vie au principe même du projet de philosopher. [...] on pourrait dire qu'avec Spinoza on a en quelque sorte la dernière grande figure [selon] laquelle la pratique philosophique se réclame du projet fondamental et essentiel de mener une vie philosophique[78].

Avec Leibniz, par contre, on a « une forme de vie philosophique moderne que l'on pourrait opposer à la pratique philosophique de Spinoza, qui impliquait une vraie vie d'un type absolument autre que celui de la vie de tous les jours[79] ».

Ainsi, d'après Foucault, l'incarnation du dire-vrai est présente dans le *Traité de la réforme*, où le développement de la philosophie se révèle inextricablement lié à une réforme de la vie. Bien que Foucault n'avance pas d'hypothèses concernant les traits spécifiques de la vie philosophique dans l'introduction de ce *Traité*, nous pouvons observer qu'il reconnaît dans la vie du philosophe spinoziste une différenciation entre le *bios philosophikos* et la vie ordinaire. Cette différence peut aussi être identifiée dans la vie philosophique qu'on trouve chez Aristote, où un *bios philosophikos* implique une séparation du champ socio-politique. De ce point de vue, la vie philosophique chez Aristote est une vie qui cherche à éliminer les « risques » de la vie ordinaire pour le philosophe. Or, le lien que Foucault ne fait pas explicitement – mais qu'il semble établir implicitement en choisissant de placer l'exemple de Spinoza juste après l'analyse des cyniques grecs – est celui qui existe entre la vie philosophique du *Traité de la réforme* et le problème du « risque » que cette vie entraîne dans le champ de la vie commune.

En effet, Foucault indique correctement que la vie philosophique dans le prologue du *Traité de la réforme* implique une différentiation

78 *Ibid.*, p. 217-218.
79 *Ibid.*, p. 218.

de la vie menée par le philosophe par rapport au champ d'expériences quotidiennes. La distinction dont parle Foucault, nous l'avons spécifiée comme la réorganisation des rapports affectifs dans le champ vital. Dans la ligne des analyses foucaldiennes sur les cyniques, cette différentiation de la vie philosophique nécessite de réorganiser les outils (les « biens ») donnés par la vie commune, lesquels sont désormais utilisés comme des moyens de réformer la vie du philosophe. Or, il faut souligner que dans la vie philosophique spinoziste lue à la lumière de l'analyse de Foucault, cette réorganisation implique de prendre le risque compris dans l'« exposition » pédagogique attachée à la première des règles de vie.

L'acte subversif propre à la démarche du philosophe qui habite dans la *polis* entraîne un certain risque de son être par rapport au champ d'expériences déjà établi dans lequel sa vie se déroule. Chez Spinoza, la vie philosophique implique ainsi un équilibre très fin entre, d'un côté, la *prudence* éthique développée pour conserver son propre être en tant qu'individu singulier et, de l'autre côté, le *risque* de sa propre conservation pourtant liée à l'effort de partager une démarche vitale, celle de chercher à subvertir le champ d'expériences donné. Cet équilibre entre prudence et risque se révèle biographiquement, par exemple, dans la discrétion avec laquelle Spinoza reporte la publication de l'*Éthique* en prévoyant les problèmes qui pourraient surgir pour la conservation de son être (et de ses proches). Par ailleurs, le risque que prend Spinoza avec la publication du *Traité théologico-politique* témoigne du fait que l'exposition, ou l'acte du philosophe de « se montrer » subversivement dans le champ d'expériences, fait partie de la démarche de la vie philosophique[80].

Ce n'est pas par hasard que nous mentionnons le *Traité théologico-politique* ici et maintenant, car, comme nous le verrons dans le prochain chapitre, cet ouvrage présente une nouvelle figure de vie qui semblerait se situer à l'exact opposé de la notion de *vita communis* : celle de la *vera vita*. En effet, si le *Traité de la réforme de l'entendement* considère au début la figure de la vie commune comme un domaine d'expérience mortifère, où la force de conservation de l'être est toujours risquée, la *vera vita* est

80 Sur les évènements autour de la publication du *Traité théologico-politique*, voir Jonathan Israel, *Radical Enlightenment : Philosophy and the Making of Modernity 1650-1750*, Oxford, Oxford University Press, 2001, p. 275-285 ; et Steven Nadler, *A Book Forged in Hell : Spinoza's Scandalous Treatise and the Birth of the Secular Age*, Princeton, Princeton University Press, 2011, chap. 10, p. 215-240.

en revanche une modalité de vie dont la puissance est maximale. Entre ces deux figures s'établit une asymétrie dont les conséquences seront pourtant traitées de manière complémentaire par Spinoza. En effet, si le *Traité de la réforme de l'entendement* indique la manière dont la *vita communis* doit faire l'objet d'une intervention et d'une subversion – en passant par son évaluation critique et immanente – la *vera vita* se constitue précisément comme une figure qui intervient pour subvertir. Si cette forme d'intervention sociale et politique suppose un risque, Spinoza conçoit celui-ci précisément comme le résultat de l'effort du partage de la vérité du bien, considérée non uniquement comme connaissance intellectuelle, mais aussi comme forme de vie et nécessitée de réorganisation politique.

NON FINIS REIPUBLICAE EST HOMINES EX RATIONALIBUS BESTIAS VEL AUTOMATA FACERE

La vie de l'espèce humaine dans le *Traité théologico-politique*

Dans les *Pensées métaphysiques*, Spinoza redéfinit explicitement la notion de vie comme force de persévérer dans l'être : il l'étend ainsi à tous les corps. Dans cet écrit, il mentionne aussi le terme « vie » en lui donnant une dimension sociale. Spinoza dit : « Bien que ce mot [vie] soit souvent pris par métaphore pour signifier les mœurs d'un homme, nous nous contenterons d'expliquer brièvement ce qu'il désigne philosophiquement[1] ». Spinoza distingue donc la vie dite « métaphorique » de la vie « philosophique ». En élargissant la notion de vie à toute chose qui existe dans la nature, Spinoza prend appui sur une critique radicale de la notion d'âme comme forme du corps. Ce qu'il désigne comme « philosophique » dans cette analyse de la vie fait référence à un domaine modelé par une physique mécaniciste. La vie est totalement dé-biologisée.

Dans le *Traité théologico-politique*, la différence entre un usage métaphorique du terme vie et son usage philosophique n'est plus valable : la notion de force est déplacée dans le domaine politique et, via l'idée de puissance, désigne désormais le droit naturel de chaque chose. Ce déplacement de la notion de force vers le terrain de la politique annule la différence entre la vie entendue comme « mœurs » et la vie considérée au sens « philosophique », c'est-à-dire comme « force ». La notion qui met en rapport ces deux angles d'analyse est celle de « *ratio vivendi* » : elle indique la cristallisation d'une manière de vivre, un ensemble d'actions, précisément « les mœurs d'un homme ». Mais derrière cette notion se trouve celle du droit : dans la mesure où le droit naturel se traduit en

1 *PM* II, 6. G. I, p. 260.

lois, il fonde une *ratio vivendi*. L'établissement de la vie considérée comme « mœurs des hommes » a ainsi pour fondement la conception spinoziste de force-puissance-droit.

L'usage du concept de *ratio vivendi* témoigne donc du rapport, mais aussi d'une différence importante, entre les *Pensées métaphysiques* et le *Traité théologico-politique*. Si dans son appendice au livre sur Descartes, Spinoza avait effectué une opération philosophique dans le but d'élargir la notion de vie, dans le *Traité théologico-politique* l'usage de la terminologie de la *vita* se focalise sur le problème de la vie spécifiquement humaine. Entre ces deux ouvrages se produit un passage qui va de l'étude indifférenciée de la vie applicable à toute chose vers une caractérisation de la vie concernant la nature humaine. Certes, la force ou la puissance de l'être humain se fonde sur une base partagée par toutes les choses qui existent dans la nature : chacune d'elles se définit par l'effort de persévérer dans son être. Pourtant, lorsqu'il met en rapport la notion de droit-puissance avec celle de liberté de juger, dans le cas spécifique des êtres humains, Spinoza tend à focaliser l'analyse de la vie sur le domaine particulier de l'existence humaine.

Cette concentration de l'étude et la terminologie de la *vita* sur les êtres humains était déjà présente dans le *Traité de la réforme de l'entendement*. Comme nous venons de le voir dans le chapitre précédent, la figure de la *vita communis* désignait un domaine d'expériences affectives qui faisait référence aux hommes. C'est pourquoi l'usage de la notion de vie dans le *Traité théologico-politique* se trouve en rapport avec les *Pensées métaphysiques* – en modifiant l'emploi de la notion de force au niveau explicitement politique –, mais aussi avec le *Traité de la réforme de l'entendement*, dans la mesure où Spinoza consolide une perspective sur la vie humaine, comme celle capable d'une puissance à la fois d'entendement et d'intervention pratique.

C'est dans ce contexte que Spinoza propose la figure conceptuelle de la *vita vera*. Elle désigne une vie singulière qui est déjà parvenue à une compréhension totale de la nature, et dont l'exemple le plus important est le Christ. Dans ce chapitre, nous proposons une caractérisation de la *vita vera* et avançons la thèse que, par le moyen de sa conception de la vie comme puissance, Spinoza fournit une manière de concevoir le problème de la résistance dans la société politique, non comme un choix, mais comme un fait d'existence. Cette forme de résistance implique le déploiement de ce que nous appellerons une « contre-puissance législative » qui se fonde, dans le cas de la *vita vera*, sur la connaissance de la vérité. Cette contre-puissance a le droit de « légiférer », non depuis une position qui soutient l'État souverain, mais contre son autorité, lorsqu'il ne suit pas la loi divine de l'amour envers le prochain. Même si la *vita vera* du Christ suppose un cas très particulier par rapport à l'obligation d'obéir au souverain, il semble que quelques-unes de ses caractéristiques essentielles se trouvent dans la conception spinoziste de l'« honnêteté », notamment une puissance de déclencher des tentatives pour établir de nouvelles lois humaines, plus proches de la maxime centrale de la loi divine : l'amour envers le prochain.

Si la notion de *vita vera* désigne une modalité d'existence privilégiée, ce que Spinoza développe à travers cette conception se trouve donc en continuité avec l'idée d'une vie philosophique considérée comme une vie d'intervention politique. La vraie vie se présente comme une figure quasi-exceptionnelle parce qu'elle peut « légiférer » depuis *l'extérieur* des structures d'autorité politique, au point d'aller *contre* le souverain, mais de manière légitime. Dans cette perspective, la *vita vera* comporte le même type d'immersion dans le domaine politique que la vie philosophique analysée à partir du *Traité de la réforme de l'entendement.* De ce point de vue, le *Traité théologico-politique* peut être considéré, en tant qu'ouvrage, comme un effort pour légiférer de manière juste, sauvegardé par la notion de vérité et fondé sur l'usage proprement humain de la liberté.

PREMIÈRE FONCTION POLITIQUE DE LA VRAIE VIE : LA TRADUCTION DE LA *VITA VERA* EN LOIS HUMAINES

Dans le chapitre IV du *Traité théologico-politique*, Spinoza développe sa conception de la loi. En laissant de côté la notion de loi comme « loi de la nature » (laquelle, remarque-t-il, n'est qu'une métaphore), on peut dire que la loi désigne une manière, forme ou règle de vie (*ratio vivendi*) : « la loi n'est rien d'autre que la règle de vie que les hommes se prescrivent à eux-mêmes et à autrui pour quelque fin[2] ». Or, Spinoza établit une différence entre deux conceptions de la loi : « Par loi humaine, j'entends la règle de vie qui sert à la sécurité de la vie et de la république ; par loi divine, j'entends celle qui regarde seulement le souverain bien, c'est-à-dire la vraie connaissance et l'amour de Dieu[3] ».

Comme il l'explique par la suite, la loi qui établit une règle de vie en vue du souverain bien est dite « divine », car elle concerne le développement de l'entendement et des connaissances certaines. Suivant une ligne d'argumentation cartésienne, Spinoza souligne que la certitude dépend de la connaissance de Dieu, sans laquelle il est impossible de supprimer le doute. De la même façon que dans le *Traité de la réforme de l'entendement*, où la notion de *summum bonum* se rapportait à la connaissance des connexions dans la Nature tout entière en commençant par Dieu[4], ici cette même connaissance est exprimée en tant que notre souverain bien :

> puisque, sans Dieu, rien ne peut être ni être conçu, il est certain que tout ce qui est dans la nature enveloppe et exprime le concept de Dieu à proportion de son essence et de sa perfection ; et donc, plus nous connaissons les choses naturelles, plus notre connaissance de Dieu s'accroît et devient plus parfaite. Ou encore : parce que connaître un effet par sa cause, n'est rien d'autre que connaître quelque propriété de la cause, plus nous connaissons les choses

2 *TTP* IV/3. G. III, p. 59.

3 *Ibid.* La division entre la loi humaine et la loi divine corresponde à deux manières de concevoir les domaines des décisions et des actions humaines dans la nature. Cette division est en réalité une sous-division de celle que Spinoza avait déjà proposée tout au début du chapitre IV intitulé « De la loi divine ». Spinoza commence par donner une définition philosophique du terme de loi, qui, « pris en un sens absolu, signifie ce conformément à quoi chaque individu, ou tous, ou quelques-uns d'une même espèce, agissent selon une même raison précise ; elle dépend ou de la nécessité de la nature ou d'une décision des hommes » (*TTP* IV/1. G. III, p. 57). Conformément au but d'un traité *politique*, Spinoza se focalise sur le sens de la loi comme décision des êtres humains, qui correspond à leur puissance. Cette puissance n'est pas, en dernière instance, différente de la puissance de la nature, car l'humain est une partie de la nature tout entière. Mais Spinoza souligne que, dans la mesure où nous ne connaissons pas toutes les lois de la nature, on peut considérer les choses, dans le domaine de décisions humaines, comme « possibles ». Cette notion de loi comme dépendant des décisions humaines se traduit dans une règle de vie que les êtres humains se prescrivent pour eux-mêmes, et communément cette opération s'entend comme une injonction, où l'obéissance ou la désobéissance impliquent des punitions ou des récompenses. Sur ces différents sens de la notion de loi dans le *TTP*, voir Donald Rutherford, « Spinoza's Conception of Law », in Yitzhak Melamed et Michael Rosenthal (dir.), *Spinoza's* Theological-Political Treatise : *A Critical Guide*, Cambridge, Cambridge University Press, 2010, p. 148-167.

4 Voir *TRE* 13, 49. G. II, p. 8, 18-19.

> naturelles, plus parfaitement nous connaissons l'essence de Dieu (qui est la cause de toutes choses)[5].

La connaissance progressive de la nature (et, par conséquent, de Dieu) comme le souverain bien impliquent la donation d'une loi « divine » qui se traduit en une *ratio vivendi* spécifique : « c'est pourquoi la règle de vie qui concerne cette fin est fort bien appelée loi divine. Ce que sont ces moyens, quelle est la règle de vie exigée par cette fin, comment s'ensuivent les fondements de l'État le meilleur, et quelle est la règle de vie entre les hommes, cela concerne l'Éthique universelle[6] ». Donc, d'après cette discussion sur la loi divine, on peut dire qu'une *ratio vivendi* pour Spinoza exprime les moyens pratiques pour parvenir à une fin spécifique. Cette définition de la notion de *ratio vivendi* est générique et vaut pour les différentes fins que la loi impose aux êtres humains.

Entre la loi divine et la loi humaine et, par conséquent, entre leurs *rationes vivendi* respectives, il y a une double différence. D'une part, une dissemblance des fins : tandis que la loi divine cherche le souverain bien au moyen du développement de l'entendement, la fin de la loi humaine est la sécurité de la république. D'autre part, une distinction dans la manière de suivre la loi : tandis que la loi divine est respectée parce que celui qui la suit comprend son utilité en tant que moyen pour arriver au souverain bien, la loi humaine est vécue en revanche comme une charge externe, souvent imposée par la crainte du châtiment[7].

Cette double différence semblerait établir une séparation entre la vie de celui qui suit la loi divine et celle de celui qui suit la loi humaine. Bien que Spinoza dise que l'Éthique universelle inclut une dimension sociale, celle-ci semble servir un développement intellectuel individuel, ce qui se reflète aussi dans l'expérience de la loi : « La loi divine se résume donc dans ce précepte suprême : aimer Dieu comme le souverain bien et non pas, nous l'avons dit, par peur du châtiment et de quelque supplice ni

---

5 *TTP* IV/4. G. III, p. 60.

6 *Ibid.*

7 *TTP* IV/1. G. III, p. 58. Cette différence renvoie à celle entre *subjectus* et *subditus*. À l'égard de cette distinction, Pierre Macherey souligne que ces deux figures n'existent pas totalement séparées, mais qu'elles sont « concomitantes ». Voir son « Spinoza et la simple obéissance », *La philosophie au sens large*, 2019, disponible en ligne sur https://philolarge.hypotheses.org/2501 (consulté le 30/12/2021).

pour l'amour d'une autre chose dont nous désirons jouir[8] ». En effet, le souverain bien « consiste dans la spéculation seule et la pure pensée[9] » ; par conséquent, Spinoza semble établir une différence infranchissable entre ce qu'il appelle la vie d'un « juste », qui comprend et accepte la loi divine[10], et la « vie civile » où, faute de compréhension du « pourquoi » de la loi, il est nécessaire qu'elle s'appuie sur des récits historiques – et non sur la raison – pour guider les êtres humains vers la sécurité[11].

Si les deux manières de concevoir la *ratio vivendi* détaillées par Spinoza dans le chapitre IV du *Traité théologico-politique* sont différentes, cela ne suppose pourtant ni une sorte de séparation de la vie du juste par rapport au plan politique, ni la simple instrumentalisation de la vie civile à des fins intellectuelles. Au contraire, la vie menée par celui qui suit la loi divine se lie à la loi humaine dans le sens où, entre ces deux manières de concevoir la vie d'après la forme de la loi se produit une « superposition » : la loi divine se superpose à la loi humaine pour établir la fin de la sécurité politique. Comme nous le verrons, ce lien s'établit par le biais d'une « traduction » des vérités universelles de la loi divine en lois humaines.

La mention de la vie du Christ et de la façon dont il a transmis son message est le point de départ pour saisir comment celui qui comprend la loi divine peut contribuer précisément à produire une superposition entre loi divine et loi humaine. La notion la plus importante ici est celle de *vita vera*. Suivant Salomon, Spinoza souligne que la source de la vraie vie est « l'entendement humain[12] ». Même si Spinoza l'avait mentionnée avant le chapitre IV[13], la *vera vita* s'ancre dans la figure du Christ à la

8 *TTP* IV/5. G. III, p. 60-61.

9 *TTP* IV/5. G. III, p. 61.

10 Celui « qui rend à chacun ce qui revient parce qu'il connaît la vraie raison des lois et leur nécessité, agit avec constance et selon sa propre décision, non celle d'autrui : celui-ci mérite donc le nom de juste. » (*TTP* IV/3. G. III, p. 59).

11 Sur ce point, voir Susan James, « Democracy and the Good Life in Spinoza's Philosophy », in Charlie Huenemann (dir.), *Interpreting Spinoza : Critical Essays*, Cambridge, Cambridge University Press, 2008, p. 128-146 ; et « Narrative as the Means to Freedom : Spinoza's Uses of Imagination », in Yitzhak Melamed et Michael Rosenthal (dir.), *Spinoza's* Theological-Political Treatise : *A Critical Guide*, Cambridge, Cambridge University Press, 2010, p. 250-267. James ne considère pas l'usage de récits historiques comme une forme d'aliénation imaginaire, mais comme une nécessité, exigée aussi par la raison, pour la stabilité d'une communauté politique.

12 *TTP* IV/12. G. III, p. 66.

13 Dans le chapitre II/19, Spinoza écrit : « Il ne faut pas juger autrement les raisons par lesquelles le Christ a convaincu les pharisiens d'insoumission et d'ignorance, et par

fin de ce chapitre-là. Le Christ est la personne juste par excellence, car il a compris la loi divine et toute chose de la nature ; contrairement aux prophètes, il n'a pas saisi les choses adaptées à sa complexion particulière, mais plutôt de manière véritable et universelle : « le Christ ne fut pas tant un prophète que la bouche de Dieu[14] ». Si les prophètes ont reçu le message divin à travers des images, des paroles et grâce à leur capacité à imaginer de manière extraordinaire, le Christ a, au contraire, compris les choses sans avoir recours aux signes sensoriels, mais directement par l'esprit : « Le Christ a perçu ou compris les choses révélées en vérité. Car comprendre une chose, c'est la percevoir par l'esprit seulement, sans paroles et sans images[15] ». La *vita vera* implique donc une connaissance directe – sans la médiation du signe – de la loi divine et des choses de la nature[16].

On peut cependant distinguer ce que nous appellerons l'« expérience » de la *vita vera* de la *vita vera* comme « modèle ». Le principal problème pour le Christ était la manière dont son message pouvait être transmis[17]. Spinoza dit que l'entendement, en tant que source de vraie vie, prescrit « des lois au sage[18] », dans la mesure où celui-ci comprend et suit la loi sans besoin d'être contraint par des menaces de châtiment. Mais cela implique une sorte de distance entre le sage (dont l'entendement est la source de la *vita vera*) et l'ignorant (qui a besoin des menaces pour suivre la loi). Ainsi, le Christ, en tant que figure de *vita vera*, dont la source était son entendement, ne pouvait pas transmettre son message de la

lesquelles il a exhorté ses disciples à la vraie vie ; car il a adapté ses raisons aux opinions et aux principes de chacun. » (G. III, p. 29). Voir aussi, dans le chapitre III/1 : « le bonheur véritable et la vraie béatitude d'un homme consistent dans la sagesse et dans la connaissance du vrai, et non pas dans le fait d'être plus sage que les autres ou dans le fait qu'autrui manque de connaissance vraie. Ce manque en effet n'augmente en rien sa sagesse, c'est-à-dire son bonheur véritable ; qui se réjouit d'une telle situation se réjouit du malheur d'autrui ; il est donc envieux et méchant, et il ignore la vraie sagesse et la tranquillité de la vraie vie. » (G. III, p. 44) ; ou bien dans le même chapitre III/6 : « Ce n'est donc pas sous le rapport de l'entendement qu'ils [les Hébreux] furent élus par Dieu de préférence aux autres. Ce ne fut pas non plus sous le rapport de la vertu et de la vraie vie. » (G. III, p. 48).

14 *TTP* IV/10. G. III, p. 64.

15 *TTP* IV/10. G. III, p. 64-65.

16 *TTP* IV/10. G. III, p. 64.

17 Sur ce point, voir Alexandre Matheron, *Le Christ et le salut des ignorants*, Paris, Aubier-Montaigne, 1971, p. 90, 265, 269.

18 *TTP* IV/12. G. III, p. 66.

même façon qu'il avait lui-même perçu la vérité. Néanmoins, il a eu la capacité non seulement de comprendre, mais aussi de savoir comment communiquer le message d'une manière différente, c'est-à-dire qu'il a su transmettre ce message justement au moyen de paroles et de signes adaptés à la complexion de ceux qui l'entendaient[19]. *Expérimenter* la vraie vie n'est pas uniquement avoir une connaissance de la nature tout entière, mais savoir communiquer cette dernière à un public spécifique[20].

Pourtant, ce que nous avons présenté comme une capacité du Christ peut également être perçu comme une certaine difficulté, si l'on considère la figure de la *vita vera* comme un « modèle » de vie, susceptible d'être suivi de manière universelle. À strictement parler, la connaissance présente dans une *vita vera* n'est pas transmissible de manière complète et fidèle : en raison de l'utilisation nécessaire de signes et de paroles, une part du message se perd. Il est très intéressant de noter que cette « perte » dans le message du Christ est précisément désignée, dans le texte spinoziste, par la notion de « loi » : « Le Christ a donc perçu véritablement et adéquatement les choses révélées. Si donc il les a parfois *prescrites à titre de lois*, c'est en raison de l'ignorance et de l'obstination du peuple. C'est pourquoi, sur ce point, il a tenu le rôle de Dieu, car il s'est adapté à la complexion du peuple ; et pour cette raison, bien qu'il ait parlé un peu plus clairement que les autres prophètes, il enseigna les choses révélées obscurément[21] ». L'incapacité de comprendre le message de manière directe, d'esprit à esprit, rend nécessaire l'usage des paraboles, traduisibles en lois humaines ; en d'autres termes, le message divin universel est vécu grâce à une espèce de « négociation affective » entre l'espoir et la crainte du châtiment. La loi que le Christ prescrit nécessite, pour ainsi dire, une « traduction » de son expérience de *vita vera*, afin qu'il devienne un « modèle de vie » pour les autres. *Être modèle* de *vita vera* suppose une relation avec autrui dans laquelle se produit la traduction

19 *TTP* IV/10. G. III, p. 65.

20 En effet, le message du Christ de Spinoza est dirigé, sur le plan de la communication des idées du *TTP*, aux chrétiens qui ne sont pas philosophes et aussi pour les philosophes qui vivent parmi les non-philosophes. Voir André Tosel, *Spinoza ou le crépuscule de la servitude : essai sur le* Traité théologico-politique, Paris, Aubier, 1984, p. 259, 263-264. En ce sens, le projet du *Traité théologico-politique* rejoint celui du *Traité de la réforme de l'entendement*, dans la mesure où il applique la formule *ad captum vulgi* ; le partage de la connaissance devient un projet politique et, plus spécifiquement, démocratique. Voir aussi *ibid.*, p. 21-22.

21 *TTP* IV/10. G. III, p. 64-65. Nous soulignons.

d'un message ; cela permet la transformation de la connaissance de la vérité en *ratio vivendi* humaine[22].

La distance entre la *vita vera* comme expérience et la *vita vera* comme modèle pour les autres apparaît à nouveau lorsque Spinoza applique ce concept à Dieu lui-même. Au cours de l'argumentation où il souligne que Dieu, à travers les prophètes, n'a pas exigé des fidèles une connaissance de sa vraie nature, Dieu est dit « suprêmement juste et suprêmement miséricordieux, c'est-à-dire l'unique modèle de la vraie vie[23] ». Ce modèle de vraie vie entraîne une distance avec Dieu, compris de manière vraie : « la connaissance intellectuelle de Dieu qui considère sa nature comme elle en soi, c'est-à-dire comme une nature que les hommes ne peuvent ni imiter en suivant une règle de vie déterminée ni prendre pour modèle en vue d'instituer une règle de vie authentique, n'appartient nullement à la foi et à la religion révélée[24] ». Conçue de manière vraie (c'est-à-dire, selon Spinoza, comme une substance avec une infinité d'attributs, chacun infini en son genre), la figure de Dieu est inutile pour l'établissement d'une *ratio vivendi*. De même que l'a fait le Christ en transmettant

---

22 Par conséquent, le paradoxe du message du Christ est que ce message était universel et qu'il avait compris cette universalité grâce à une connaissance vraie ; mais qu'à chaque fois qu'il donnait ses enseignements, la loi divine devait s'adapter à des complexions particulières. En ce sens, nous sommes d'accord avec Alexandre Matheron lorsqu'il souligne que le Christ peut être conçu comme une figure intermédiaire entre Dieu et les prophètes, pour lesquels la révélation divine se donne par l'imagination. Cependant, nous nous éloignons de l'idée de Matheron selon laquelle le Christ n'utilise jamais l'imagination (*Le Christ*, *op. cit.*, p. 90-92). Matheron lui-même souligne que le Christ traduit son message rationnel « en un langage aussi proche que possible de celui dans lequel s'expriment les préjugés du sens commun » (*Ibid.*, p. 128), comme dans les récits des paraboles. Il nous semble que la perspective matheronienne du premier genre de connaissance comme aliénation (nécessaire) l'a empêché de voir dans la transmission du message du Christ un usage positif de l'imagination. Un tel usage est cohérent avec ce que Spinoza dit sur « la puissance d'imaginer » dans le scolie de la proposition 17 d'*Éthique* II : « je voudrais faire remarquer que les imaginations de l'âme, prises en elles-mêmes, ne contiennent aucune erreur ; autrement dit, si l'âme se trompe, ce n'est pas du fait qu'elle imagine, mais seulement en ce qu'elle est considérée comme privée d'une idée qui exclut l'existence de ces choses qu'elle imagine comme lui étant présentes. En effet, si l'âme, au moment où elle imagine comme lui étant présentes des choses qui n'existent pas, savait en même temps que ces choses n'existent pas en réalité, elle attribuerait cette puissance d'imaginer à la vertu de sa propre nature, et non point à un vice ; surtout si cette faculté d'imaginer dépendait uniquement de sa nature propre, c'est-à-dire [...] si cette faculté qu'a l'âme d'imaginer était libre. » (G. II, p. 106).

23 *TTP* XIII/8. G. III, p. 171.

24 *Ibid.*

son message, l'idée de Dieu doit se traduire en lois humaines rendant possible l'instauration d'une *ratio vivendi* afin de préserver la sécurité de la vie sociale. Le Dieu modèle de vraie vie se présente donc comme une forme de traduction imparfaite, ou bien comme le dernier recours pour que la loi divine soit universellement comprise et suivie par ceux qui ne sont pas parvenus à une connaissance vraie de la nature de Dieu.

Cette idée est renforcée quand Spinoza liste « les dogmes de la foi universelle[25] ». Dans le premier de ces dogmes, il répète la même caractérisation de Dieu comme modèle : « *Il existe un Dieu, c'est-à-dire un être suprême, souverainement juste et miséricordieux, autrement dit modèle de vie vraie*[26] ». Au-delà de la discussion sur la question de savoir si l'autorité des dogmes universels peut être acceptée par les sages, ou bien si elle ne vaut que pour les ignorants[27], il faut souligner que la notion de modèle de *vita vera* requiert une traduction de la vérité de Dieu comme substance unique, afin qu'elle puisse fonder un domaine de *ratio vivendi*. En effet, les notions de justice et de miséricorde associées à Dieu renvoient automatiquement à la possibilité d'adapter les dogmes à la compréhension de tous, afin d'accomplir plus facilement la tâche centrale de la religion révélée, consistant en la pratique de la justice et de la charité ou, autrement dit, en l'amour envers le prochain[28]. Cette traduction de la vérité, visant à convertir cette dernière en modèle applicable dans la vie, suppose encore une fois de passer par la loi. Dans la deuxième partie du premier dogme de foi, Spinoza rapporte cette manière de concevoir Dieu à la nécessité d'y penser comme à un juge auquel on doit obéir : « Car celui qui ne sait pas ou ne croit pas qu'il [Dieu] existe ne peut pas lui obéir ni le reconnaître comme juge[29] ».

---

25 *TTP* XIV/9. G. III, p. 177.

26 *TTP* XIV/10. G. III, p. 177.

27 Alexandre Matheron (*Le Christ*, *op. cit.*, p. 97, 103-105) et Henri Laux (*Imagination et religion chez Spinoza. La* potentia *dans l'histoire*, Paris, Vrin, 1993, p. 201, 214) proposent une portée universelle des dogmes pour les sages et les non sages. Daniel Garber, en revanche, dit que les dogmes ne s'appliquent pas aux philosophes (« Should Spinoza Have Published His Philosophy ? », in Charlie Huenemann (dir.), *Interpreting Spinoza : Critical Essays*, Cambridge, Cambridge University Press, 2008, p. 166-187). On trouve une position intermédiaire dans Jacqueline Lagrée, « Spinoza et la foi du philosophe », in Pierre-François Moreau, Claude Cohen-Boulakia et Mireille Delbraccio (dir.), *Lectures contemporaines de Spinoza*, Paris, Presses de l'Université Paris-Sorbonne, 2012, p. 189-200.

28 *TTP* XIV/11. G. III, p. 178.

29 *TTP* XIV/10. G. III, p. 177.

Dans les deux cas paradigmatiques de *vita vera* et de vie juste que l'on trouve chez Spinoza – Dieu et le Christ –, la vérité doit se traduire en loi humaine. La figure de la *vita vera* définit donc une modalité spécifique de la vérité. Elle indique un rapport entre la vérité comme connaissance certaine et la possibilité de la traduire en lois fondatrices d'une *ratio vivendi*. En ce sens, la notion de loi désigne une sorte de « transaction » entre la vérité au sens strict (sur le plan de la connaissance intellectuelle) et la manière dont elle peut devenir utile pour la sécurité, dans le cadre de la vie civile, c'est-à-dire également pour les êtres humains qui ne disposent pas d'une connaissance vraie de la nature. En ce sens, c'est comme si la réflexion sur le rôle de la figure de la *vita vera* complétait et prolongeait celle que nous avons développée pour le cas de la vie du philosophe dans le *Traité de la réforme de l'entendement*, en tant que modalité d'existence qui partage, de manière parfois simplifiée mais très effective, la connaissance vraie du bien dans le domaine de la *vita communis*.

Être juste, connaître la nature ou mener une vie vraie ne suppose pas de séparation radicale par rapport à la fin cherchée par les lois humaines. La relation entre la *vita vera* et la loi humaine est au contraire absolument nécessaire : c'est seulement par une opération de traduction que la *vita vera* s'instaure, non seulement comme « expérience » personnelle et intérieure, mais aussi comme modèle pour autrui. Ainsi, ce que nous avons désigné comme une « perte » dans la communication de la connaissance de la *vita vera* doit en réalité se comprendre comme une nécessité, dans la mesure où il faut que cette connaissance se traduise en loi. Le juste adopte ainsi une tâche active dans la conformation d'une *ratio vivendi*, dont la fin est la sécurité au sein de la république.

Ces mécanismes de traduction de la *vita vera* comme modèle sont conceptualisés par Spinoza dans la notion de *vera ratio vivendi*, qui exprime la manière dont le dogme fondamental de la loi divine – l'amour envers le prochain – s'extériorise et se met en pratique par les actions[30]. Cette mise en pratique est un autre concept pour désigner la « traduction » participant de l'effort de la *vita vera*. La *vera ratio vivendi* concrétise cette traduction en actions. Cette règle de vie peut être vécue de manière universelle, car pour la mener il n'est besoin ni d'une connaissance

30 Voir aussi, sur ce point, Charles Ramond, « La loi du nombre (ou la démocratie comme "régime absolu") », Introduction à Spinoza, *Traité politique*, *Œuvres* V, Paris, Presses universitaires de France, 2005, p. 13-20.

vraie de la nature[31], ni de suivre des cérémonies particulières[32]. La connaissance spécifique des doctrines bibliques n'est pas non plus requise pour l'extériorisation d'une vraie règle de vie : « celui qui [...] ignore totalement [les récits de l'Écriture] et qui a néanmoins des opinions salutaires et une vraie règle de vie, celui-là connaît la vraie béatitude et l'esprit du Christ est véritablement en lui[33] ». Dans la mesure où la loi divine est fondatrice d'une *vera ratio vivendi* universelle, les actions qui en découlent peuvent être menées dans n'importe quel contexte.

Spinoza propose aussi le concept de *certa ratio vivendi* (« règle de vie déterminée »), lequel semble pouvoir être superposé à la notion de *vera ratio vivendi*, mais de manière non systématique. En effet, si la vraie règle de vie est universelle et traduit la loi divine, une règle de vie déterminée renvoie en revanche à l'enracinement d'une forme de vie dans un contexte local. Il est donc possible de concevoir une traduction fidèle de la *vera ratio vivendi* dans un code légal spécifique, par exemple, ce qui donnerait comme résultat une superposition entre *vera ratio vivendi* et *certa ratio vivendi*. Spinoza envisage cette possibilité quand il dit que Dieu, considéré comme modèle de vie vraie caractérisé par la justice et la charité, peut être imité « en suivant une règle de vie déterminée [*certa vivendi ratione*][34] ». Cependant, il pourrait aussi arriver qu'une *certa ratio vivendi* ne suive pas la loi divine et qu'elle ne soit pas, par conséquent, une *vera ratio vivendi*. Ce serait le cas si, par exemple, un souverain instaurait un régime de lois qui ne tenterait nullement d'établir la sécurité du corps politique, ou d'amener les citoyens à la pratique de l'amour envers le prochain[35]. Autrement dit, Spinoza déclare qu'une *certa ratio vivendi* qui suit la loi divine est simultanément une *vera ratio vivendi* matérialisée de manière locale, c'est-à-dire dans un contexte spécifique prenant en considération les caractéristiques particulières d'un peuple.

---

31 *TTP* V/14-16. G. III, p. 77-78.

32 *TTP* V/2. G. III, p. 69 : « la loi divine prise absolument signifie la loi universelle consistant dans la vraie règle de vie, et non pas les cérémonies. »

33 *TTP* V/19. G. III, p. 79.

34 *TTP* XIII/8. G. III, p. 170.

35 En commentant une sorte de dégénérescence de l'État hébraïque, Spinoza établit une distinction entre combattre et gouverner « pour la paix et la liberté » ou « pour la gloire ». Ainsi, le cas des rois hébraïques est un exemple de l'instauration d'une règle de vie déterminée qui n'est pas une *vera ratio vivendi*. Ces rois, à la seule exception de Salomon, ont gouverné avec « un funeste désir de régner qui, pour la plupart d'entre eux, remplit de sang les chemins du pouvoir. » (*TTP* XVIII/5. G. III, p. 224).

Au moyen de cette notion de traduction de la *vita vera* en lois humaines, on observe comment les buts de la loi divine et de la loi humaine peuvent converger. Une traduction effective de la *vera vita* en lois humaines assure une *première fonction politique* de ce genre de vie, comme celle qui porte le message universel de la loi divine ; ce dernier, matérialisé dans les actions humaines, contribue à l'instauration d'une vie en paix et sécurité. Pourtant, la distinction entre *vera* et *certa ratio vivendi* implique, en même temps, la présence larvée d'un conflit potentiel entre la loi divine et les lois humaines. En effet, l'universalité de la loi divine et des actions concernant une *vera ratio vivendi* peut être violée par l'instauration d'une règle de vie humaine particulière, si celle-ci n'obéit pas à la maxime de l'amour envers le prochain. Comme nous le verrons, ce conflit potentiel entre ces deux *rationes* annonce une *deuxième fonction politique* de la *vita vera*, laquelle s'exprime justement au moment où l'autorité du souverain ne suit plus la loi divine. Ce rôle politique correspond à une fonction « législative » qui, nous semble-t-il, opère dans la conception spinoziste de *vita vera*.

DEUXIÈME FONCTION POLITIQUE DE LA VRAIE VIE : PUISSANCE LÉGISLATIVE DE LA *VITA VERA*

Pour Spinoza, l'obéissance à la loi divine se résume en la pratique de la justice et de la charité, c'est-à-dire la pratique de l'amour envers le prochain. Comme nous l'avons mentionné, cette pratique par le fidèle entraîne ce que Spinoza présente comme étant une *vera ratio vivendi*, laquelle ne se réduit pas à suivre les rituels institués par les autorités religieuses dans la Cité[36].

Dans le chapitre XVI, Spinoza déplace cet argument sur la loi divine universelle pour le situer dans le domaine du droit de la Cité. Ainsi, il dit que « puisque tous, absolument (qu'ils aient ou non l'usage de la raison), sont également tenus par commandement divin d'aimer leur prochain comme eux-mêmes, nous ne pouvons, sans tort, causer

36 *TTP* V/12. G. III, p. 76.

dommage à autrui et vivre selon les lois de l'appétit[37] ». Étant donné que les êtres humains vivent en effet sous les lois de leurs appétits, il est nécessaire de décider des actions spécifiques requises dans une Cité, en ce qui concerne l'amour envers le prochain. Dans la mesure où tous ont des opinions différentes à ce sujet – ce qui pourrait engendrer des comportements très divers au point d'être totalement divergents, voire conflictuels –, Spinoza souligne qu'il est nécessaire d'obéir au souverain et de faire ce qu'il ordonne en tant que pratique d'amour du prochain :

> puisqu'en matière de religion les hommes se trompent habituellement beaucoup, et qu'en fonction de la diversité de leurs complexions, ils rivalisent grandement de fictions comme l'expérience ne l'atteste que trop, il est certain que si personne n'était tenu d'obéir au Souverain en ce qu'il estime, lui, relever de la religion, le droit de la Cité dépendrait alors de la diversité du jugement et des affects de chacun. Car nul ne serait soumis au droit, s'il en jugeait l'établissement incompatible avec sa foi et sa superstition, et ainsi, sous ce prétexte, chacun pourrait tirer licence de tout faire. Puisque, de cette manière, le droit de la Cité est complètement violé, il s'ensuit que c'est le Souverain, à qui seul appartient, par droit divin autant que par droit naturel, de conserver et de protéger les droits de l'État, qui détient le droit suprême de statuer sur la religion comme il l'entend. Tous sont tenus d'obéir à ses décrets et commandements sur ce sujet[38].

Dans cette forme d'obéissance au souverain, Spinoza cherche à mettre en évidence un recoupement entre la loi divine et la loi humaine imposée, non plus comme une traduction directe du message du Christ, mais comme une décision émanant du droit du souverain. Par là même, il s'agit d'annuler la multiplicité des éventuels comportements divergents et potentiellement chaotiques, au moyen de l'obéissance au droit du souverain, en établissant un rapport entre *vera ratio vivendi* et *certa ratio vivendi* à l'intérieur d'une Cité. Le but est d'établir conjointement la béatitude à travers l'amour envers le prochain et la sécurité du corps politique.

Il est évident que dans le passage que nous venons de citer réside une polémique historique au sujet des *juis circa sacra*[39] (davantage développée dans le chapitre XIX) aussi bien qu'un argument plus complexe

37 *TTP* XVI/19. G. III, p. 198.

38 *TTP* XVI/21. G. III, p. 199-200.

39 Pour une discussion sur le contexte intellectuel de ce débat dans lequel s'insère le *Traité théologico-politique*, voir Susan James, *Spinoza on Philosophy, Religion, and Politics* : The Theologico-Political Treatise, Oxford, Oxford University Press, 2012, p. 292-303.

concernant le fait que la raison exige de suivre une vie en paix dans le cadre d'une Cité bien organisée[40]. Nous voudrions souligner que ce mécanisme visant à « trancher » la question de la pratique de l'amour envers le prochain ne provient pas de la vérité. Dans le cas des lois prescrites à partir de la figure du Christ ou de la figure de Dieu comme juge, la traduction de la connaissance de la nature en lois se produit d'après un principe de certitude présente dans la *vita vera*. Cela n'est pas le cas dans la décision du souverain. Ici, le principe d'obéissance ne se fonde sur aucune espèce de *vita vera* du souverain ; ce dernier, comme tous, est soumis à sa propre superstition et se trompe aussi bien de manière habituelle. Il n'y a donc pas de traduction de la vérité en loi. Même si la décision quant aux pratiques spécifiques d'amour envers le prochain se matérialise dans le droit positif de la Cité, ce dernier ne garantit pas que les comportements requis soient ceux nécessaires pour obéir à la loi divine. Ainsi, l'autorité du souverain entraîne une certaine imperfection intrinsèque, dans la mesure où celui qui légifère n'a pas l'expérience d'une *vita vera*. Même si obéir à la loi de la Cité peut garantir l'établissement d'une *ratio vivendi* utile pour la sécurité, cela ne signifie pas que cette loi-là établisse une *vera ratio vivendi* à proprement parler.

Chez Spinoza, le principe d'obéissance au souverain semble pourtant exprimer une sorte d'interdiction normative relative au changement de la forme du gouvernement. Au même chapitre XVI, Spinoza condamne toute tentative d'arracher la souveraineté dans la Cité[41]. Le sujet de l'obéissance au souverain dans la théorie politique de Spinoza a donné lieu à cette interprétation : une condamnation totale de la possibilité de « se révolter » contre le souverain qui détient le pouvoir de l'État[42]. Mais si nous prenons ce sujet dans la perspective de la *vita vera* et de

40 *TP* V/5, G. III, p. 296.

41 *TTP* XVI/18. G. III, p. 197.

42 Voir Michael Della Rocca « Getting His Hands Dirty : Spinoza's Criticism of the Rebel », in Yitzhak Melamed et Michael Rosenthal (dir.), *Spinoza's* Theological-Political Treatise : *A Critical Guide*, Cambridge, Cambridge University Press, 2010, p. 168-191 ; Emiliano Acosta, « Power, Public Opinion, Right of Rebellion and/or Revolution in the *Tractatus Theologico-Politicus* : Deconstructing the Radicality of Spinoza's Political Thought », in Quentin Landenne et Tristan Storme (dir.), *L'Actualité du* Tratactus *de Spinoza et la question politico-théologique*, Bruxelles, Publications de l'Université de Bruxelles, 2014, p. 247-265 ; et aussi Vicente Cortés-Cuadra, « Raison, passions et *conatus* chez Spinoza. Petite archéologie du suicide », *Revue des sciences philosophiques et théologiques*, vol. 101, nº 3, 2017, p. 434 : « Rien ne peut légitimer l'insoumission, car il n'y a pas de révolte rationnelle. »

la capacité à traduire la vérité en lois, la possibilité d'une opposition au souverain devient plus envisageable dans le *Traité théologico-politique*.

Si nous avons déjà souligné qu'une première fonction politique de la figure de la *vita vera* réside dans sa puissance pour être « modèle » de vie traduisible en lois, elle en a une seconde : la vraie vie a une puissance « contre-législative » qui suppose la possibilité de « dépasser », ou même de « défaire » la *certa ratio vivendi* instaurée par le souverain, au point d'être légitime à l'annuler.

Premièrement, Spinoza ne distingue pas radicalement entre le souverain et les citoyens[43]. Selon la perspective de la loi divine, tous les êtres humains sont égaux et doivent suivre le commandement de l'amour envers le prochain, c'est-à-dire obéir à Dieu : « Le Souverain, tout comme le sujet, est soumis à ce droit divin » et, en vertu de cela, si « le Souverain ne voulait pas obéir à Dieu s'exprimant dans son droit révélé, il le pourrait à ses risques et périls sans aller contre le droit civil ou naturel[44] ». Alors que nous avons établi sa tentative d'associer la loi divine à la loi humaine (ainsi que leurs *rationes vivendi* respectives), Spinoza envisage ici explicitement une possible tension entre les deux : le droit humain, qui dépend du souverain, peut entrer en contradiction avec la loi divine, à laquelle le souverain doit aussi obéir. Lorsque Spinoza dit que le souverain peut aller contre « le droit révélé » « à ses risques et périls », cela signifie qu'il peut légitimement perdre sa souveraineté s'il n'utilise pas sa puissance législative pour organiser une Cité dans laquelle les lois garantissent la paix et la sécurité, en encourageant l'amour du prochain.

Donc, bien que Spinoza donne l'impression d'être un philosophe politiquement conservateur en ce qui concerne l'obéissance au souverain, il établit, malgré tout, la possibilité de révoquer cette souveraineté en cas de mauvais usage du droit souverain. Cela élimine *a priori* l'idée selon laquelle l'obéissance à n'importe quel régime ou souverain est nécessaire à la sécurité de la Cité. Dans le même temps, l'obéissance à un souverain qui ne légifère pas d'après le principe d'amour envers le prochain est irrationnelle[45]. Le souverain peut utiliser son droit comme

---

43 « [T]ous, gouvernants et gouvernés, sons des hommes, à savoir des êtres enclins à préférer le plaisir au travail. » (*TTP* XVII/4, G. III, p. 203).

44 *TTP* XVI/20. G. III, p. 198-199.

45 Notre argument sur ce point s'inscrit dans la ligne de Moira Gatens, « Spinoza's Disturbing Thesis : Power, Norms and Fiction in the *Tractatus Theologico-Politicus* », *History of Political Thought*, vol. 30, n° 3, 2009, p. 455-468.

il l'entend, mais s'il le fait contre la loi divine, il risque de perdre ce droit, et par là même sa puissance. En s'appuyant sur la loi divine, Spinoza attaque ainsi plus ou moins implicitement l'idée selon laquelle le souverain peut simplement faire ce qu'il veut. À vrai dire, Spinoza semble établir un principe d'« instabilité » politique dans l'utilisation sans restriction du droit souverain : si la loi divine n'est pas respectée, toute la Cité est en danger.

Deuxièmement, Spinoza propose une forme d'exception à l'égard de l'obéissance au souverain : elle vient de ce qu'il appelle la « révélation ». Il dit qu'« il faut obéir d'abord à Dieu, lorsque nous disposons d'une révélation certaine et indubitable[46] ». Le souverain détient le droit absolu, mais il doit exceptionnellement se soumettre au jugement porté par une révélation. Ainsi, il « n'est tenu de reconnaître personne pour juge, ni d'autre mortel que lui comme défenseur de tel ou tel droit, *sauf* un prophète expressément envoyé par Dieu et qui l'a montré par des signes indubitables[47] ». Le droit législatif du souverain trouve donc une limite dans la révélation.

Dans ce contexte, révélation signifie « vérité ». Comme nous l'avons remarqué, la décision souveraine relative à la pratique de l'amour envers le prochain se fonde, certes, sur sa puissance pour dicter les lois, mais aussi sur le fait qu'il est impossible de s'accorder spontanément sur les pratiques utiles pour la vie humaine, dans la mesure où chacun vit selon sa complexion. Donc, outre la question de la puissance du souverain, un problème demeure concernant la connaissance des pratiques nécessaires pour matérialiser, dans les actions, les lois suivant le principe d'amour du prochain. Nous avons également dit que le droit du souverain ne pouvait pas garantir l'établissement d'une *vera ratio viviendi*, car la source de cette loi humaine n'était pas la vérité. Ainsi, l'idée d'une exception au droit du souverain signifie que la vérité est comprise dans le message même de ce que Spinoza appelle ici « révélation ».

Cette idée selon laquelle la connaissance de la vérité pourrait d'une certaine manière « interrompre » exceptionnellement le droit du souverain apparaît aussi lorsque Spinoza parle du Christ et de ses apôtres. Au chapitre XIX, dans le contexte d'une discussion ayant trait au droit du souverain sur les choses sacrées, il demande pourquoi les apôtres,

46 *TTP* XVI/21. G. III, p. 199.
47 *Ibid.* Nous soulignons.

« c'est-à-dire des particuliers », ont effectivement prêché la religion, si le souverain conserve quand même toujours ce droit[48]. La réponse qu'il fournit revient à la figure du Christ, mais surtout au principe d'exception qui découle de sa *vita vera*. Citant Matthieu 10:1, il affirme que le droit des apôtres vient de celui « que leur conférait le pouvoir qu'ils avaient reçu du Christ contre les Esprits impurs[49] ». Spinoza renvoie au chapitre XVI pour rappeler qu'il y avait dit que l'obéissance au souverain était obligatoire pour tous, « même à un tyran, *excepté* [excepto] celui à qui Dieu a promis un secours particulier contre le tyran par une révélation certaine[50] ».

Révélation, exception, secours contre la tyrannie : la *vita vera*, matérialisée dans le Christ et son message, s'établit comme une sorte de refuge de certitude contre le droit du souverain[51]. Pourtant, cette exception n'a lieu que lorsqu'elle fait face aux esprits impurs ; cette impureté est immédiatement associée au tyran, confronté à la révélation du Christ qui rivalise avec sa puissance. En revanche, si l'autorité du souverain ne provient pas d'un esprit impur, alors il n'y a aucun besoin d'une exception, étant donné que cette autorité-là accomplit la même loi divine portée par la révélation : le souverain lui-même réaliserait la superposition entre *vera* et *certa ratio vivendi*. Quoi qu'il en soit, dans la mesure où le Christ connaît exactement la traduction de la loi divine en pratique, il rivalise avec le droit du souverain.

La *vita vera* constitue donc une manière d'établir une *ratio vivendi* qui ait la puissance de s'opposer au droit du souverain. Autrement dit, les exemples du Christ et de Dieu expriment une *puissance législative* de la *vita vera*. Cette puissance de traduire en lois et, incontestablement, le commandement de l'amour envers le prochain, sont une *contre-puissance* qui se manifeste lorsque la souveraineté est détenue par des esprits impurs[52].

48 *TTP* XIX/13. G. III, p. 233.

49 *Ibid.*

50 *Ibid.* Nous soulignons.

51 De ce point de vue, la *vera vita* cristallise le rapport entre ce qu'Atilano Domínguez appelle « salut spinozien et salut chrétien » (« Le moral de Spinoza et le salut par la foi », *Revue philosophique de Louvain*, vol. 78, n° 39, 1980, p. 347).

52 Spinoza spécifie qu'une révélation certaine qui autoriserait cela appartient uniquement au Christ et aux prophètes qui l'ont reçue. Il précise que ceci n'est pas valable dans le temps présent, car il n'y a plus de prophètes. Voir *TTP* I/6 et XIX/22. G. III, p. 16, 238. Sur les implications de ces précautions historiques autour de la présence des prophète pour l'« accommodement » ou l'« ajustement » entre le droit sacré et le droit civil, voir Chantal Jaquet, « Religion et politique : une logique de l'accommodement », *La pensée*, vol. 398, 2019, p. 141-143.

Ce qui garantit la traduction fidèle de la loi divine en loi humaine est précisément la connaissance de la nature qui appartient à la *vita vera*.

Dans le *Traité de la réforme de l'entendement*, Spinoza soutenait que la vérité se montre par soi-même, elle est *index sui* : le vrai est norme de soi-même et la certitude est immédiate aux yeux de l'esprit[53]. D'après cette définition de la vérité, on pourrait se questionner sur cette « indexalité » de la *vita vera*. Qu'est-ce que la marque d'une vie vraie qui la constituerait comme un index de soi-même, c'est-à-dire comme reconnaissable automatiquement en tant que *vita vera* ? Il nous semble que la réponse se trouve précisément dans sa puissance législative, laquelle ne provient d'aucune base de souveraineté politique particulière, mais de la seule connaissance de la nature. La *vita vera*, en tant que modalité de vérité, est *index sui* car elle peut légiférer au-delà de l'autorité du souverain. La loi qu'elle dicte est absolument universelle, au point de s'établir comme une contre-puissance au pouvoir du souverain particulier. La loi qui traduit la connaissance de la *vita vera* se présente comme l'externalisation de la vérité et la présente comme un index d'elle-même.

Dans la philosophie politique de Spinoza, la notion de vérité exprimée à travers une figure spécifique de vie, la *vita vera*, joue donc un double rôle fondamental. D'abord, elle montre la loi universelle à suivre pour toute société qui souhaite vivre en sécurité ; ensuite, elle établit un principe de « contre-puissance législative » fondée sur la connaissance de la nature. Comme nous l'avons expliqué, en partageant un but commun avec la loi humaine, la première fonction politique cherche la stabilité du corps politique ainsi que la sécurité des citoyens ; en revanche, la seconde propose à la limite une forme d'intervention dans le domaine politique, même si cela implique d'introduire une possibilité de menace dans le corps de la Cité par l'existence d'une puissance contraire au souverain.

Si le Christ incarne l'une des modalités de la *vera vita*, cela signifie-t-il qu'il est un souverain ? Non : le Christ est venu comme « docteur », c'est-à-dire comme un individu qui, ayant compris la loi divine, donne des enseignements moraux, mais qui n'instaure pas de lois civiles[54] :

53 Pour « la certitude de la vérité, il n'est pas besoin d'aucun autre signe que la possession de l'idée vraie ; en effet, comme nous l'avons montré, je n'ai pas besoin d'aucun autre signe que la possession de l'idée vraie. » (*TRE* 35. G. II, 15).

54 Voir Pierre-François Moreau, « Les origines du christianisme dans le *Traité théologico-politique* », *La pensée*, vol. 398, 2019, p. 55-59.

« Car le Christ, j'ai dit, fut envoyé non pour conserver l'État ni pour instituer des lois, mais pour enseigner la loi universelle seulement[55] ». Donc, pour conserver le lexique que nous avons utilisé dans ce chapitre, même si l'une des fonctions politiques de la *vita vera* christique consiste à traduire la loi divine en lois humaines, ces dernières ne doivent pas se comprendre comme des lois immédiatement inscrites et instituées dans les codes d'une Cité. En effet, cette traduction vise à la communication des préceptes moraux qui supposent toujours la pratique de l'amour envers le prochain de manière adéquate à la complexité de chacun. Ces préceptes sont toujours vrais, proposent toujours une *vera ratio vivendi*, mais le Christ n'est pas là pour les codifier en tant que souverain dans les lois de la Cité comme une *certa ratio vivendi*. En effet, entre la loi divine portée par le Christ (et par toute modalité de *vera vita*) et le souverain s'établit une « rencontre » de l'enseignement divin-moral avec les lois codifiées[56]. Ainsi, dans la mesure où le Christ n'est pas un souverain, entre la loi divine portée par lui comme *vera ratio vivendi* et la loi de l'État comme *certa ratio vivendi*, il faut toujours une médiation par un souverain ayant le droit de devenir autorité politique, ce qui n'était pas le rôle du Christ.

Comment peut-on donc dire que dans la *vera vita* incarnée par le Christ réside une contre-puissance législative donnant le droit de défaire la souveraineté, si le Christ n'instaure pas de lois civiles ? On peut l'affirmer sans contredire ce que Spinoza dit sur la qualité de docteur du Christ, si l'on précise que cette puissance contre-législative agit justement en dehors de l'État et de ses lois. Il ne s'agit pas de codifier un nombre de lois dans la constitution d'une Cité, mais de juger les codes déjà établis au nom d'une *ratio vivendi* fondée sur les enseignements provenant de la *vera vita* qui porte la loi divine. La contre-puissance de la *vera vita* est aussi une modalité de rencontre entre les enseignements du Christ et la souveraineté de la Cité ; mais elle est une rencontre critique, qui cherche, comme nous le verrons par la suite, à bouleverser une *ratio vivendi* déterminée, jugée par la loi divine comme « impure » dans la mesure où elle ne suit pas la maxime de l'amour envers le prochain.

55 *TTP* V/3. G. III, p. 70-71.

56 La notion de « rencontre » entre l'enseignement du Christ et le domaine de la politique dans la Cité apparaît chez Henri Laux, « Le Christ et la politique chez Spinoza », *La pensée*, vol. 398, 2019, p. 77-80. Elle nous semble très juste pour exprimer ce point.

Ce que nous appelons la puissance législative de la *vita vera* suit en apparence une sorte de messianisme où a lieu une forme de vie qui intervient dans le domaine de la politique en tant qu'exception concernant l'obéissance au souverain. Il faudra donc préciser le caractère et les fondements de cette exception dans le *Traité théologico-politique*. Pour ce faire, il est utile de distinguer brièvement la notion d'exception avancée par Spinoza dans ce *Traité* de la célèbre idée d'exception de type transcendant présente, par exemple, dans l'œuvre de Carl Schmitt. Comme André Tosel l'a montré, le *Traité théologico-politique* rompt avec la tradition de la politique conçue comme l'organisation des structures de souveraineté transcendante. Spinoza propose une perspective immanente de la nature, de Dieu et de la connaissance : cela implique que l'autorité politique perde son caractère transcendant. Ainsi, par exemple, la critique spinoziste du miracle prend une tournure politique : de même que Dieu ne se conçoit pas comme un être pouvant simplement intervenir de manière exceptionnelle dans la nature, le roi lui-même ne peut pas non plus intervenir dans la Cité comme s'il le faisait du dehors. Le souverain n'est jamais complètement séparé de la multitude qui le soutient : sa puissance est toujours provisoire, si tant est qu'il continue à être un citoyen comme tous les autres[57]. Nous avons abordé ce sujet lorsque nous avons expliqué que le souverain était aussi soumis à la loi divine. Cela signifie qu'il ne jouit pas d'une « immunité » politique à la manière d'un Dieu créateur et transcendant. En revanche, en suivant explicitement la structure du miracle pour expliquer l'exception de la loi, Schmitt maintient l'idée du souverain en rapport à un Dieu capable de rompre avec les lois de la nature. La structure transcendante du pouvoir du souverain se manifeste dans la mesure où il peut, depuis l'intérieur du cadre de la souveraineté, suspendre la loi[58].

Est-il donc possible de défendre la notion d'exception dans la souveraineté chez Spinoza, si ce dernier a rompu avec une tradition de l'autorité

57 Tossel, *Spinoza ou le crépuscule*, *op. cit.*, p. 226. À cet égard, voir aussi l'analyse de Frédéric Lordon sur la production d'une « apparence » de transcendance à partir de la « confiscation » de la puissance immanente de la multitude au niveau des institutions de gouvernement dans son « Derrière l'idéologie de la légitimité, la puissance de la multitude. Le *Traité politique* comme théorie générale des institutions », in Chantal Jaquet, Pascal Sévérac et Ariel Suhamy (dir.), *La multitude libre. Nouvelles lectures du* Traité politique, Paris, Éditions Amsterdam, 2008, p. 116-127.

58 Voir Carl Schmitt, *Politische Theologie. Vier Kapitel zur Lehre von der Souveränität*, Munich, Duncker & Humblot, 1934 [1922], notamment le chap. 3, p. 49-66.

politique entendue comme structure métaphysique et politique transcendante ? Il faut d'abord reconnaître que cette exception apparente que propose Spinoza, via la figure du Christ et la notion de révélation, ne se manifeste pas depuis l'intérieur du cadre de la souveraineté politique. Contrairement à la figure du souverain chez Schmitt, l'exception faite grâce à la révélation chez Spinoza est « extrinsèque » au pouvoir du souverain. Cela paraît accentuer la contradiction, car Spinoza semble employer justement une figure externe et transcendante pour enfreindre le pouvoir du souverain. Mais il n'en est rien : en établissant le droit de la *vita vera* comme une contre-puissance, Spinoza conçoit la politique comme un rapport de force entre deux puissances, deux droits, qui se confrontent. Ce que Spinoza appelle « exception » n'est rien d'autre qu'une puissance qui fait face au pouvoir du souverain au moment où la *ratio vivendi* que ce dernier a imposée ne contribue ni à la paix, ni à la sécurité. Donc, à strictement parler, l'exception par la révélation chez Spinoza n'est pas une « suspension » de la loi, comme chez Schmitt, mais un acte de résistance.

En outre, le principe de l'exception rivée à la figure du Christ s'établit à partir de l'idée de la connaissance de la nature. Ici, on ne trouve aucun principe transcendant au-delà de la rationalité des êtres. Certes, le Christ est présenté comme une figure unique en raison de son degré de connaissance, mais en principe, le « contenu » de sa connaissance s'ajuste absolument à une perspective immanente de Dieu et de la nature[59].

Si notre interprétation est juste, il est possible de dire que Spinoza présente une conception de la *vera vita* comme vie rare et extraordinaire, sans qu'elle devienne une vie transcendante et miraculeuse. Il s'agit d'une vie qui s'ajuste au cadre de l'immanence absolue de la nature, ainsi qu'à la possibilité que cette dernière soit connue. C'est la connaissance de la vérité qui fonde ce que Spinoza appelle « révélation », et non pas le miracle. Parallèlement, la figure de la *vita vera* apparaît comme une vie de résistance pouvant faire face à l'autorité du souverain, car elle s'ancre entièrement dans la vérité. Par conséquent, il n'y a pas de messianisme d'après la conception de la *vita vera*, mais bien plutôt une cristallisation et une augmentation de la puissance immanente d'une vie humaine particulière, grâce au développement de la connaissance de la nature.

---

59 La perspective de Laux à cet égard est très juste : il souligne que le Christ n'est pas un empire dans un empire, ni un miracle de la nature (*Imagination et religion*, *op. cit.*, p. 260-263).

Or, il s'agit de vérifier si ces principes, propres à la *vita vera* et établis à partir de la figure du Christ, peuvent être séparés de cette figure pour fournir une théorie politique de la résistance par une connaissance portée au-delà du Christ. Afin d'étudier ce problème, il conviendra de revenir sur la notion de vie comme force chez Spinoza et, plus spécifiquement, sur la manière dont cette notion a été transformée dans le *Traité théologico-politique*. C'est à partir de la conception de la vie humaine que l'on peut établir comment le rôle politique de la *vita vera* devient un trait ontologiquement nécessaire, non seulement au Christ, mais à tout être humain, rompant ainsi avec toute forme de prétendu messianisme.

LE DÉPLACEMENT DU CONCEPT DE VIE DANS LE *TRAITÉ THÉOLOGICO-POLITIQUE*

Au début de ce chapitre, nous avons avancé que les deux notions de vie que Spinoza avait distinguées dans les *Pensées métaphysiques* sont liées, dans le domaine politique, par le *Traité théologico-politique*. Mais jusqu'à présent, nous n'avons examiné la notion de vie que comme établissement de mœurs au moyen de la loi qui instaure une *ratio vivendi*, et nous l'avons fait, plus précisément, en analysant la figure de la *vita vera* comme modèle qui porte et traduit la loi divine. Cependant, nous n'avons pas abordé le sujet de la vie prise dans un sens « philosophique », telle que Spinoza la mentionnait dans les *Pensées métaphysiques*, c'est-à-dire la vie considerée sous un modèle « physique », conceptualisée comme la force pour persévérer dans l'être, au-delà du cadre biologique. Or, nous verrons que les caractéristiques d'une contre-puissance législative de la *vita vera* se fondent dans la notion de vie conçue comme force, et que c'est là justement ce qui permet de séparer le modèle de la vraie vie d'une perspective quasi-messianique.

Dans le cadre des *Pensées métaphysiques*, où Spinoza commente Descartes et accepte, au moins pour des raisons méthodologiques, la conception d'un Dieu transcendant, l'idée de la vie comme force se fonde sur l'argument que Dieu est nécessairement la « source » de la vie. Dans la mesure où l'essence de Dieu implique son existence, sa force pour exister est son essence même. Dans ce texte, Spinoza utilise le principe cartésien de la création continuée pour décrire comment, à partir de la force intrinsèque de Dieu, la vie dans les choses finies doit s'expliquer par son action continue. Spinoza dit que « les choses ont la vie », mais que Dieu « est la vie », ce qui signifie que la vie (qui n'est rien d'autre que la force pour persévérer dans l'être) provient toujours de l'essence de Dieu. Dans le premier chapitre, consacré aux commentaires de Spinoza sur Descartes, nous avons montré que, dans les cas des choses créées, la différence entre « avoir » la vie et « être » la vie n'était qu'une distinction de raison, car la chose vivante en tant que telle ne peut être séparée d'un de ses attributs, dont sa force. Donc, quand bien même Spinoza utilise un langage ouvertement transcendant pour expliquer la source de la vie-force d'une chose dans la durée à partir de Dieu, ce commentaire sur Descartes comporte déjà un principe d'immanence concernant la force vitale de la chose.

Le *Traité théologico-politique* consolide ce principe d'immanence. Ce qu'il faut mettre en évidence – et qui marque par ailleurs une continuité entre les *Pensées métaphysiques* et le *Traité théologico-politique* –, c'est que le cadre explicatif de la force de chaque chose reste fondé sur le rapport entre ladite force et celle de Dieu. Cependant, la terminologie a changé : si, dans les *Pensées métaphysiques*, Dieu était la source de la force des choses, dans le *Traité théologico-politique* le terme force (*vis*) a été remplacé par celui de puissance (*potentia*). Ainsi, dans le célèbre chapitre XVI de ce *Traité*, Spinoza souligne que la puissance de chaque chose se fonde sur la toute-puissance de Dieu ; il y ajoute la notion de « droit » comme un prolongement conceptuel politique de l'activité de la puissance :

> la puissance de la nature est la puissance-même de Dieu, qui détient un droit souverain sur toutes choses. Mais puisque la puissance universelle de la nature entière n'est rien d'autre que la puissance de tous les individus pris ensemble, il s'ensuit que chaque individu dispose d'un droit souverain sur tout ce qui est en sa puissance, ou bien encore que le droit de chacun s'étend aussi loin que s'étend sa puissance déterminée. Et puisque la loi suprême de la nature est que chaque chose s'efforce, autant qu'il est en elle, de persévérer dans son état, et cela sans tenir en compte d'autre chose que de soi seulement, il s'ensuit que chaque individu détient un droit souverain pour cela[60].

60 *TTP* XVI/2. G. III, p. 189.

Dans le *Traité théologico-politique*, il n'est plus besoin d'utiliser un langage où Dieu apparaît comme une figure transcendante : Dieu est ouvertement comparé à la nature en vertu de sa puissance. Si dans les *Pensées métaphysiques* Dieu était la source de la force de chaque chose pour exister, dans le *Traité théologico-politique* chaque chose fait partie de la toute-puissance de Dieu, si bien que chacune d'elles est un individu de la nature. Donc, Dieu continue à être la « source » de la puissance de chaque chose, grâce au fait que tous les individus sont intégrés dans la nature tout entière. En même temps, la définition de la loi de la nature comme détermination de chaque chose à s'efforcer de persévérer dans son état nous renvoie à la définition qui était originellement celle de vie-force dans les *Pensées métaphysiques.*

Nous avons donc établi une sorte de généalogie de la notion de puissance dans le *Traité théologico-politique*, en passant par sa détermination en chaque être comme l'effort de persévérer dans son état. À la base de cette conception de puissance se trouvent la notion de vie et sa formulation en tant que force dans les *Pensées métaphysiques*. La relation entre ces deux écrits pourrait paraître triviale, mais ne l'est pas si nous nous intéressons au parcours du terme « vie » dès l'appendice au commentaire sur Descartes et jusqu'à son traitement dans un domaine ouvertement politique. Ce que Spinoza avait identifié comme le sens « philosophique » de la notion de vie dans les *Pensées métaphysiques* fait l'objet d'un développement qui met cette notion en rapport avec celles de force et de tendance (*conatus*) d'abord, puis avec celles de puissance et de droit. S'il y a une continuité dans la doctrine (en ce qui concerne le rapport entre la chose finie et Dieu, ainsi que la définition de cette chose à partir de son effort pour persévérer dans son être), il se produit pourtant une inflexion, d'une part, terminologique et, d'autre part, relative au terrain d'application de la notion de vie, originellement conçue comme exclusivement « philosophique ».

Cette inflexion terminologique culmine avec l'effacement de l'écriture du terme même de vie. Dans le passage que nous avons cité et dans lequel Spinoza définit le fondement de la puissance et du droit de chaque chose, le mot « vie » lui-même n'apparaît pas. Il ne semble pas nécessaire de nommer choses « vivantes » les individus de la nature qui s'efforcent, par leur puissance intrinsèque et leur droit naturel, à persévérer dans leur être. C'est comme si, en vertu de l'extension de la notion de vie – à travers la notion de force – à toutes les choses existant dans la durée, il devenait superflu de qualifier explicitement de « vivante » chaque chose qui persévère dans la durée. Autrement dit, l'extension du terme de vie à toute chose permet de ne plus l'utiliser uniquement au sens « philosophique », qui le fait équivaloir à la notion de force. Dans le contexte du *Traité théologico-politique*, où la perspective de la discussion est passée du commentaire philosophique au traité politique, les notions de puissance et de droit sont des termes plus appropriés pour indiquer l'existence d'une chose finie dans la durée, sur la base de son effort partagé pour persévérer dans son être ou son état.

Même si, dans le *Traité théologico-politique*, le terme vie disparaît de ce que Spinoza avait appelé une désignation philosophique, cela ne signifie pas que le concept de vie soit perdu. En effet, le terme est déplacé au-delà de la définition directe d'effort de persévérer dans l'être. Plus spécifiquement, la notion de vie dans le *Traité théologico-politique* occupe précisément la place que Spinoza avait qualifiée de « métaphorique » dans les *Pensées métaphysiques*. Le terme « vie » indique une manière de mener l'existence humaine, c'est-à-dire les mœurs des hommes, sous la notion de *ratio vivendi*. L'exercice spinoziste d'extension du mot vie au sens philosophique – au-delà d'une conception qui désigne une liaison entre âme et corps depuis Aristote jusqu'à Descartes –, aboutit à une dispersion telle du concept que le terme ne sert plus à désigner quoi que ce soit de particulier. En revanche, suite à cette extension, le mot peut être utilisé pour indiquer un terrain plus spécifique, notamment celui de la vie humaine et de ses différentes modulations et variations. Pourtant, il convient de remarquer qu'au moment où se produit ce déplacement du terme, la manière simplement « métaphorique » de désigner la vie n'a plus lieu d'être. Pour cause, l'organisation de tout modèle de *ratio vivendi* humaine s'ancre dans les notions de puissance et de droit – deux termes qui établissent une continuité quant à la notion de vie « philosophique » depuis les *Pensées métaphysiques*.

Comme nous l'avons déjà expliqué, la conformation d'une *ratio vivendi* se fonde sur une loi, soit divine, soit humaine. La première se base uniquement sur la raison, tandis que la seconde utilise les appétits et les désirs des êtres humains pour maintenir la sécurité de la république ; les deux formes de lois établissent les *rationes vivendi*. Selon Spinoza, ces deux formes de vie s'appuient sur la notion de droit, et par conséquent sur celle de puissance. Ces deux termes remplacent désormais la désignation philosophique de la notion de vie, exprimant, pour toute chose qui existe, l'effort de persévérer dans l'être : « tout comme le sage a le droit souverain de faire tout ce que dicte la raison, c'est-à-dire de vivre selon les lois de la raison, de même aussi l'ignorant, ainsi que l'homme sans force d'âme, a le droit souverain de faire tout ce que lui conseille l'appétit, c'est-à-dire de vivre selon les lois de l'appétit[61] ».

Nous pourrons donc dire que la dé-biologisation de la notion de vie, opérée par Spinoza depuis les *Pensées métaphysiques*, a pour résultat de rendre l'existence des choses, ici considérées dans la perspective de leur puissance, intrinsèquement politique. Même dans la fiction de l'état de nature, le fait que la puissance équivaut au droit implique que la nature tout entière soit considérée dans une perspective juridique, où la politique elle-même ne consiste pas en une répartition juste ou injuste des tâches à remplir en accord à la nature de chacun, mais en un rapport de forces exprimées par la puissance de chaque chose finie. De ce point de vue, la politique devient aussi dés-anthropomorphisée grâce à l'extension de la notion de vie-force, entendue comme puissance-droit dans les *Traité théologico-politique.* Par conséquent, la politique appartient aussi à toute chose qui existe – comme la vie dans les *Pensées métaphysiques* – sans aucun privilège pour l'être humain. Spinoza fournit une image de la nature où le concept de droit rompt avec la division entre droit de la nature et droit positif du souverain dans un domaine civil[62]. La politique est répandue comme un caractère propre à toute chose qui existe, à travers la notion de droit.

Or, dans cet élargissement du politique, l'organisation des sociétés humaines reflète l'une des manières – peut-être la plus importante chez Spinoza – d'augmenter la puissance de chaque être fini par la conformation d'une puissance collective. La conformation d'une société implique que la vie ne se comprend pas simplement de manière biologique, mais plutôt comme une existence où la puissance de chacun

61 *TTP* XVI/2. G. III, p. 190.

62 C'est cette idée que Spinoza exprime dans la célèbre lettre sur Hobbes dirigée à Jarig Jelles : « Voici, comme tu le demandes, quelle est la différence entre Hobbes et moi en politique. Pour ma part, je maintiens toujours le droit naturel dans son intégrité et je soutiens que dans toute Cité, le Souverain suprême ne possède pas plus de droit sur un sujet qu'à la mesure du pouvoir par lequel il l'emporte sur lui. Ce qui est aussi bien le cas dans l'état de nature. » (*Ep.* 50. G. IV, p. 238-239).

tente constamment d'augmenter. Une société politique n'est rien d'autre que la tentative d'accroître la puissance, au moyen de la collectivisation de cette dernière :

> Si nous considérons également que, sans un secours mutuel, les hommes vivraient nécessairement de façon très misérable et sans pouvoir cultiver la raison [...], nous verrons clairement que, pour vivre en sécurité et le mieux possible, ils ont nécessairement dû s'accommoder mutuellement et que, pour y parvenir, ils ont dû faire en sorte que le droit que chacun avait par nature sur toutes choses soit exercé collectivement et ne soit plus déterminé désormais par la force et l'appétit de chacun, mais par la puissance et la volonté de tous ensemble[63].

C'est seulement dans le contexte de la vie sociale qu'il est possible de devenir plus puissant.

La dé-biologisation de la notion de vie est peut-être avancée plus nettement dans un passage du *Traité politique*, sur lequel nous reviendrons, où Spinoza offre une définition spécifique de la vie humaine comme potentiellement vertueuse : « Par conséquent, lorsque nous disons que l'État le meilleur est celui où les hommes passent leur vie dans la concorde, j'entends par là une vie humaine, qui se définit non par la seule circulation du sang et par les autres fonctions communes à tous les animaux, mais avant tout par la raison, véritable vertu de l'âme, et sa vraie vie[64] ». Ainsi, la vertu et la *vita vera* comme manières de mener rationnellement une existence portent à son amplification maximale la puissance d'une vie humaine, laquelle ne peut être accomplie que dans le meilleur des États. En effet, dans certains passages du *Traité théologico-politique*, Spinoza semble parler d'une sorte de développement de l'organisation des mœurs humaines allant depuis la seule puissance des appétits jusqu'à l'accomplissement de la vertu : « tous ne sont pas naturellement déterminés à agir selon les lois et les règles de la raison ; bien au contraire, tous naissent ignorants de tout. Avant qu'ils ne puissent connaître la vraie règle de vie et acquérir la pratique habituelle de la vertu, une grande part de leur vie est déjà passée, même s'ils ont été bien éduqués[65] ».

Si la *vita vera* conduit à l'apogée de la puissance d'une vie humaine, cela signifie qu'à l'instar du Christ, on parvient à la puissance la plus

---

63 *TTP* XVI/5. G. III, p. 191.
64 *TP* V/5. G. III, p. 296.
65 *TTP* XVI/3. G. III, p. 190.

haute par une connaissance de la nature tout entière. Même si le cas du Christ a l'apparence d'une exception, Spinoza considère plus largement les caractéristiques essentielles de la *vita vera* liées à la notion de vertu, dans le domaine politique. Dans le cadre de la politisation de l'existence au moyen de la conception d'un droit de nature – détenu par le seul fait d'être dans la durée –, Spinoza présuppose toujours un minimum de puissance dans la chose finie pendant que celle-ci existe. Ce minimum de puissance désigne l'autre pôle de la vie humaine, le plus bas par rapport à la *vita vera* : sans aucune puissance, on n'a rien le droit de faire, ce qui équivaut littéralement à la mort. Comme nous le verrons à présent, Spinoza soutient avec une grande cohérence, par rapport à la transformation de la notion de vie que nous avons expliquée, que ce minimum de puissance n'est pas donné par des circonstances biologiques, mais toujours par un reste de la puissance-droit à penser et à juger ; par conséquent, la mort ne se considère pas simplement comme un devenir cadavre, mais comme la fin de la nature humaine en tant qu'espèce.

LE SENS PHILOSOPHIQUE DE LA VIE (FORCE, DROIT, PUISSANCE) COMME FONDEMENT DE LA LIBERTÉ HUMAINE

La conformation d'une puissance collective a pour condition le transfert de la puissance de chaque individu à la société, ce qui, dans le *Traité théologico-politique*, s'explique par la référence à un pacte, dont Spinoza dit que la forme la plus parfaite est celle qu'« on appelle démocratie » :

> Voilà donc, sans contradiction avec le droit naturel, une façon possible de former une société et de faire que tout pacte soit toujours conservé avec la plus grande fidélité : on y parviendra si chacun transfère toute la puissance qu'il détient à la société qui conservera donc seule un droit souverain de nature sur toutes choses, c'est-à-dire un pouvoir souverain auquel chacun sera tenu d'obéir, librement ou par crainte du dernier supplice[66].

66 *TTP* XVI/8. G. III, p. 193.

Assurément, la démocratie n'est pas la seule manière d'établir une puissance collective, dans la mesure où « autant chacun transfère à autrui de la puissance qu'il détient, que ce soit par force ou bon gré, autant il abandonne nécessairement à autrui de son droit. Donc, celui-là détient sur tous un droit souverain qui a le pouvoir souverain de les contraindre tous par objet d'une crainte universelle[67] ». Soit à travers un modèle démocratique, soit à travers celui du transfert à un seul individu, le droit du souverain est tenu « aussi longtemps qu'il conservera la puissance d'accomplir ce qu'il veut[68] ».

Dans ce chapitre XVI, Spinoza parle d'un transfert total de la puissance, ou d'un « abandon » du droit individuel. Pourtant, il est plus précis concernant le degré possible du transfert de la puissance au début du chapitre suivant, le XVII : « Jamais personne, en effet, ne pourra transférer à un autre sa puissance, et par conséquent son droit, *au point de cesser d'être homme* ; il n'y aura jamais un pouvoir souverain tel qu'il puisse accomplir tout ce qu'il veut[69] ». La dernière partie de ce passage nous montre encore une fois que, pour Spinoza, la politique – dans la mesure où elle s'ancre dans la notion de droit naturel et non simplement dans le droit positif créé par les humains – est conçue comme faisant partie du domaine de la nature tout entière. En effet, l'une des manières de concevoir l'impossibilité du souverain de faire tout ce qu'il veut, c'est de considérer non seulement les eventuelles « attaques » contre sa puissance par un autre être humain ou un groupe plus puissant, mais aussi le droit et la puissance des choses non humaines dans la nature. Ce que nous avons nommé la «dés-anthropomorphisation » de la politique permet de penser l'impossibilité d'une toute-puissance humaine incontestable : l'être humain fait partie de la nature ; par conséquent, il y aura toujours d'autres parties plus puissantes que lui[70].

Toutefois, si la politisation de la nature toute entière limite une toute-puissance absolue, cette dernière est aussi restreinte par l'impossibilité d'un transfert total de la puissance individuelle, à moins « de cesser

67 *TTP* XVI/7. G. III, p. 193.
68 *Ibid.*
69 *TTP* XVII/1. G. III, p. 201. Nous soulignons.
70 « Il n'y a dans la nature aucune chose singulière telle qu'il n'en existe une autre plus forte et plus puissante. Mais une chose quelconque une fois donnée, il en existe une autre plus puissante par laquelle la première peut être détruite. » (*É* IV, ax. G. II, p. 210).

d'être homme ». Le rapport nécessaire entre « avoir de la puissance » et « être un homme » renvoie à la notion « philosophique » de vie comme force, maintenant enracinée dans les termes de droit et de puissance. La destruction d'un être humain en tant que partie de la nature et disposant d'un droit de persévérer dans son être ne se produit pas avec la mort « biologique » de cet être, mais plutôt avec l'annulation totale de sa puissance et, par conséquent, de son droit.

Quelle est la différence spécifique entre une mort biologique et une annulation du droit et de la puissance ? On pourrait avancer la thèse que même sans aucune puissance pour réclamer un droit politique quel qu'il soit, l'être humain, à l'instar de tout autre animal, se maintient toujours avec un minimum de force, et que celle-ci peut être considérée comme un dernier fondement vital. Cet argument serait en cohérence avec la notion de vie dans les *Pensées métaphysiques*, où l'analyse philosophique de la vie s'établit en termes de force – concept qui se retrouve par conséquent à la base des termes de puissance et de droit.

Cependant, dans le contexte d'un texte politique comme le *Traité théologico-politique* – dont le but central est, tel que l'indique son sous-titre, de défendre l'idée selon laquelle « la liberté de philosopher » non seulement contribue à « la piété et la paix de la république », mais est nécessaire pour les maintenir –, la notion de puissance-droit reçoit un contenu distinctif, qui montre comment la focale se resserre sur la perspective « philosophique » de vie. Ce contenu distinctif est la liberté de juger, argument développé par Spinoza surtout dans le dernier chapitre de l'ouvrage. Nous pourrions ainsi dire que c'est la notion de force – opérant comme le fondement philosophique qui définit la vie dès les *Pensées métaphysiques* – qui établit la problématique de la liberté dans le *Traité théologico-politique*. Dans ce texte, Spinoza se concentre donc sur une notion philosophique de la vie qui ne se réduit pas à la force tout court, mais désigne une puissance spécifique de l'espèce humaine. La perte de *cette* modalité spécifique de puissance implique la mort, laquelle est présentée conceptuellement par Spinoza comme un changement de nature, et non pas comme la pure et simple disparition de la puissance partagée par tous les modes.

En effet, au début du chapitre XX, Spinoza fait équivaloir le droit naturel avec la liberté de juger : « Personne ne peut transférer à autrui son droit naturel, *c'est-à-dire sa faculté de juger librement de toutes choses* ; et personne ne peut y être contraint[71] ». Pour les êtres humains en particulier, le droit-puissance se traduit par la liberté de juger sur tout. De plus, ce droit inaliénable de chacun n'est pas simplement une faculté interne pour penser : il possède une dimension « expressive », dans la mesure où il a une portée publique[72]. Selon Spinoza, il inclut la liberté pour chacun de dire et d'enseigner : « Le plus violent des États sera donc celui où l'on refusera à chacun la liberté de dire et d'enseigner ce qu'il pense. En revanche, un État bien réglé sera celui où l'on accordera à chacun cette liberté[73] ». Ainsi, la destruction d'un être humain se produit lorsqu'il est contraint à « réprimer » ce droit-puissance propre. Il est simplement impossible de continuer à vivre sans conserver un minimum de puissance pour juger librement. Le minimum de puissance pour juger est le fait ontologiquement constitutif des êtres humains, dans une perspective politique qui est d'ailleurs celle du *Traité théologico-politique* : « il s'ensuit que dans aucune république on ne peut tenter (si ce n'est avec un insuccès total) d'obtenir que les hommes, si divergentes et opposées que soient leurs opinions, ne parlent que selon le commandement du Souverain[74] ».

Dans la mesure où le souverain respecte ce fait de la nature humaine, nous pouvons alors déclarer qu'un homme existe ; en revanche, si ce droit est bafoué, la nature de l'individu change, et on ne peut plus l'appeler « humain ». Cette perte de puissance spécifiquement humaine, ancrée dans la notion de liberté, est justement ce que Spinoza exprime dans un passage clé du *Traité théologico-politique*, où il souligne un changement qualitatif de la nature des individus. C'est là que Spinoza rappelle le but de la vie civile :

> la fin de la république ne consiste pas à *transformer les hommes d'êtres rationnels en bêtes ou en automates* [*non finis reipublicae* est homines ex rationalibus bestias vel automata facere]. Elle consiste au contraire à ce que leur esprit et leur corps

---

71 *TTP* XX/1. G. III, p. 239. Nous soulignons.

72 Étienne Balibar, *Spinoza et la politique*, Paris, Presses universitaires de France, 1985, p. 37-42 ; et *Spinoza politique. Le transindividuel*, Paris, Presses universitaires de France, 2018, p. 85-89. Que ce droit possède une dimension expressive ne veut pas dire que la notion de liberté du *TTP* soit équivalente à l'idée de « liberté d'expression » selon une conception politique libérale du terme. Voir sur ce point Mogens Lærke, *Spinoza and the Freedom of Philosophizing*, Oxford, Oxford University Press, 2021.

73 *TTP* XX/4. G. III, p. 240.

74 *Ibid.*

> accomplissent en sécurité leurs fonctions, et qu'eux-mêmes utilisent la libre Raison, sans rivaliser de haine, de colère et de ruse, et sans s'affronter avec malveillance. La fin de la république c'est donc en fait la liberté[75].

Spinoza suggère ici de manière hypothétique et contrefactuelle que, sans liberté, il y a une mutation dans la nature des êtres humains, une transformation de leur être qui les fait changer d'espèce. Être privé de la liberté de juger implique la mort *en tant qu'être humain*, mais non nécessairement en tant que chose qui existe avec un autre genre de force pour persévérer dans son être.

Bien que le terme « *mors* » ne soit pas mentionné explicitement dans ce texte, on comprend bien qu'en cas d'abolition totale de la liberté de juger adviendrait une mort qui n'est pas définissable comme un devenir cadavre, mais comme un changement de nature, plus précisément un changement d'espèce. C'est la perte de la force spécifiquement humaine telle que Spinoza la définit dans le *Traité théologico-politique*. On peut dès maintenant avancer que cet argument sur la mort comme changement de nature se présentera, de manière encore plus évidente, dans l'exemple du poète espagnol amnésique du scolie de la proposition 39 d'*Éthique* IV. Spinoza y envisage la possibilité de concevoir la mort comme changement de « forme », sans devenir cadavre. Comme nous le verrons dans le chapitre suivant, l'*Éthique* diffère du *Traité théologico-politique* en ceci que la réflexion sur la vie et la mort se concentre davantage sur le cas d'une biographie humaine particulière, tandis que dans le *Traité théologico-politique*, l'ancrage de la vie dans la notion de force-puissance a pour objet ce que l'on pourrait conceptualiser comme « la vie de l'espèce humaine ». Spinoza exprime ici qu'au niveau de l'espèce, il se produirait un changement de nature si le droit-puissance de chacun (c'est-à-dire, la liberté de juger) n'est pas respecté[76].

---

75 *TTP* XX/6. G. III, p. 241. Nous soulignons. Voir aussi préf./9 : « Ceux qui transforment les hommes d'êtres rationnels en bêtes brutes, empêchent chacun d'user librement de son jugement et de distinguer le vraie du faux. » (G. III, p. 8).

76 Laurent Bove reconnaît bien que, dans le contexte des écrits politiques de Spinoza, la liberté s'établit comme l'élément qui définit le genre humain et aussi comme condition pour la paix de la république. Cependant, il propose qu'à la liberté comme condition de la paix il faut ajouter une « *condition de cette condition* » dans le complexe théologico-politique. Quelle que soit cette « condition de la condition », il nous semble qu'il est contradictoire de la concevoir comme condition « de » ou « avant » la liberté, lorsqu'en fait la liberté est définie, du moins dans le *TTP*, comme l'aspect sans lequel l'être humain ne peut pas

Entre l'élargissement de la notion de vie des *Pensées métaphysiques* et la focalisation sur une biographie singulière que l'on trouvera dans l'*Éthique*, on découvre un point intermédiaire dans le *Traité théologico-politique*, où la notion de force, transposée sur le plan politique et sur le concept de droit, particularise la notion de vie (et sa potentielle fin, la mort) à l'espèce humaine. Nous pourrions donc dire que dans le *Traité théologico-politique*, la perte hypothètique de puissance ou de droit sur le plan politique implique la mort pour les individus de l'espèce humaine, non pas parce qu'il y aurait un devenir cadavre des êtres humains, mais parce que la destruction de cette puissance (par l'effet d'une violence extrême) entraîne un changement radical de l'individu, si bien qu'il en devient *autre*.

Or, si Spinoza fait référence ici au problème de la mort, non comme fait biologique, mais plutôt comme changement d'espèce, en signalant l'hypothétique transformation des êtres humains en bêtes ou automates, est-il vraiment possible que ce type de passage, qui change la nature de l'être humain, ait lieu ? Si, dans le cadre de la philosophie de Spinoza, l'idée d'une mutation de nature ou d'un mélange d'espèces appartient plutôt à l'ignorance[77], peut-on vraiment dire qu'une transformation en bête ou automate est possible, au point que les êtres humains puissent perdre leur propre nature et « muter » de cette façon pendant leur existence dans la durée ?

Si notre argument sur le *Traité théologique-politique* est juste, il faudrait ajouter que, bien que Spinoza utilise une figure de vie non biologique qui fasse allusion à l'espèce humaine, l'idée de mort présente dans ce contexte rencontre aussi, de manière directe, une destruction biologique. Car, encore que Spinoza signale une transformation hypothétique en bête ou automate, ce changement de nature n'est pas possible, de la même façon dont il n'est pas possible pour l'être humain de continuer son existence

---

continuer à exister comme un être humain. Voir Laurent Bove, « Le théologico-politique et la question de la liberté chez Spinoza. Du « droit de nature qui est propre au genre humain », *La pensée*, vol. 398, 2019, p. 98-109.

77 Spinoza l'exprime ainsi dans le deuxième scolie de la proposition 8 d'*Éthique* I : « ceux qui ignorent les vraies causes des choses confondent tout et, sans que leur âme éprouve la moindre réticence, ils forment la fiction d'arbres aussi bien que d'hommes en train de parler, ils imaginent que les hommes se forment à partir de pierres aussi bien que de semence et que n'importe quelles formes se changent en n'importe quelles autres » (G. II, p. 49).

sans avoir sa liberté de penser. Autrement dit, la destruction du droit naturel humain suppose la destruction biologique de l'être humain et un changement effectif en autre espèce n'est pas réellement possible.

La question qu'il faudrait se poser est donc : si une telle transformation de nature n'est pas réalisable dans la durée et si la transgression total du droit de nature équivaudrait à la destruction biologique de l'être humain, pourquoi Spinoza mentionne-t-il ces figures des bêtes et automates qui font référence à une mutation d'espèce ?

Sans pouvoir développer ici une étude sur comment ces figures auraient pu impacter les lectrices et lecteurs à l'époque de Spinoza, ce qui est intéressant est que l'idée de cette transformation de l'être humain en bête ou automate annonce une série d'images devenues courantes à partir de la révolution industrielle, notamment dans des expressions artistiques comme la peinture et le cinéma. Ce n'est pas possible de répertorier ici exhaustivement cette iconographie faisant référence à la transformation en bête ou automate de l'être humain sous le pouvoir économique et politique qui a organisé les activités (et surtout le travail) de l'humain depuis au moins le 19e siècle. On peut cependant mentionner, uniquement à titre d'exemple, des films célèbres, tels que *Metropolis* (Fritz Lang, 1927) ou *Les temps modernes* (Charles Chaplin, 1936), qui cristallisent le devenir bête ou automate de l'humain, non comme une transformation effective de sa nature, mais plutôt comme l'expression esthétique d'une tendance destructrice de l'être humain opérant au sein de la société industrielle et ayant besoin des corps biologiquement fonctionnels.

À travers les figures des bêtes et des automates, Spinoza travaille avec une conception non biologique de vie et mort et en fait un usage qui pourrait être comparée avec ces images artistiques. Ces figures rendent compte d'une puissance pour exprimer une *tendance* des systèmes politiques vers la destruction de la nature humaine telle que Spinoza la conceptualise. Que cette transformation ne puisse pas se produire réellement ne veut pas dire qu'elle ne puisse pas se concevoir sur le plan de représentations figurales, justement comme une mort sans devenir cadavre. Cela permet d'évoquer un monde dystopique, où le corps humain fonctionne à la manière d'un automate dominé par une puissance tyrannique et où la nature humaine est détruite sans mort biologique.

En ce sens, ces figures de transformation de la nature humaine jouent un double rôle. D'une part, comme nous venons de le mentionner, elles permettent de signaler effectivement une tendance vers l'annulation de l'être humain ; mais, d'autre part, en tant que figures de transformation non totalement actualisables dans le cadre de la nature naturée, elles rappellent aussi la thèse spinoziste sur la résistance effective, toujours actuelle, du droit de nature de l'être humain.

La comparaison avec les *Pensées métaphysiques* montre que, dans le *Traité théologico-politique*, Spinoza exprime une continuité dans la doctrine « philosophique » de la vie, hormis que le terme même de « vie » s'est désormais déplacé pour indiquer la sphère de l'existence humaine, qu'il avait auparavant nommée « métaphorique », entendant par cette désignation la formation de mœurs au moyen d'une loi et d'une collectivisation de la puissance individuelle. Le *Traité théologico-politique* suggère que cette spécification de la dimension collective de la vie humaine ne peut plus être simplement dite « métaphorique », étant donné qu'elle se fonde justement sur la dimension de la doctrine qu'il avait qualifiée de « philosophique » ; en d'autres termes, elle se fonde sur la force ou tendance de chaque chose naturelle à persévérer dans son être, désignée par le mot puissance, et par le mot droit, lorsqu'elle est explicitement politisée.

Spinoza continue à soutenir une doctrine d'élargissement radical de sa conception de force, entendue comme une sorte de base partagée par tous les êtres qui existent dans la nature. Pourtant, dans le *Traité théologico-politique*, cette continuité doctrinale est infléchie : Spinoza y tend à spécifier la nature de cette force, traduite en droit-puissance, dans l'être humain. Sans aller jusqu'à une caractérisation de la trajectoire vitale d'*un* homme spécifique (comme il le fera dans l'*Éthique* au moyen de l'exemple du poète amnésique), Spinoza particularise la puissance de l'humain, entendu ici comme espèce, en lui assignant le contenu distinctif de la liberté. Sans cette liberté, la mort a lieu, non pas parce qu'il y a une transformation en cadavre, mais parce que l'être humain change de nature.

Il y a donc un minimum de puissance inhérente aux êtres humains, qui ne se résume pas à leur existence biologique. Comme nous le verrons dans la prochaine section, c'est ce minimum de puissance spécifiquement humaine qui permet de revenir à la figure de la *vita vera*, en établissant un lien entre cette forme de vie comprenant une connaissance totale de la nature et le niveau minimal de puissance présent dans l'existence de chaque être humain.

LE RAPPORT ENTRE L'HONNÊTE HOMME ET LA *VITA VERA* : MODÈLES DE RÉSISTANCE

Le changement de la vie humaine en celle d'une bête ou d'un automate, par l'effet de l'annulation de la liberté de juger, implique une double destruction : celle de la vie humaine et celle de la société politique. En effet, sans êtres humains, il est impossible de composer une vie civile. Spinoza avance l'idée de la destruction de la société politique, non simplement comme un risque, mais comme un fait confirmé par l'expérience. Il l'explique au chapitre XVII : « jamais les hommes n'ont renoncé à leur droit et n'ont transféré leur puissance à un autre au point de ne plus être craints de ceux-là mêmes qui avaient reçu droit et puissance, et au point que l'État n'ait pas couru plus grand danger du fait des citoyens, même privés de leur droit, que des ennemis[78] ». Il le répète au chapitre XX :

> J'admets qu'il [le souverain] a le droit de régner avec la dernière violence, et d'envoyer les citoyens à la mort pour les motifs les plus faibles ; mais nul ne croira que cela puisse se faire selon le jugement de la saine Raison. Bien plus : comme il ne peut agir ainsi sans exposer l'État tout entier aux plus grands dangers, nous pouvons nier qu'il ait la puissance absolue d'agir de cette façon ou d'une autre façon semblable, et par conséquence qu'il en ait le droit absolu[79].

Or, d'après Spinoza, dans une telle situation, le minimum de puissance humaine comporte une sorte de mécanisme de défense. Ainsi écrit-il dans la préface : « Comme [...] personne ne peut se priver du pouvoir de se défendre au point de cesser d'être homme, je conclus de là que personne ne peut être absolument privé de son droit naturel[80] ». En suivant la thèse centrale et la terminologie de Laurent Bove autour du *conatus* spinoziste, nous pouvons dire qu'ici se trouve l'une des instances où la force intrinsèque à tout être implique une stratégie de résistance[81].

78 *TTP* XVII/1. G. III, p. 201.

79 *TTP* XX/3. G. III, p. 240.

80 *TTP* préf./13. G. III. p. 11.

81 Laurent Bove, *La stratégie du* conatus. *Affirmation et résistance chez Spinoza*, Paris, Vrin, 1996 ; voir aussi du même auteur, « "Bêtes ou automates". La différence anthropologique

Dans le cas des êtres humains, sur lesquels Spinoza focalise l'analyse de la dernière partie du *Traité théologico-politique*, cette notion de résistance des puissances et des droits des individus se manifeste par la révolte, justement au moyen des actions qui expriment ce droit et cette puissance de chacun, en s'opposant au souverain qui restreint la liberté.

Il convient d'être attentif et de ne pas prendre ici Spinoza pour un philosophe qui préconise une espèce de mouvement révolutionnaire constant. Au contraire, pour Spinoza la stabilité du gouvernement est le seul mécanisme possible pour vivre en paix et en sécurité. Mais il ne s'agit pas non plus de représenter Spinoza comme quelqu'un qui promouvrait une forme d'obéissance au point de défendre la tyrannie[82]. Pour Spinoza, la désobéissance envers un souverain tyrannique ne se fonde pas sur le simple « choix » d'une volonté libre, mais plutôt sur un fait de la nature humaine[83] : le droit-puissance, qui indique la base ontologique de ce que suppose vivre en tant qu'être humain. Suivant les mots de Spinoza, ne pas défendre la liberté suppose être non pas un humain, mais plutôt un automate ou une bête.

Pour que ce genre de désobéissance se produise, il faut que le souverain s'éloigne complètement de la loi divine exprimant l'amour envers le prochain. En ce sens, la restriction de la liberté de juger, c'est-à-dire de la puissance ou droit de chacun, implique que le souverain ait mené une action qui le mette lui-même en danger, car il a violé la loi divine à laquelle il est également soumis.

Au chapitre XX, Spinoza précise la manière dont cette forme de résistance peut se produire. Il ne s'agit pas seulement d'opposer au

dans la politique spinoziste », in Pierre François Moreau, Claude Cohen-Boulakia et Mireille Delbraccio (dir.), *Lectures contemporaines de Spinoza*, Paris, Presses de l'Université Paris-Sorbonne, 2012, p. 164-166.

82 Sur ce point, voir la notion d'« obéissance révolutionnaire » forgée par Chantal Jaquet, consistant à aller contre le roi pour faire appliquer la volonté du souverain. Voir Chantal Jaquet, « La obediencia revolucionaria de Spinoza, o la crítica de la indignación », in Daniela Cápona González et Braulio Rojas Castro (dir.), *Spinoza. XIV Coloquio. Repensar la potencia revolucionaria de la modernidad*, Valparaiso, Autoedición, 2019, p. 49-57. Le travail de Nicolas Israël insiste sur une dimension « tribale » de la résistance dans le *TTP*. Voir son article « Spinoza et la résistance tribal », *La pensée*, vol. 398, 2019, p. 24-36.

83 D'où la possibilité d'analyser le sujet de l'insurrection et de la révolution chez Spinoza au moyen d'un langage mathématique. Voir sur ce sujet, Leon Farhi Neto, « Ontologia da insurreição e da revolução », in Daniela Cápona González et Braulio Rojas Castro (dir.), *Spinoza. XIV Coloquio. Repensar la potencia revolucionaria de la modernidad*, Valparaiso, Autoedición, 2019, p. 20-29.

droit du souverain la puissance des citoyens qui se sont transformés en ennemis. En utilisant une description qui fait référence à la figure du martyr – laquelle renvoie directement à un modèle christique –, Spinoza lie la résistance au modèle du *honestus* :

> Quel plus grand mal peut-on concevoir pour la république que de laisser envoyer en exil comme des malfaiteurs des hommes justes [*viri honestis*], parce qu'ils pensent différemment et ne savent pas dissimuler ? [...] Quel exemple peut donner la mort de tels hommes, dont la cause est ignorée des lâches et des hommes sans force morale, haïe des séditieux, aimée des justes [*honesti*] ? Personne n'en tirera d'autre leçon que l'exigence d'imiter, ou du moins de flatter[84].

La figure du martyr est explicitement invoquée à la dernière page du livre : « En effet, là où l'on s'emploie à ravir cette liberté aux hommes, et où l'on fait passer en jugement les opinions des opposants et non leurs âmes, qui sont seules capables de péché, on fait, en prenant comme victimes des justes [*honestos*], des exemples qui ressemblent plutôt à des martyrs, qui irritent le reste des hommes et qui les poussent plus à la compassion, si ce n'est à la vengeance, qu'ils ne leur inspirent de terreur[85] ».

Nous avons parlé de la dimension de la *vita vera* en tant que « modèle », où se trouve une puissance pour exprimer ou traduire la vérité en lois, y compris contre le souverain. Est-il possible de mettre en rapport cette caractéristique « contre-législative » de la *vita vera* du Christ avec la notion de modèle formulée par Spinoza à partir de l'exemple des *honesti* privés de leur droit naturel dans une république ? Pour le faire, il faut trouver un lien entre la notion de *vita vera* (laquelle, dans le cas du Christ, implique une connaissance de la nature tout entière) et la conception de l'*honestus*. Si ce lien est possible, il faudra d'abord se demander : que « sait » l'*honestus* avec certitude ? Il nous semble que, pour répondre à cette question, il faille revenir à l'*Éthique*.

En effet, Ariel Suhamy a indiqué un rapport entre ces passages sur les *honesti* du *Traité théologico-politique* et quelques propositions d'*Éthique* IV. Dans le contexte de sa démarche pour montrer que la notion de *summa pietas*, dans ce *Traité*, n'entraîne pas une soumission absolue à un quelconque souverain tyrannique, Suhamy met en évidence le concept de

---

84 *TTP* XX/13. G. III, p. 245.
85 *TTP* XX/16. G. III, p. 247.

pietas ipsa (piété « elle-même ») comme une manière de faire le bien qui « déborde » sur les lois de l'État, lorsque ces lois ont perdu leur cohérence avec l'amour envers le prochain[86]. Ce dépassement de la loi de l'État, nous l'avions rapporté au conflit entre une *vera ratio vivendi* et une *certa ratio vivendi*, lorsque la seconde ne s'ajuste pas à la première, c'est-à-dire lorsqu'une loi codifiée et déterminée d'une Cité s'éloigne de la maxime de l'amour envers le prochain. Dans cette analyse, la référence aux *honesti* devient une clé pour fonder ce débordement ou dépassement de la loi et de la justice du souverain, dans la mesure où les *honesti* matérialisent une expérience de charité (c'est-à-dire de l'amour envers le prochain) par laquelle ils se transforment en modèles à suivre quand leur liberté a été violée[87]. De même que nous l'avons proposé au sujet de la conception de *vita vera*, on peut dire que dans l'analyse de Suhamy, les *honesti* constituent un groupe particulier d'êtres humains qui ont l'aptitude de présenter – à travers leur devenir-modèle de charité – une puissance qui dépasse la loi de l'État et s'oppose à l'autorité du souverain.

En fait, bien que Suhamy ne le mentionne pas, un fondement partagé rapproche la notion de *vita vera* de celle d'honnêteté. Dans cette perspective, même si l'individu honnête n'a pas une connaissance de la nature tout entière, contrairement à celui qui expérimente la vraie vie, tous deux partagent la connaissance du principe cardinal de la loi divine, qui est le besoin de pratiquer l'amour envers le prochain. C'est justement ce que Spinoza écrit dans le scolie 1 de la proposition 37 d'*Éthique* IV : « le désir par lequel un homme qui vit sous la conduite de la Raison est tenu de se joindre aux autres d'amitié, je le nomme honnêteté ; et je nomme honnête ce que louent les hommes qui vivent sous la conduite de la Raison et au contraire honteux ce qui empêche l'amitié de s'établir[88] ». De même que le Christ, l'honnête vit sous la conduite de la raison et, suivant les mots d'Antonio Negri à propos de ce passage, il pratique « la fonction ontologiquement multiplicatrice » de la vertu et de la *pietas* dans la collectivité[89]. Cependant, en dépit de ces points de jonction, la différence fondamentale entre ces deux formes

86 Ariel Suhamy, *La communication du bien chez Spinoza*, Paris, Classiques Garnier, 2010, p. 321-324.

87 *Ibid.*, p. 332-340.

88 G. II, p. 136

89 Antonio Negri, *Spinoza subversif. Variations (in)actuelles*, traduit par Marilene Raiola et François Matheron, Paris, Kimé, 1994, p. 39.

de vie réside peut-être dans le fait que Spinoza ne dit pas que l'honnête peut explicitement « traduire » cette expérience de vie rationnelle en préceptes ou enseignements moraux, au contraire du Christ.

Il nous semble pourtant que même si le devenir-modèle de l'honnête ne vient pas d'une capacité législative à exprimer la vérité en mots (à la manière, par exemple, des paraboles du Christ), il se montre comme modèle justement lorsque son minimum de puissance a été violé. Comme le dit Spinoza, les honnêtes ne craignent pas le châtiment corporel, ni même la mort ; au contraire : « ils considèrent comme un honneur, non comme un supplice, de mourir pour la bonne cause, et ils se font gloire de périr pour la liberté[90] ». C'est comme si l'honnête savait que son devenir-modèle ne s'exprime pas nécessairement dans la production d'un enseignement explicite, mais plutôt à travers son corps, comme lieu où se matérialise la violation du minimum de sa puissance nécessaire pour se maintenir en tant qu'être humain[91].

En soutenant que l'*index sui* de la *vita vera* du Christ transparaît dans la certitude de la loi morale engendrée par son enseignement, nous proposons de considérer que c'est le corps de l'honnête qui, au travers de l'expérience du martyre, se transforme en index de certitude de la nécessité de rompre avec le souverain. Il n'est pas nécessaire de transformer ce corps en cadavre pour que son devenir-modèle survienne : c'est la destruction de l'humanité de l'*honestus*, ancrée dans son droit de nature (c'est-à-dire le fondement philosophique de la vie spécifiquement humaine), qui exprime un modèle de résistance contre un souverain qui, suivant la terminologie de Spinoza, peut être qualifié de « malhonnête ». Le Christ semble cumuler la pratique de ces deux expressions de l'index de certitude : d'une part, il exprime la vérité en traduisant son expérience en lois morales, à l'aide de paraboles ; d'autre part, sa mort se présente comme un modèle où l'expression de la vérité, du moins en partie, se rapporte à son corps, ce qui déclenche l'imitation de son exemple (même de manière clandestine[92]) à travers la religion prêchée par les apôtres « en tant que loi universelle et par la seule vertu de la passion du Christ[93] ».

---

90 *TTP* XX/13. G. III, p. 245.

91 La remarque de Suhamy est très précise à cet égard : « l'honnête est celui qui défend en sa personne l'idée de la nature humaine » (*La communication*, *op. cit.*, p. 337).

92 Voir *TTP* XIX/13. G. III, p. 233-234 ; et Matheron, *Le Christ*, *op. cit.*, p. 267.

93 *TTP* XII/8. G. III, p. 163.

Par conséquent, bien que Spinoza développe la figure de la *vita vera* à partir d'un cas extraordinaire comme le Christ, l'exemple de l'honnête montre la possibilité de multiplier les cas où le droit du souverain peut être questionné, voire subverti, au regard de la loi divine. L'exemple unique de la *vita vera* du Christ sert donc à établir une sorte d'« archétype » de résistance contre le souverain, grâce à ce que nous avons conceptualisé comme sa contre-puissance législative. Cependant, dans la mesure où la certitude de la violation de la loi divine se manifeste, non seulement à travers le Christ, mais aussi par les exemples des *honesti*, l'exception comme possibilité de subvertir la loi du souverain ne se base pas uniquement sur l'exemple du Christ.

Au contraire, la possibilité de la résistance incarnée par la *vita vera* se fonde sur la violation du minimum de puissance qui définit la nature spécifique de la vie humaine et dont le contenu, dans le *Traité théologico-politique*, est la liberté de juger. De ce point de vue, la puissance humaine de se défendre contre la tyrannie constitue aussi bien une espèce de contre-puissance législative, car à travers son droit naturel, elle cherche à rompre avec l'autorité du souverain malhonnête, en instaurant une nouvelle *ratio vivendi*.

C'est ici que se trouve un lien net entre les deux volets du problème de la vie, que Spinoza avait respectivement nommés « philosophique » et « métaphorique ». La puissance et le droit naturel spécifiquement humains fondent la liberté qui, dans une société politique, se traduit par la conformation des mœurs dans une *ratio vivendi* particulière. Cependant, si cette *ratio* n'est pas « *vera* », c'est justement parce que le souverain a violé, ou du moins tend manifestement à violer, le minimum de puissance qui définit la nature humaine. Si tel est le cas, suggère Spinoza, la puissance de l'être humain pour se défendre reprend de la force et, grâce à son droit naturel, réclame de persévérer dans son être, c'est-à-dire de maintenir sa liberté en essayant d'instituer une nouvelle règle de vie. Dans le contexte du *Traité théologico-politique*, Spinoza produit une imbrication entre, d'une part, la vie considérée comme force de persévérer dans l'être et, d'autre part, la vie considérée comme constitution des mœurs à travers sa conception de la liberté, qui est le *fondement* de la spécificité de la nature humaine et aussi la *fin* de la collectivisation républicaine de sa puissance.

La figure de la *vita vera* comme instance de puissance maximale se transforme donc dans ce *Traité* en une clé d'accès, non seulement au problème de la résistance et de l'intervention politique fondées sur la connaissance de la loi divine, mais aussi au sujet du maintien de la « forme » de la vie comme expression du droit appartenant à l'espèce humaine. L'*Éthique* proposera un nouveau déplacement du sujet de la *vita*, laquelle s'enracinera dans la figure d'une « biographie » humaine singulière.

MANSIT TAMEN PRAETERITAE SUAE VITAE TAM OBLITUS

La biographie humaine, objet central de l'*Éthique*

Ce que Spinoza désigne par le terme de vie dans l'*Éthique* correspond au postulat qui parcourt toute notre étude : la *vita* qualifie le *conatus* humain. Spinoza avance pourtant une nouvelle focalisation de la notion de vie au moyen des usages de sa terminologie : tout en continuant à envelopper la force souterraine partagée par toutes les choses existant dans la durée, la *vita* désigne l'espace spécifique d'*une* vie humaine en train de se construire rationnellement, et non la force avec laquelle toutes les choses persévèrent dans leur être (comme dans les *Pensées métaphysiques*), ni la liberté partagée par toute l'espèce humaine (comme dans le *Traité théologico-politique*).

Il faudra donc examiner, non uniquement le problème spécifique de la vie dans cet ouvrage, mais aussi les variations subies par la notion de force, désormais contenue dans la célèbre doctrine du *conatus* développée dans *Éthique* III. Spinoza prend ses distances avec la thèse des *Pensées métaphysiques*, où il disait que « [n]ous entendons donc par *vie la force par laquelle les choses persévèrent dans leur être*[1] ». Le passage parallèle sur le *conatus* des choses ne contient pas le terme de vie : « L'effort [*conatus*] par lequel chaque chose s'efforce de persévérer dans son être n'est rien à part l'essence actuelle de cette chose[2] ». Ce silence terminologique cache une sorte de « dédoublement » de la notion de force. D'une part, Spinoza maintient la doctrine d'une force intrinsèque et immanente à tout être : cette doctrine est celle du *conatus* et parcourt toute son œuvre. D'autre part, pourtant, le changement terminologique de l'*Éthique* signale une deuxième « couche » ou « strate » de puissance, justement par l'utilisation explicite du terme « *vita* » dans certains passages, notamment dans la partie IV.

1 *PM* II, 6. G. I, p. 260.
2 *É* III, prop. 7. G. II, p. 146.

C'est cet usage de la vie comme qualification de la force qu'il faudra examiner, en commençant par établir la nature de la distinction entre *conatus* et *vita*. Ensuite, l'étude détaillée des emplois de la terminologie de la vie dans l'*Éthique* nous permettra de forger la figure de la biographie humaine, laquelle désigne une trajectoire humaine vitale dans la durée. Enfin, les implications de cette notion de vie nous amèneront à réfléchir sur le rapport entre vie et mort, ainsi qu'entre vie et éternité.

LA *VITA* EST-ELLE LE *CONATUS* ? LA « VIE » COMME QUALIFICATION DU *CONATUS* HUMAIN

Au-delà de la célèbre citation à propos du *conatus* comme effort pour persévérer dans l'être, il faut s'interroger sur l'argument complet par lequel Spinoza fonde la proposition 6 de l'*Éthique* III. La démonstration lie cette proposition à la structure de l'argument du passage des *Pensées métaphysiques*, II, 6, et aussi au chapitre XVI du *Traité théologico-politique*. Dans l'appendice au commentaire sur les *Principia* de Descartes, le problème de la vie apparaît associé au sujet de la création continuée cartésienne. Spinoza souligne que la différence entre « avoir » une vie et « être » la vie (c'est-à-dire, entre les choses créées et Dieu lui-même) se fonde justement sur le fait que Dieu est créateur et donateur de la vie : sans sa force vitale, les choses ne pourraient pas elles-mêmes avoir la force pour persévérer dans leur être[3].

L'argument concernant le *conatus* dans l'*Éthique* reprend cette idée, mais avec une différence fondamentale. Il est évident que la terminologie a changé ; l'inflexion ouvertement vitaliste (lorsque le terme *vita* désigne la force appartenant à chaque chose) a disparu. Ce silence terminologique peut paraître peu significatif. Pourtant, si nous reprenons notre argument à propos de l'usage du mot *vita* dans les *Pensées métaphysiques*, nous constatons désormais que ce terme y était une sorte de signe linguistique marquant une différence entre Dieu et les

3 D'où la définition élargie de la notion de vie des *PM* II, 6 (G. I, p. 260).

choses créées. Nous avons souligné que cet aspect terminologique était présent précisément pour expliquer la différence entre une créature et son créateur, tout en demeurant à l'intérieur d'un cadre explicatif de type cartésien, dans la mesure où les *Pensées métaphysiques* font partie du commentaire sur la philosophie naturelle de Descartes. C'est pour cette raison que nous avons également indiqué l'ambiguïté du mot *vita* comme terme marquant la différence entre la force d'une chose et la chose elle-même, dans la mesure où il n'est pas vraiment possible de séparer la chose de sa tendance. Ainsi, l'usage du terme *vita* remplit dans les *Pensées métaphysiques* une double fonction : d'une part, expliquer le principe de création continuée chez Descartes ; d'autre part, marquer l'existence d'une force intrinsèque aux choses.

La disparition du terme *vita* dans la définition du *conatus* que l'on trouve dans *Éthique* III supprime l'ambiguïté quant à la différence entre la force intrinsèque d'une chose et Dieu comme créateur continu donateur de cette force-là. En ce sens, Spinoza continue à tracer le chemin que nous avons indiqué concernant le *Traité théologico-politique* : l'*Éthique* explicite que la force est immanente à la chose, tout en maintenant que la chose exprime la force de Dieu – lequel ne peut donc plus être considéré comme créateur continu transcendant. Si, dans le *Traité théologico-politique*, cette idée s'exprime en termes politiques dans les notions de « droit » et de « puissance », dans l'*Éthique* la démonstration du fait que chaque chose s'efforce pour persévérer dans son être renvoie à la puissance même de la substance : « les choses singulières sont des modes par lesquels les attributs de Dieu s'expriment d'une façon bien précise et déterminée (*en vertu du cor. de la prop. 25, p. 1*), c'est-à-dire (*en vertu de la prop. 34, p. 1*), des choses qui expriment d'une façon bien précise et déterminée la puissance de Dieu, par laquelle Dieu est et agit[4] ». L'essence de Dieu, qui est sa puissance même[5], se concrétise de manière déterminée dans les choses, lesquelles expriment de manière « précise et déterminée » les attributs de la substance[6]. Autrement dit, la puissance infinie de la substance est l'« origine » – pour le dire d'une manière un peu plus cartésienne – de la force de chaque chose, mais elle s'y exprime de

4 *É* III, prop. 6, dém. G. II, p. 146.
5 *É* I, prop. 34. G. II. p. 76
6 *É* I, prop. 25, cor. G. II, p. 68.

manière limitée, non infinie[7]. Il y a donc, d'une part, une continuité avec le schéma des *Pensées métaphysiques* : l'origine de la force est toujours Dieu. D'autre part, il y a une rupture : il n'est plus possible de parler d'une séparation (même au niveau verbal ou en tant que différence de raison) entre créateur et créature, car la puissance de la substance est devenue, sans ambiguïté, la même puissance de chaque chose exprimée de manière determinée.

Le silence par rapport au lexique de la vie dans les passages sur le *conatus* d'*Éthique* III entraîne donc un *dédoublement* dans l'usage de la notion de force : il existe, premièrement, une sorte de force commune à toutes les choses ; deuxièmement, une expression de cette force spécifiquement humaine vers laquelle l'usage du terme *vita* tend à se déplacer. Bien que les commentateurs aient souvent parlé d'une sorte de « vitalisme » partagé par tous les êtres[8], il n'est pas évident qu'un tel usage de la notion de vie soit juste, sauf à se référer aux *Pensées métaphysiques*, ou à l'employer de manière plus ou moins métaphorique, car dans l'*Éthique* Spinoza efface le terme de *vita* pour se référer uniformément à toutes les choses qui existent. On ne peut pas considérer cette opération d'effacement comme une inattention de la part de Spinoza, dans la mesure où l'usage explicite de la terminologie de la vie dans l'*Éthique* s'applique au cas des êtres humains avec une systématicité très importante.

L'absence de la notion de vie pour désigner la force de toute chose s'explique, nous semble-t-il, par deux considérations complémentaires. D'abord, l'élimination de la conception d'une « vie de Dieu » – présente aussi dans les *Pensées métaphysiques* – suppose que la vie ne s'applique pas à l'existence *per se*, dont la substance jouit nécessairement, puisque son essence implique son existence[9]. L'application du terme de la vie fait désormais référence à un groupe de choses existant dans la durée, donc non éternelles. Cette séparation entre « éternité » et « vie » suppose

7 Voir Pierre Macherey, *Introduction à l'*Éthique *de Spinoza. La troisième partie. La vie affective*, Paris, Presses universitaires de France, 1995, p. 84.

8 Voir, par exemple, Pierre Macherey, *Introduction à l'*Éthique...*La troisième partie*, *op. cit.*, p. 71-72 ; et Edwin Curley, *Behind the Geometrical Method* : *A Reading of Spinoza's* Ethics, Princeton, Princeton University Press, 1988, p. 72-73.

9 *É* I, prop. 7 et dém. G. II, p. 49. Martial Gueroult établit une continuité entre la vie de Dieu des *PM* et l'*essentia actuosa* que Spinoza lui assigne dans l'*Éthique* (*É* I, prop. 3, sc. G. II, p. 87) ; mais Gueroult ne considère pas le fait que Spinoza fait disparaitre le terme « vie » pour définir Dieu dans l'*Éthique*. Voir Gueroult, *Spinoza I. Dieu*, Paris, Aubier-Montaigne, 1968, p. 381.

automatiquement que les choses que l'on peut qualifier de « vivantes » peuvent « mourir » ou « se transformer », et ainsi n'exister plus dans la durée.

Ensuite, l'abandon de la terminologie de la vie dans la définition du *conatus* signale que le seul fait d'exister dans la durée n'implique pas nécessairement non plus d'avoir une vie. Nous avons souligné que dans les *Pensées métaphysiques*, l'une des nouveautés par rapport à la doctrine cartésienne de la force était d'appliquer explicitement la notion de vie aux choses existant dans la durée (et surtout au corps), mais également de maintenir une séparation entre la force transcendante de Dieu et les créatures. Les restrictions du commentaire philosophique et les torsions introduits par Spinoza expliquaient cette double opération. Dans le contexte de l'*Éthique*, où Spinoza n'accepte plus l'idée d'une force transcendante, il n'est pas nécessaire d'expliquer la distance entre l'éternité de la substance et la finitude des modes. Ainsi, la différence fondamentale entre les *Pensées métaphysiques* et l'*Éthique* au sujet de la force – ou tendance – de chaque chose se situe précisément au niveau de cette séparation entre la force de Dieu et la force de la créature (le mode) : ce qui désignait la distance entre ces deux entités, même de façon ambiguë, c'était justement le terme *vita*, lorsque Spinoza disait que Dieu « est » la *vita* et que les choses « ont » la *vita*. Dans la mesure où ce statut transcendant de Dieu n'est plus valable dans l'*Éthique*, le terme *vita* se déplace au-delà de la désignation de la force – ou *conatus* – de chaque chose, pour désigner un genre particulier d'effort : celui de l'individu humain rationnel qui construit justement un parcours éthique. C'est pourquoi nous soutenons que Spinoza utilise la terminologie de la *vita* dans l'*Éthique*, non pour faire équivaloir tous les modes, mais pour explorer la différence entre les choses produites par la substance. Dans la mesure où la vie qualifie désormais la force de certains modes existant dans la durée, Spinoza peut, dans l'*Éthique*, consolider sa pensée sur la force immanente de choses (par le moyen de la doctrine du *conatus*) tout en explorant les différences singulières de quelques modes. La *vita* comme signe linguistique permet d'explorer la *diversité* modale, tout en conservant une dimension conative commune à toutes les choses.

Cette restriction lexicale implique-t-elle que l'application « nouvelle » de la notion de vie aux choses traditionnellement considérées comme inertes, telles que les corps, s'est perdue dans l'*Éthique* ?

Non. Car la nouveauté de Spinoza, subrepticement avancée dans les torsions à l'œuvre dans les *Pensées métaphysiques*, ne concerne pas seulement l'usage de la notion de vie, mais aussi et surtout celui de la notion de force. Désormais, celle-ci s'enracine aux choses et leur devient intrinsèque. Si la notion de vie appliquée à toutes les choses a renforcé le caractère immanent de la force traversant les créatures, ce rôle joué par la terminologie de la vie ne sera plus nécessaire : l'immanentisation de la substance dans l'*Éthique* inscrit automatiquement la tendance des modes dans un cadre d'immanence, modelé selon les mécanismes de tension relationnelle intrinsèques au concept cartésien de force, dont Descartes n'a pas développé les conséquences jusqu'au bout. Le rôle de la notion de force considérée comme effort partagé par toutes les choses se maintient dans la notion de *conatus* de l'*Éthique*, à tel point que ce rôle peut se déployer sans nécessité d'être accompagné par le terme de vie, lequel peut alors occuper une autre place et désigner des objets plus spécifiques parmi l'infinité de choses existant dans la durée[10].

La « restriction » ou « focalisation » du terme « vie » dans l'*Éthique* n'est donc pas anodine : elle offre une clé d'accès au sujet central de cet ouvrage, qui est la tentative de rompre avec la servitude définie comme « l'impuissance humaine à gouverner et à réprimer les affects[11] ». La focalisation sur un parcours éthique spécifiquement humain dans la durée a pour corrélat une tendance à restreindre la *vita* justement à ce parcours-là.

Or, jusqu'ici nous n'avons presque rien dit de cet usage plus spécifique et focalisé de la *vita* dans l'*Éthique*. D'abord, il faut souligner que Spinoza n'y utilise presque jamais ce terme pour se référer à des êtres non humains : l'unique exception se trouve dans le scolie de la proposition 57 d'*Éthique* III. Ce passage s'ouvre sur une distinction nette entre la nature des affects des animaux et des humains : « les affects des animaux sans Raison, comme on les appelle [*affectûs animalium, quae irrationalia dicuntur*] […] diffèrent des affects des hommes autant

10 C'est cette opération d'usage et non usage du mot vie dans l'œuvre de Spinoza que nous avons désignée comme la « plasticité » du terme à partir de l'analyse des *Pensées métaphysiques*. Voir notre article « La plasticité des termes "force" et "vie" dans les *Pensées métaphysiques* de Spinoza », in Vincent Legeay (dir.), *L'essence plastique. Aptitudes et accommodements chez Spinoza*, Paris, Éditions de la Sorbonne, 2018, p. 11-23.

11 É IV, préf. G. II, p. 205.

que leur nature diffère de la nature humaine[12] ». La traduction de ce passage soulève un problème : comment rendre le sens du terme *animal* ? Le choix de Pierre-François Moreau est juste par rapport au latin, mais Charles Appuhn opte quant à lui pour le terme « vivants » : « les Affections des vivants [*animalium*] que l'on dit privés de raison[13] ». Ce problème de traduction conduit à une nouvelle question : est-il pertinent de considérer certains modes non humains comme des êtres qui ont une « vie », comme des êtres « vivants » ?

Il faut répondre à cette question par l'affirmative. En effet, l'usage du verbe *vivere* dans ce scolie désigne adéquatement au moins quelques modes non humains, tels que des animaux comme le cheval, les poissons ou les oiseaux, mentionnés par Spinoza. La terminologie de la vie est utilisée pour indiquer la nature différenciée de chaque individu, concernant le contentement de son essence : « C'est pourquoi chaque individu a beau vivre content de la nature qui le constitue tel qu'il est, il a beau s'en réjouir, cette vie cependant dont chacun est content, et cette réjouissance, n'est rien d'autre que l'idée de cet individu, ou son âme [*anima*] ; et ainsi, entre le contentement de l'un et le contentement de l'autre, il y a juste autant d'écart que l'essence de l'un diffère de l'essence de l'autre[14] ». Dans ce contexte spécifique, la notion de vie « singularise » la trajectoire finie d'un individu particulier (humain ou animal) et fait référence à l'expérience particulière de certains modes. Elle indique donc une exploration philosophique de la manière dont chacun exprime sa propre nature[15].

Si nous insistons sur le fait que la notion de vie singularise, c'est parce que, d'une part, elle permet de qualifier l'expression de la puissance de certaines espèces parmi l'infinité de modes : c'est le cas des animaux que Spinoza mentionne ici, et certainement de l'être humain, qui est

12 G. II, p. 187.

13 D'autres traductrices et traducteurs ont fait le même choix de Moreau pour le mot *animalium* dans ce passage : Caillois, Pautrat et Rovere traduisent par « animaux » ; Giancotti par « *animali* » ; Curley et Shirley par « *animals* » ; Domínguez, Vidal Peña et Lomba par « *animales* » ; Tadeu par « *animais* ». La traduction par « vivants » proposée par Appuhn, qui généralise la référence à la vie, semble être une exception.

14 G. II, p. 187.

15 À propos de ce scolie et notamment de la notion de *gaudium*-âme que Spinoza mentionne, voir Juan Vicente Cortés-Cuadra, *La notion de jouissance. Essai de reconstruction conceptuelle*, Paris, Éditions de la Sorbonne, 2019, p. 45-55 ; et Pierre Macherey, *Sagesse ou ignorance ? La question de Spinoza*, Paris, Éditions Amsterdan, p. 122-133.

l'objet privilégié de cette analyse. D'autre part, l'idée de la vie comme expression du contentement d'une âme indique que Spinoza n'arrête pas la qualification au niveau de l'espèce, mais la particularise jusqu'au développement de la puissance d'un individu *singulier*. Ce niveau d'analyse de la vie se centre sur l'être humain et sera indiqué à la fin de le scolie, où Spinoza distingue le contentement de deux vies au sein de cette espèce : « il suit de la proposition précédente que la distance n'est pas mince non plus entre le contentement qui mène par exemple un ivrogne, et le contentement dont jouit un philosophe[16] ». En tant que signe textuel, la terminologie de la vie « limite » les choses dans la durée susceptibles d'être appelées « vivantes ». L'exception de ce scolie de la proposition 57 d'*Éthique* III est le seul cas d'usage potentiellement adéquat de cette notion de vie au-delà des êtres humains, même si Spinoza n'inventorie pas de manière exhaustive les individus qui tombent sous le coup de cette dénomination.

En fait, dans certains passages de l'*Éthique*, Spinoza refuse implicitement d'appeler « vivants » les modes en général. C'est le cas, nous l'avons vu, de la proposition 7 d'*Éthique* III, où la notion d'« essence actuelle » de la chose définit le *conatus* du mode sans mentionner le terme de « vie », tel qu'il figurait dans les *Pensées métaphysiques*. À cet exemple, nous ajoutons celui du scolie de la proposition 13 d'*Éthique* II, où Spinoza dit que « ce que nous avons montré jusqu'ici est tout à fait commun et ne se rapporte pas plus aux hommes qu'aux autres individus, qui, bien que ce soit à degrés divers, sont pourtant tous animés [*animata tamen sunt*] ». La notion d'« être animé » implique donc seulement, pour Spinoza, le fait d'avoir une *mens*, d'avoir une *anima*, dont l'objet est le corps. L'« animation » présentée ici n'indique pas un principe de vitalité à la façon des péripatéticiens[17], mais le fait que l'âme de chaque individu qui existe est toujours une idée en Dieu. Cette idée s'exprime au niveau modal comme l'âme de chaque individu, qui n'est que l'idée de son objet, à savoir le corps, aussi causé par Dieu. Dans cette analyse du partage de l'*anima* par tous les individus, Spinoza ne dit pas qu'ils

---

16 G. II, p. 187. L'accent sur la trajectoire singulière de ces individus est bien mis par l'usage de l'article indéfini « un » qui accompagne la traduction d'*ebrius* et de *philosophus* donnée par Moreau.

17 Voir, dans *PM* II, 6, le positionnement de Spinoza contre la division tripartite de l'âme présente dans la tradition péripatéticienne, que nous avons déjà exposé (p. 50-52) à propos de son usage de la notion de vie comme force dans les *Pensées métaphysiques*.

ont des « vies » différentes, mais établit ce qui est « commun » à tous les modes, en utilisant la terminologie de « l'animé » ; et il le fait en se limitant à indiquer le rapport de chaque chose (et ses composants, l'âme et le corps) avec Dieu comme cause.

La focalisation de la terminologie de la vie sur l'existence des êtres humains apparaît plus clairement dans les propositions 18 à 24 d'*Éthique* IV, dont le sujet central est la liaison entre les notions de « conservation de l'être », « vertu » et « vie ». Dans le scolie de la proposition 18 d'*Éthique* IV, Spinoza dit « que le fondement de la vertu est l'effort même pour conserver son être propre, et que la félicité consiste en ce que l'homme peut conserver son être[18] ». La proposition 21 d'*Éthique* IV complète cette définition de la vertu, en ajoutant explicitement la notion de « bien vivre » : « Personne ne peut désirer être heureux, bien agir et bien vivre [*bene vivere*], sans en même temps désirer être, agir et vivre [*vivere*], c'est-à-dire exister en acte[19] ». La démonstration de cette proposition 21 explicite donc l'idée que nous exposons dans ce chapitre : le *conatus*, en tant qu'essence du mode être humain, est qualifié sous un lexique plus explicitement vitaliste : « En effet le désir (*en vertu de la def. 1 des affects*) de vivre bien ou heureux [*beate seu bene vivendi*], d'agir bien, etc. est l'essence même de l'homme, c'est-à-dire (*en vertu de la prop. 7 p. III*) l'effort [*conatus*] par lequel chacun s'efforce de conserver son être[20] ». Le corollaire de la proposition 22 énonce à son tour que l'« effort [*Conatus*] pour se conserver est le fondement premier et unique de la vertu[21] » ; et la proposition 24 résume en quelque sorte ce groupe de propositions en liant vertu, vie et *conatus* : « Agir absolument par vertu, ce n'est rien d'autre en nous qu'agir, vivre [*vivere*], conserver son être [*esse conservare*] (ces trois termes signifient la même chose) sous la conduite de la Raison, avec comme fondement la recherche de l'utile propre[22] ». Dans toutes ces propositions, Spinoza désigne systématiquement le *conatus* ou l'effort de conservation par le nom de « vie », en faisant référence au développement rationnel de l'existence humaine dans la durée, ainsi qu'à la meilleure façon de structurer un « bien vivre ». La proposition 24 est sans doute la

18 G. II, p. 222.
19 G. II, p. 225. Traduction modifiée.
20 *Ibid.*
21 *Ibid.*
22 G. II, p. 226.

plus remarquable à cet égard, dans la mesure où elle dit explicitement que l'acte de conserver l'être est identique à l'acte de vivre.

Ce rôle linguistique de la terminologie de la vie pour qualifier systématiquement la trajectoire humaine dans la durée atteint sans doute son sommet lorsque Spinoza, vers la fin de la même partie IV, utilise le concept de *vita vitalis* pour désigner la constitution progressive d'une vie sous la conduite de la raison : « Il n'y a donc pas de vie digne d'être vécue sans intelligence [*Nulla igitur vita vitalis est sine intelligentia*][23] ». Si nous disons que cette notion de *vita vitalis* est un « sommet », c'est parce qu'elle ratifie la logique d'une qualification du *conatus* humain sous le double usage du terme de vie comme substantif et adjectif, complétant l'idée que la force particulière d'une vie humaine atteint sa puissance maximale sous la conduite de la raison.

La formule « aucune *vita* n'est *vitalis* sans intelligence » suppose que Spinoza est déjà en train de décrire une vie particulièrement humaine. Celle-ci est donc « surqualifiée » par l'adjectif *vitalis*, qui amène à (re)marquer que l'entendement fait de la *vita* une existence (bien) *vivable*. La traduction de *vita vitalis* par « vie vivable » permet de mieux comprendre que la focalisation sur le *conatus* humain n'implique pas que l'existence de ce mode soit statique, bien au contraire : pour que la *vita* soit *vitalis* il faut constituer une trajectoire dans la durée, aidée par l'entendement ou la raison. Ce sera la manière de mener une vie *bien vivable*. La puissance de cette expression est donc d'une importance cruciale, non seulement parce qu'elle distingue la vie humaine de son fonctionnement biologique ou physiologique[24], mais aussi parce qu'elle intègre l'existence humaine dans un *parcours* affectif propre, qui la singularise par rapport à la force partagée par d'autres modes et qui doit se construire dynamiquement dans la durée.

Ce dynamisme existentiel de la vie humaine devient plus clair lorsque, dans la suite de ce passage, Spinoza affirme, en employant les adjectifs « *bonum* » et « *malum* », que la raison se parfait accompagnée des choses

23 *E* IV, app., chap. 5. G. II, p. 267. Comme nous l'avons mentionné, nous suivons l'édition bilingue latine-française des Presses universitaires de France, dont le texte a été établi par Fokke Akkerman et Piet Steenbakkers, où ils éditeurs ont adopté à cet endroit du texte la formule *vita vitalis*, presente dans le Manuscrit Vatican, en remplacement de *vita rationalis*.

24 Comme le notent justement les éditeurs de l'*Éthique* dans la traduction de Moreau (p. 593, n. 264).

« bonnes ». La *vita* est bien vivable dans la mesure où on *construit* cette trajectoire éthique associée à la raison ; à l'inverse, la *vita* sera « invivable » ou « insupportable » (« *abiōtos* », le terme grec qui traduit *vitalis* en sa modalité privative) sans cette aide de la raison. La notion de *vita vitalis* n'implique donc pas que les vies non rationnelles ne soient pas *per se* « dignes » d'être vécues, mais que *toutes* les vies humaines, en vertu de leur nature, deviennent plus ou moins vivables ou bienheureuses, dans la mesure où elles peuvent se rapprocher des choses bonnes.

Ainsi, dans la partie IV, Spinoza développe un usage du terme *vita* fortement restreint, puisqu'il ne désigne plus que la possibilité de déployer la nature propre de l'être humain, c'est-à-dire d'agir sous la conduite de la raison, ce qui équivaut à bien vivre. Le *conatus* humain n'est pas n'importe quel *conatus* : il est une *vita*. S'ouvre alors la possibilité de concevoir cette *vita* comme une sorte de « trajectoire » dans la durée, puisque son analyse dans l'*Éthique* renvoie à un examen particulier de l'existence humaine, laquelle se confond avec son désir de bien vivre.

Or, Spinoza avait déjà établi une manière de concevoir cette trajectoire, en la considérant à partir de la constitution d'un modèle par rapport auquel le sujet humain organise un parcours éthique. Le texte fondamental à cet égard est la préface d'*Éthique* IV, qui essaie de redéfinir la problématique de l'utile propre de l'humain. Dans ce texte, Spinoza critique les notions morales classiques de « bien » et de « mal », et de « perfection » et d'« imperfection », dans la mesure où elles se fabriquent à partir d'idées universelles inadéquates qui n'ont rien à voir avec ce qui arrive concrètement. Par exemple, le bien et le mal ne sont que « des modes de penser ou des notions que nous formons du fait que nous comparons les choses les unes aux autres[25] ». Quelque chose de semblable se passe avec la notion de « perfection » : les artéfacts construits par les êtres humains ou les actions de la nature sont comparés à un modèle pour pouvoir les nommer « parfaits » ou « imparfaits », mais ce modèle n'est rien d'autre que « l'idée universelle [que l'homme] avait ainsi formée de la même chose[26] ».

À partir de cette critique des idées et modèles universels, Spinoza redéfinit les catégories morales de « bien » et de « mal ». La préface s'ouvre sur l'objectif général de la partie IV et, en réalité, de toute la dernière

25 G. II, p. 208.
26 G. II, p. 206.

portion de l'*Éthique* : trouver la raison pour laquelle l'être humain « est souvent contraint, alors qu'il voit ce qui pour lui est le meilleur, de faire pourtant le pire », « et, en outre, ce que les affects ont de bien et de mal[27] ». Ainsi, malgré la critique de ces mots-là (« bien » et « mal »), Spinoza souligne qu'il « nous faut néanmoins conserver ces termes[28] », après avoir établi qu'ils ne correspondent pas à des idées universelles. Leur emploi suppose le désir de « former une idée de l'homme, conçue comme un modèle de la nature humaine[29] ».

Notre but ici n'est pas de résoudre les difficultés interprétatives autour du statut exact de ce « modèle » de nature humaine. En effet, celui-ci peut être conçu comme faisant partie d'un endroit du corpus de Spinoza où l'imagination est mise en œuvre pour aider à la réalisation d'un projet éthique rationnel, afin de contribuer à la fin de la servitude affective[30]. Le modèle de la nature humaine serait donc un dispositif imaginaire qui pourrait aider, en tant qu'une sorte d'idéal régulateur, à organiser les moyens à rechercher dans la vie quotidienne[31]. Il serait conçu de manière particulière, adapté à la complexion de chaque individu ; et c'est par rapport à ce modèle individuel que chaque être humain pourrait utiliser les notions de bien et de mal comme des moyens pour s'en approcher. En revanche, on peut aussi considérer ce modèle comme une fin, qui ne serait pas imaginaire, mais rationnellement conçue d'après les besoins requis pour s'acheminer vers la liberté. Dans cette perspective, le modèle de la nature humaine ne serait pas uniquement conçu de manière particulière, adapté à la complexité de chacun, mais serait établi (par le moyen du deuxième genre de connaissance) comme un modèle de nature commun à tous les hommes, et par conséquent d'utilité

---

27 G. II, p. 205.

28 G. II, p. 208.

29 *Ibid.*

30 Pascal Sévérac, *Devenir actif chez Spinoza*, Paris, Honoré Champion, 2005, p. 313, 322-323. Sur cet usage de l'imagination considéré plus généralement, voir aussi Martial Gueroult, *Spinoza II. L'âme*, Paris, Aubier-Montaigne, 1974, p. 190-300, notamment p. 226-227 ; et Atilano Domínguez, « Contribución a la antropología de Spinoza. El hombre como ser imaginativo », *Logos. Anales del seminario de metafísica*, vol. 10, 1975, p. 84.

31 Cette idée du modèle comme « idéal régulateur » est aussi avancée par Aurelia Armstrong (« Natural and Unnatural Communities : Spinoza beyond Hobbes », *British Journal for the History of Philosophy*, vol. 17, nº 2, 2009, p. 305), mais nous ne croyons pas que cette notion d'idéal soit applicable également à la conception spinoziste de la démocratie, tel qu'elle le propose.

générale, même si les moyens pour y arriver doivent être accommodés à la complexité chaque individu[32]. Soit conçu par l'imagination, soit conçu par la raison, le modèle de nature humaine structure en tout cas la manière dont on organise les moyens du parcours éthique, en désignant de manière certaine ce qui correspond au bien et au mal : « dans ce qui suit, j'entendrai par bien ce que nous savons avec certitude être un moyen de nous approcher [*accedamus*] de plus en plus de ce modèle de la nature humaine que nous nous proposons. Par mal, au contraire, ce que nous savons avec certitude nous empêcher de reproduire ce même modèle[33] ». Partant, les notions de perfection et d'imperfection sont redéfinies par rapport à cette perspective particulière de modèle : « Ensuite, nous dirons les hommes plus parfaits ou plus imparfaits dans la mesure où ils s'approchent [*accedunt*] plus ou moins de ce même modèle[34] ».

Le terme latin que nous avons souligné dans ces passages, le verbe *accedere*, est un indice terminologique de ce que nous appelons la construction d'une « trajectoire » éthique. En effet, la constitution d'un modèle,

---

32 Il existe une très riche discussion autour du statut du modèle de la nature humaine. Parmi les commentatrices et commentateurs qui le considèrent comme une notion imaginaire, mais utile pour le développement de la sagesse rationnelle on trouve Don Garrett, « Spinoza's Ethical Theory », in Don Garrett (dir.), *The Cambridge Companion to Spinoza*, Cambridge, Cambridge University Press, 1996, p. 288-289 ; *Nature and Necessity in Spinoza's Philosophy*, Oxford, Oxford University Press, 2018, p. 479-480 ; et Michael Rosenthal, « Why Spinoza Chose the Hebrews : The Exemplary Function of Prophecy in the *Theological-Political Treatise* », *History of Political Thought*, vol. 18, nº 2, 1997, p. 215-216, 224. Parmi celles et ceux qui défendent l'idée que l'*exemplar* est une idée rationnelle, voir Christian Lazzeri, *Droit, pouvoir et liberté. Spinoza critique de Hobbes*, Paris, Presses universitaires de France, 1998, p. 170-172 ; Andrew Youpa, « Spinoza's Model of Human Nature », *Journal of the History of Philosophy*, vol. 48, nº 1, 2010, p. 69–75 ; Chantal Jaquet, « De la morale commune à l'éthique », *Philosophique*, vol. 1, 1998, p. 30-32 ; *Les expressions de la puissance d'agir chez Spinoza*, Paris, Publications de la Sorbonne, 2005, p. 83-86 ; Pierre Temkine, « Le modèle de l'homme libre », *Revue de métaphysique et de morale*, vol. 99, nº 4, 1994, p. 444-445 ; Matthew Kisner, « Reconsidering Spinoza's Free Man : The Model of Human Nature », *Oxford Studies in Early Modern Philosophy*, vol. 5, Oxford, Clarendon Press, 2010, p. 105-114 ; Valtteri Viljanen, *Spinoza's Geometry of Power*, Cambridge, Cambridge University Press, 2011, p. 131-132. Notre lecture est proche d'une partie de l'argument proposé par Youpa, qui soutient que le modèle de nature humaine est « *a Janus-faced character* ». Par conséquent, s'il peut se concevoir comme une idée adéquate, il peut se lire aussi comme une figure imaginaire qui sert comme « a powerful motivational tool insofar as it captivates the imagination » (Youpa, « Spinoza's Model », *op. cit.*, p. 75). Cette perspective sur le double caractère explicite du modèle est aussi avancée par Sévérac, *Devenir actif*, *op. cit.*, p. 313, 322-323.

33 G. II, p. 208.

34 *Ibid.*

pour Spinoza, pose un « but » par rapport auquel se trace une sorte de chemin, un espace de temps, où les moyens pour réussir à atteindre ce but sont dits bons. Tout cela est justement ce que nous nommons la constitution d'une *trajectoire* de « vie », une trajectoire éthique. Bien que Spinoza n'utilise pas explicitement le terme *vita* dans cette préface, celle-ci prépare son usage ultérieur abondant pour désigner la trajectoire spécifique du *conatus* humain sous la conduite de la raison (la vertu), en offrant les outils pour configurer un chemin éthique : un modèle individuel de nature humaine, et la caractérisation des moyens pour parcourir cette trajectoire.

En effet, si Spinoza n'utilise pas la notion de vie, il s'y réfère implicitement au sujet de la destruction modale, lorsqu'il explique sa conception de la perfection et de l'imperfection. Être plus ou moins parfait signifie se rapprocher plus ou moins du modèle. Cette sorte de passage n'implique pas un changement radical de forme, ni une destruction :

> lorsque je dis que quelqu'un passe d'une moindre perfection à une plus grande perfection, et inversement, je n'entends pas par là qu'il change [*mutatur*] d'essence ou de forme pour passer à une autre (un cheval, par exemple, est tout autant détruit [*destruitur*] s'il se change en homme que s'il se change en insecte) ; mais j'entends par là que nous concevons que sa puissance d'agir, dans la mesure où elle se comprend par sa nature, est augmentée ou diminuée[35].

Comme nous l'avons déjà expliqué concernant la transformation de l'être humain en bête ou en automate (dans le *Traité théologico-politique*), la considération de la mort ou la destruction va de pair avec une mutation hypothétique en une autre espèce. Même si l'exemple du cheval fait référence à une situation absurde, c'est un autre cas où Spinoza considère la destruction, non comme un devenir cadavre, mais comme un devenir autre espèce. Par là même, cet exemple commence à laisser entrevoir l'idée d'une trajectoire dans la durée à l'intérieur de laquelle se produirait un mouvement du *conatus*, c'est-à-dire de la puissance d'agir. Il faut souligner que la constitution de cette trajectoire est strictement individuelle et qu'elle entraîne un processus de développement dans la durée qui suppose la présence d'un modèle de nature humaine par rapport auquel toutes les actions s'ordonnent et s'évaluent. À l'intérieur de cette trajectoire, *une* vie se construit.

---

35 *É* IV, préf. G. II, p. 208-209.

Dans cette préface, l'indication de la vie humaine comme trajectoire éthique ne se trouve pas uniquement dans la référence au passage d'une moindre perfection à une plus grande, mais aussi dans la conception de désir comme cause efficiente. En effet, la configuration des éléments d'une trajectoire éthique dans la préface d'*Éthique* IV peut paraître comme une entreprise fortement téléologique. Pourtant, Spinoza dit que la constitution même du modèle naît du désir, ce qui équivaut à dire qu'il naît du *conatus* même, non comme cause finale, mais comme cause efficiente. Spinoza l'explique au moyen d'une analogie avec la construction d'une habitation :

> Quant à la cause que l'on dit finale, ce n'est rien d'autre que l'appétit humain lui-même, en tant qu'on le considère comme le principe ou la cause primaire d'une chose quelconque. Par exemple, quand nous disons que l'habitation a été la cause finale de telle ou telle maison, nous n'entendons assurément rien d'autre que ceci : un homme, parce qu'il a imaginé les avantages de la vie domestique, a eu l'appétit de construire une maison. C'est pourquoi l'habitation, dans la mesure où on la considère comme la cause finale, n'est rien d'autre que cet appétit singulier qui, en réalité, est une cause efficiente[36]

L'appétit, le désir et le *conatus* sont, à vrai dire, la même chose[37]. Comme nous l'avons vu, dans la démonstration de la proposition 24 d'*Éthique* IV, Spinoza appellera aussi « vertu » cet effort, c'est-à-dire l'action même de vivre, dans la mesure où il est produit sous la conduite de la raison. En ce sens, on peut dire que, même si la constitution d'un modèle de la nature humaine semble poser une cause finale et que cette cause finale dessine le cadre d'une trajectoire vitale, à strictement parler, le modèle est mis en place par l'appétit humain lui-même, c'est-à-dire par la vie ou la vertu elles-mêmes.

L'exemple technique de l'habitation nous aide à mieux comprendre ce point. L'habitation peut être considérée comme l'équivalent du modèle dont Spinoza parle. Lorsqu'on pose le modèle d'habitation qu'on veut construire, se configure en même temps tout un enchaînement d'activités qu'il faut accomplir afin d'aboutir à sa construction. Ainsi, l'habitation comme but sert à organiser une trajectoire remplie d'actions. Mais, comme l'explique Spinoza, l'appétit est cause efficiente de l'habitation

---

36 *É* IV, préf. G. II, p. 207.

37 *É* III, prop. 9. sc. G. II, p. 148-149.

et, par conséquent, de toute les actions impliquées dans sa construction. Il en va de même pour le modèle de la vertu humaine : la trajectoire vitale se configure par rapport au but-modèle, mais en premier lieu, le but lui-même (et, par conséquent, tout ce qu'il entraîne) est causé par l'appétit vital. La vie, en tant que *conatus* humain, désigne donc à la fois une trajectoire individuelle dans la durée, et la cause grâce à laquelle cette trajectoire peut s'organiser

La trajectoire éthique et vitale esquissée dans la préface de la partie IV suppose donc les deux strates de la notion de force que Spinoza développe dans l'*Éthique*. Il y a la conformation d'un chemin *biographique* considéré comme trajectoire vitale humaine vers la fin de la servitude ; mais cette dénomination de la vie comme biographie s'appuie sur la couche souterraine de force conative ou appétitive qui permet, en tant que cause efficiente, l'agencement de tous les éléments qui rendent possible la trajectoire d'une vie humaine. Même si Spinoza n'utilise pas encore littéralement la terminologie de la *vita*, l'idée d'une trajectoire vitale particulièrement humaine, qui se fonde sur le développement de la raison aidée par l'imagination et qui aspire à bien vivre, est déjà esquissée dans cette préface.

LA *RATIO VIVENDI* DANS L'*ÉTHIQUE*

Spinoza ouvre l'*Éthique* IV par la mise en place d'un cadre pour le développement d'une *vita* ou, plus spécifiquement, pour mener l'action de *vivere*. La caractérisation du concept de *ratio vivendi* permet de clarifier, par des explications supplémentaires, la manière dont Spinoza utilise la notion de vie dans l'*Éthique*. Au chapitre précédent, nous avons indiqué que dans le *Traité théologico-politique*, la notion de *ratio vivendi* réfère à la façon dont une loi instaure une manière de vivre. Comme ce *Traité* est un ouvrage ouvertement politique, le concept de *ratio vivendi* y vise toujours à la codification de cette loi, c'est-à-dire qu'il renvoie à l'instauration d'une loi dans une société. L'*Éthique* a tendance à s'éloigner de cette cristallisation de la *ratio vivendi* en tant que code dans une Cité, pour la présenter plutôt en tant que manière dont l'individu organise sa trajectoire pour vivre rationnellement. Même si cette conception de la *ratio vivendi* se trouve déjà dans le *Traité théologico-politique*, notamment dans l'idée de réorganiser les actions dans la vie individuelle d'après la loi divine exprimée dans les enseignements du Christ (même au-delà des codes institués de la Cité), cette orientation non codifiée de la *ratio vivendi* est plus évidente dans l'*Éthique*[38]. En effet, elle prend dans cet ouvrage un sens précisément orienté vers l'articulation individuelle d'une trajectoire de vie, avec une disposition toujours plus rationnelle[39].

C'est le cas, par exemple, dans le scolie de la proposition 45 de la partie IV, où Spinoza insiste sur la nécessité d'organiser la vie afin de pouvoir développer un corps et un esprit aptes à affecter et être affectés de plusieurs manières. Après avoir indiqué que la règle (*ratio*) qui fait un homme sage consiste à cultiver une joie sur la base « de refaire ses forces et recréer par des aliments et de la boisson modérés et agréables, ainsi que par les parfums, les charme des plantes verdoyantes, la parure, la musique, les jeux qui exercent le corps, le théâtre et d'autres choses de même sorte », Spinoza dit que « cette manière de vivre [*vivendi institutum*] s'accorde au mieux avec nos principes et avec la pratique commune ; donc, même s'il en est d'autres, cette règle de vie [*ratio vivendi*] est la

38 Sur le caractère non ouvertement politique de la partie IV de l'*Éthique*, voir Jean-Marie Beyssade, « VIX (*Éthique* IV Appendice chapitre 7) ou peut-on se sauver tout seul ? », *Revue de la métaphysique et de la morale*, vol. 99, nº 4, 1994, p. 493-503.

39 Dans le conflit larvé entre la *vera ratio vivendi* et la *certa ratio vivendi* présente dans le *TTP*, il y a aussi une sorte d'antagonisme entre une loi ou forme de vie qui peut être individuelle *versus* la forme de vie instaurée dans le code d'une société quelconque. De même que dans le *TTP* on trouve déjà une conception de *ratio vivendi* non codifiée, on trouve dans l'*Éthique* la mention d'une dimension politique de la *ratio vivendi* et des modalités légales de codification. C'est le cas dans le deuxième scolie de la proposition 37 d'*Éthique* IV, où Spinoza dit que la manière dont les lois et les règles de vie commune sont suivies dans une société se rapporte aux menaces qu'elles entraînent : « aucun affect ne peut être contrarié que par un affect contraire et plus fort que l'affect à contrarier, et chacun s'abstient de faire du mal par crainte d'un mal plus grand. Donc, par cette loi, la société pourra être renforcée si seulement elle revendique pour elle le droit qu'a chacun de se venger et de juger du bien et du mal, et si elle possède ainsi la puissance commune de prescrire la règle de vie [*vivendi rationem*], de faire des lois et de les confirmer non point par la Raison, qui ne peut contrarier les affects [...], mais par des menaces. » (G. II, p. 238. Traduction modifiée). Donc, la différence entre le traitement que Spinoza fait de la *ratio vivendi* dans le *TTP* et l'*Éthique* a trait à une question d'accent : dans le second ouvrage, il est mis sur la constitution de la *ratio vivendi* au niveau d'une trajectoire vitale individuelle, sans passer par la codification de lois.

meilleure et doit être recommandée de toute façon[40] ». Dans ce passage, la notion de règle de vie renvoie à la possibilité d'organiser les rencontres du corps avec le monde extérieur afin de développer une trajectoire vitale qui permet de s'approcher de la sagesse. Ce texte met en avant la manière dont la *ratio* affective d'un homme particulier doit s'organiser, au-delà des lois codifiées. Toutefois, notons que cette focalisation sur un individu (le sage éventuel) implique des éléments communs à la nature humaine, mais rattachés à une trajectoire particulière, car les rencontres affectives s'enchaînent toujours d'après la singularité et complexité propre à chacun. Cette trajectoire correspond à un corps composé qui organise les manières de se régénérer face au monde extérieur afin de devenir plus puissant. Donc, la forme de vie et la trajectoire éthique appartiennent à un corps considéré individuellement, mais dont la *ratio vivendi* implique toujours une communication avec d'autres parties composés.

Le scolie de la proposition 10 d'*Éthique* V confirme cet usage de *ratio vivendi* au sens de la constitution d'une trajectoire vitale individuelle. Spinoza y parle d'un homme dont l'intellect n'a pas une connaissance parfaite des choses ; pour cette raison, le mieux serait « de concevoir une règle de vie correcte [*rectam vivendi rationem*], c'est-à-dire certaines maximes de vie [*vitae dogmata*], de les confier à la mémoire et de les appliquer sans relâche aux choses particulières qu'il est courant de rencontrer dans la vie [*in vita*][41] ». L'usage de ces *dogmata* ne suppose pas leur instauration en tant que lois codifiées dans une Cité : il n'y a pas ici – comme c'était le cas dans le *Traité théologico-politique* – une sorte d'instance « législative » où la droite règle de vie peut être traduite en code, mais une assomption de certains principes pour mener une règle de vie droite, afin de construire et développer une trajectoire éthique propre à l'individu singulier.

Pourtant, si dans l'*Éthique* la notion de *vita* implique surtout une biographie singulière, et si le sens de la *ratio vivendi* réfère à l'organisation d'une règle de vie individuelle au-delà de sa codification légale, elle n'en présente pas moins une dimension communautaire, qui pourrait surgir à partir de l'entrecroisement des différentes *vitae*, que la caractérisation de la *vita* et la *ratio vivendi* comme trajectoire éthique individuelle impliquent nécessairement, justement pour pouvoir continuer à organiser

40 *É* IV, prop. 45. sc. G. II, p. 244-245.
41 G. II, p. 287.

une trajectoire individuelle plus puissante. C'est précisément pour cette raison que Spinoza, surtout dans la partie IV, distingue différentes sortes de *vitae*, parmi lesquelles on trouve des trajectoires éthiques qu'il rejette.

La proposition 35 d'*Éthique* IV est exemplaire à cet égard, parce qu'elle mentionne trois types de *vitae*. D'abord, Spinoza exprime le fait que la vie sous la conduite de la raison, bien qu'elle dessine une trajectoire individuelle, implique aussi une sorte de partage. Ce type de vie contient donc une double dimension. D'une part, l'être humain développe sa connaissance des choses et, par conséquent, fait ce qui est le plus utile pour sa trajectoire éthique : « donc les hommes, dans la mesure où ils vivent sous la conduite de la Raison [*ex ductu rationis vivunt*], n'accomplissent que des actions qui sont bonnes pour la nature humaine et par conséquent pour chaque homme[42] ». D'autre part, la vie sous la conduite de la raison implique un accord entre les hommes : « les hommes s'accordent au plus haut point en nature quand ils vivent sous la conduite de la Raison [*vivunt ex ductu rationis*] » ; donc « les hommes seront au plus haut point utiles les uns aux autres, lorsque chacun cherche au plus haut point ce qui lui est utile[43] ».

Nous avons insisté sur la caractérisation de la *vita* comme une trajectoire individuelle, une trajectoire biographique dans la durée. Cependant, la recherche de l'utile propre dans cette trajectoire éthique implique déjà une tendance à s'efforcer à ce que d'autres hommes partagent cette même sorte de trajectoire vitale. C'est précisément ce que Spinoza avance dans la démonstration de la proposition 37 de cette partie IV : « Les hommes, en tant qu'ils vivent sous la conduite de la Raison [*ex ductu rationis vivunt*] sont très utiles à l'homme [...] ; et ainsi [...] sous la conduite de la Raison, nous nous efforcerons nécessairement d'obtenir que les hommes vivent sous la conduite de la Raison [*ex ductu rationis vivant*][44] ». La suite de cette démonstration souligne le fait que si la vie sous la conduite de la raison suppose de « comprendre », cette compréhension ne peut pas être solitaire, mais enveloppe le désir que tous les êtres humains comprennent. C'est là où l'utile propre, compris de manière rationnelle, suppose nécessairement que ce « propre » soit aussi « commun », et donc partageable : « plus est grande la connaissance de

42 *É* IV, prop. 35, dém. G. II, p. 233.
43 *É* IV, prop. 35, cor. 2. G. II, p. 233.
44 G. II, p. 235.

Dieu qu'implique l'essence de l'âme, plus grand sera le désir par lequel celui qui pratique la vertu désirera pour autrui le bien qu'il recherche pour lui-même[45] ». La vie sous la conduite de la raison implique en soi-même une vie communautaire, au sens littéral de ce mot : l'utile propre connu par le moyen d'une vie rationnelle enveloppe un savoir sur ce qui est *commun* à tous les êtres humains, et il faut donc que ce savoir soit partageable. Pour cette vie en commun, Spinoza utilise de nouvelles caractérisations qui accompagnent le substantif *vita* ou le verbe *vivere*, telles que, par exemple, la vie en concorde (« *concorditer vivere*[46] » ; « *concorditer vivant*[47] »), et la générosité, qui en résulte naturellement[48].

Précisément, cette vie rationnelle qui cherche à recouper d'autres trajectoires vitales est opposée à deux autres genres de *vita*, dans le scolie 2 de la même proposition 35 que nous venons de commenter : la *vita inculta et agreste* et la *vita solitaria*[49]. Ces types de trajectoires vitales sont explicitement présentés comme versants négatifs des deux volets de la vie sous la conduite de la raison – le développement de la connaissance et le partage communautaire de cette connaissance. D'une part, la conception de la *vita inculta et agreste* présente une mécompréhension des choses ; c'est une vie qui ne cultive pas la raison et qui, par conséquent, ne sait pas chercher l'utile propre. Spinoza souligne que ceux qui louent ce type de vies sont des gens comme « les auteurs de satires », « les théologiens » et « les mélancoliques[50] », qui se moquent des hommes ou considèrent leur vie comme moins intéressante que celle des bêtes. Dans ce passage, Spinoza exprime implicitement que le développement d'une trajectoire de vie sous la conduite de la raison se fait précisément à partir de l'étude et la contemplation de la vie des êtres humains. Cela montre, encore une fois, que malgré la nécessité de passer par une théorisation générale de la force conative partagée par tous les modes dans la durée, le centre d'attention de l'*Éthique* est justement la vie des êtres humains, et qu'il

45 *Ibid.*

46 *É* IV, prop. 37, sc. 2. G. II, p. 237.

47 *É* IV, prop. p. 40. G. II, p. 241. Encore plus décisif sera l'usage de la notion de « vie dans la concorde » dans le *Traité politique*. Comme nous le verrons dans le prochain chapitre, cette notion introduit une conception de vie collective, qui fait varier, encore une fois, l'usage que Spinoza fait de la terminologie de *vita* dans son œuvre.

48 *É* VI, prop. 56. G. II, p. 245.

49 G. II, p. 234.

50 *Ibid.*

fallait pour cette raison qualifier le *conatus* comme une vie humaine particulière dans cet ouvrage. D'autre part, la notion de *vita solitaria* indique littéralement le refus de la vie solitaire, considérée comme une situation vitale non optimale : l'expérience elle-même montre que les êtres humains sont des animaux sociaux et qu'« ils ne peuvent guère passer toute leur vie tout seuls [*vitam solitariam vix transigere queunt*][51] » L'adverbe *vix* qualifie ici la vie solitaire, non comme une impossibilité, mais comme la limite la plus basse dans l'échelle de vie des hommes. Sans la possibilité de croiser d'autres vies humaines, le *conatus* en tant que vertu ne peut se développer[52]. La *vita solitaria* se réduit donc à une forme de « survie » où le corps maintient son fonctionnement biologique, sans pouvoir se lancer dans le développement d'une trajectoire éthique, laquelle inclut nécessairement le partage, avec d'autres modes humaines, la connaissance l'utile propre.

À ce point de la discussion, nous voyons combien la partie IV est clé pour comprendre la manière dont Spinoza conçoit le problème de la *vita* et du *vivere* dans l'*Éthique*. La préface de cette partie avance un cadre où se dessine une trajectoire éthique vers l'utile propre. La suite d'*Éthique* IV nomme cette trajectoire dans la durée comme l'acte même de *vivere*, qui qualifie à son tour le cas humain de la description commune du *conatus* modal que Spinoza avait avancé dans *Éthique* III. Or, ayant proposé de nommer le *conatus* humain comme *vita* et ayant caractérisé différentes manières de mener une trajectoire éthique (la meilleure étant la *vita ex ductu rationis*), il n'est pas étonnant que Spinoza se concentre sur un cas biographique dont la trajectoire a, d'une certaine manière, échoué à persévérer dans son être : celui du poète espagnol anonyme du scolie de la proposition 39, seul passage de l'ouvrage où Spinoza décrit de façon particulièrement détaillée ce qu'il entend par « vie » dans ce contexte.

---

51 *É* IV, prop. 35, cor. 2, sc. G. II, p. 234. Nous suivons ici la traduction de Pautrat.

52 Nous suivons Jean-Marie Beyssade dans une lecture « forte » de l'adverbe *vix* appliqué à *É* IV, prop. 35, sc., car nous soulignons que la vie solitaire n'est pas impossible, ce qui serait le résultat d'une lecture « faible » de ce terme. Mais notre interprétation de la notion de cette conception de *vita solitaria* s'éloigne de celle de Beyssade, car il souligne que, de manière exceptionnelle, la sagesse serait possible en solitude selon Spinoza (voir Beyssade, « VIX », *op. cit.*, p. 495, 502).

LA *VITA* COMME BIOGRAPHIE

Il est intéressant de commenter ce célèbre exemple du poète espagnol, non seulement parce que Spinoza parle ici du problème de la vie et de la mort du corps, mais parce que, à notre avis, le cas du poète espagnol montre très clairement la présence de ce que nous avons signalé comme les deux « strates » de la notion de force dans l'*Éthique*, où l'usage explicite de la terminologie de la *vita* pour qualifier cette force se concentre sur les êtres humains.

La proposition 39 d'*Éthique* IV applique les vocables « bon » et « mauvais » au cas spécifique du corps humain. Ce qui est « bon » conserve le rapport de mouvement et de repos entre les parties du corps ; ce qui est mauvais le détruit[53]. La démonstration s'appuie sur la « petite physique » qui suit la proposition 13 de la partie II, et notamment sur le fait que le rapport spécifique de mouvement et de repos maintient la « forme » du corps[54] : « ce qui constitue la forme du corps humain consiste en ce que ses parties se communiquent les unes aux autres leurs mouvements selon un rapport bien précis [...]. Donc ce qui fait que le rapport de mouvement et de repos qu'ont entre elles les parties du corps humain est conservé conserve la forme du corps humain[55] ».

Si le terme *vita* est absent dans la petite physique, c'est parce que Spinoza est en train de décrire la manière dont un corps quelconque peut se constituer ; cela inclut, certes, le corps humain, mais aussi tout autre corps. L'apparition du terme *vita* (accompagné du terme *mors*) dans le scolie sur le poète espagnol avance donc une nouvelle *qualification* de la notion de rapport de mouvement et de repos comme forme d'un corps, sous la conception d'une vie humaine. Ainsi, ce scolie n'est pas l'application de la petite physique au cas d'un corps complet quelconque, mais ce qu'on pourrait appeler une « anthropologisation » de la petite physique, c'est-à-dire la considération d'une forme individuelle en tant que vie humaine.

53 G. II, p. 239.
54 Sur le concept de forme dans ce contexte de l'œuvre de Spinoza, voir notamment Lorenzo Vinciguerra, *Spinoza et le signe. La genèse de l'imagination*, Paris, Vrin, 2005, p. 139-151.
55 *É* IV, prop. 39, dém. G. II, p. 239-240.

Jusqu'ici, le problème de la forme n'est pas encore le même que celui de la vie. Il est vrai que Spinoza a parlé de « destruction » du corps, dans la démonstration de la proposition 39 d'*Éthique* IV et aussi dans la petite physique. Cependant, lorsqu'il commence à décrire l'exemple du poète espagnol, il introduit un changement terminologique, car il parle, non seulement de destruction du corps, mais plus précisément de « vie » et « mort » d'un individu humain :

> il faut remarquer ici que je comprends que le corps meurt [*corpus tum mortem obire intelligam*] quand ses parties sont disposées de telle sorte qu'elles acquièrent entre elles un autre rapport de mouvement et de repos. Je n'ose pas nier en effet que le corps humain, même s'il conserve du sang et toutes les autres circonstances à cause desquelles on estime que le corps vit, puisse néanmoins se changer en une autre nature totalement différente de la sienne[56].

Le problème principal est d'établir si la mort et, par conséquent, la fin de la vie dans une perspective spinoziste, sont représentées par le « devenir cadavre » du corps, ou bien par la simple transformation du rapport entre les parties qui configurent un individu spécifique.

L'exemple du poète espagnol nous aide à mieux caractériser ce que nous voulons analyser quand nous parlons d'une strate de force *vitale*, particulièrement humaine, c'est-à-dire d'une biographie. Le cas de ce poète est l'exemple d'un homme dont la trajectoire de développement éthique est arrivée à sa fin, ce qui implique la mort. Bien que Spinoza préfère suspendre le jugement à propos de la mort effective du poète après sa maladie[57], dans certains passages du scolie l'argument tend à faire équivaloir mort et changement radical :

> il arrive parfois qu'un homme subisse des changements tels que j'aurais du mal à dire que c'est le même ; j'ai ainsi entendu parler d'un certain poète espagnol qui avait été frappé par la maladie et qui, bien qu'il en ait réchappé, était demeuré cependant tellement sans souvenir de sa vie passée [*mansit tamen praeteritae suae vitae tam oblitus*] qu'il n'arrivait à croire [*crediderit*] qu'étaient de lui les fables et les Tragédies qu'il avait écrites, et à tel point qu'on aurait pu tout à fait le tenir pour un adulte nouveau-né [*infante adulto*] s'il avait aussi oublié sa langue maternelle[58].

56 *É* IV, prop. 39, sc. G. II, p. 240.

57 Pour « ne pas fournir aux superstitieux matière à poser de nouvelles questions, je préfère laisser cela de côte » (*É* IV, prop. 39, sc. G. II, p. 240).

58 *É* IV, prop. 39. sc. G. II, p. 240.

Si cela constitue un cas de mort sans devenir cadavre (dans la mesure où demeure un corps qui respire et où le sang circule), il faut noter que Spinoza établit comme la marque de cette mort le fait que l'homme ne peut pas se souvenir de sa vie. La théorie spinoziste de la mémoire devient alors clé pour comprendre comment un homme peut maintenir sa vie.

La mémoire chez Spinoza désigne une sorte d'aptitude à maintenir les idées des images des corps extérieurs qui ont marqué le corps propre. Les corps extérieurs frappent le corps propre en laissant des traces à partir desquelles l'esprit imagine, c'est-à-dire forme des idées des corps extérieurs même si ceux-ci ne se trouvent pas en sa présence[59]. La mémoire n'est donc rien d'autre que l'enchaînement des idées des corps extérieurs que Spinoza appelle « imagination[60] ». Autrement dit, la mémoire est un réservoir d'images des corps qui ont affecté le corps propre. Dans cette mesure, pouvoir garder les marques laissées sur le corps propre par d'autres corps est fondamental, afin de garder la mémoire de son passé. Le changement radical du poète espagnol, que l'on pourrait signaler comme sa « mort », est dû au fait qu'en raison d'une maladie, une partie très importante des traces laissées par d'autres corps sur le sien ont disparu. Son corps est devenu presque une *tabula rasa* où il est impossible de regagner ou récupérer les affections du corps suscitées par des corps extérieurs[61].

Cet exemple spécifique de la perte de mémoire, illustré par le cas du poète amnésique, particularise l'exploration de la mort en faisant référence à *un* individu humain. Car la mort ici n'est pas n'importe quelle mort : elle est la mort, ou le changement de nature, d'un individu spécifiquement humain, pour cause d'oublis dans une mémoire singulière. Ces oublis ne pourraient être subis par les membres d'aucune autre espèce, ni, en l'occurrence, par aucun autre individu humain. Autrement dit, alors qu'on assistait à l'élargissement radical de la notion de vie comme force dans les *Pensées métaphysiques*, dans l'*Éthique* Spinoza se focalise sur le cas de la vie d'un individu spécifiquement humain, c'est-à-dire de ce que nous appelons une biographie.

Donc, la mort comme perte de forme associée à l'oubli suppose de ne pas pouvoir re-tracer sa propre vie ; et, à l'inverse, se maintenir en vie

59 *É* II, prop. 17, sc. G. II, p. 105-106.
60 *É* II, prop. 18, sc. G. II, p. 107.
61 Sur les particularités des mécanismes physiologiques qui permettent la rétention des marques ou *vestigia*, voir Vinciguerra, *Spinoza et le signe*, *op. cit.*, p. 123-135.

implique de pouvoir re-tracer, re-mémorer la trajectoire propre vécue pendant le temps qu'on a été dans la durée. Mais comme on l'a vu, la trajectoire de la *vita* implique également une sorte de disposition par rapport au futur : le re-traçage de la vie passée n'est qu'une dimension d'une biographie singulière ; l'autre est la voie ou perspective future que l'être humain se dessine au moyen de dispositifs, soit imaginaires, soit rationnels, tel que le modèle de la nature humaine. Ainsi, la *vita* individuelle humaine s'appuie sur une dimension conative partagée par tous les modes existant dans la durée, mais elle qualifie cette durée spécifique, dans la mesure où sa force particulière consiste à « dessiner » une sorte de « scène » temporelle encadrée par un passé duquel on est capable de se souvenir, et par un parcours futur qu'on organise selon le désir de s'approcher du modèle de vraie nature humaine.

À partir de ces considérations, nous insistons sur le concept de biographie pour caractériser la notion de vie dans l'*Éthique*, non seulement parce que ce terme réfère explicitement à la trajectoire individuelle d'un être humain, mais aussi parce que le mot biographie contient en lui-même la référence à une nécessaire récupération des marques et traces passées. La vie est littéralement une trajectoire *bio-graphique* dans la mesure où elle est toujours configurée par les *graphai* (les traces, les marques) que les autres corps ont laissées sur le corps propre, d'où surgit la mémoire et d'où on peut concevoir l'organisation future de la trajectoire dans la durée. Par là même, la vie dans ce contexte est une bio-graphie, non seulement parce qu'il faut garder les marques extérieures dans le corps propre, mais aussi parce que le mouvement de cette trajectoire vitale implique de marquer et de graver, *graphiquement*, d'autres corps, afin de partager un projet de vie en commun.

Nous pouvons donc dire que la notion de *vita solitaria* dont nous avons parlé est justement une sorte d'existence dans la durée à laquelle manque la « graphie » propre à la vie humaine. D'une certaine façon, la nouvelle condition du poète espagnol, après sa maladie, est une sorte de vie solitaire, car même s'il peut parler sa langue, il ne peut pas « graver » les autres corps avec son propre réservoir de marques biographiques, dans la mesure où celles-ci se sont effacées. Qu'il soit comme un bébé adulte signifie qu'à partir de cet effacement, sa nouvelle et courte biographie est trop peu marquée et n'est par conséquent apte ni à marquer significativement d'autres corps, ni à organiser, selon les moyens de l'imagination (et encore moins selon des moyens rationnels), une trajectoire future.

À partir de cette discussion sur la notion de vie dans l'*Éthique*, il est pertinent de revenir sur l'évolution de ce concept dans le corpus de Spinoza, des *Pensées métaphysiques* jusqu'à l'*Éthique*. Mais peut-être serait-il plus judicieux de récapituler cette évolution à partir de la notion de mort, dans la mesure où celle-ci est au centre de l'attention dans l'exemple du poète espagnol.

Dans les *Pensées métaphysiques*, Spinoza fait équivaloir la vie et la force pour persévérer dans l'être qui appartient à toutes les choses dans la durée. Dans ce contexte, la « mort » signifie non pas un changement de nature ou un devenir cadavre, mais l'anéantissement total de la chose de la durée ; la disparition totale. Comme nous l'avons vu, le *Traité théologico-politique* établit un rapport différent entre la puissance de Dieu et celle d'une chose, laquelle exprime la puissance de Dieu d'une manière déterminée. Bien que Spinoza n'utilise pas le terme *vita* pour caractériser cette puissance pour le cas de l'être humain, le caractère politique de l'ouvrage fait équivaloir les notions de puissance, ou droit, avec la liberté de juger de chaque individu humain. La référence à une vie spécifiquement humaine est implicite en cette mention de la liberté, comme sa caractérisation particulière *ad hoc* à un ouvrage de théorie politique. En même temps, la spécificité de cette puissance ou de ce droit est remarquée au moment où Spinoza affirme que la perte de la liberté de juger n'est pas simplement la perte d'un droit politique, mais la perte complète de la nature de l'être humain, car sans liberté, il n'y a pas des êtres humains, mais des automates ou des bêtes. Cette référence aux automates et bêtes témoigne d'un changement de perspective à propos de la mort, car celle-ci est conçue dans le *Traité théologico-politique* comme un changement d'espèce. De la mort comme disparition totale dans les *Pensées métaphysiques*, on passe à une notion de mort comme changement radical en une autre espèce dans le *Traité théologico-politique* : l'être est biologiquement fonctionnel, mais incapable de mener une vie politique en tant qu'humain libre.

À partir de la notion de vie comme biographie et de l'exemple du poète espagnol, Spinoza propose dans l'*Éthique* un nouveau développement de sa perspective sur la mort. La strate de force conative partagée par tous les êtres implique, dans la continuité des *Pensées métaphysiques*, qu'à strictement parler la perte du *conatus* ne pourrait se produire qu'avec une potentielle disparition totale du mode. Pourtant, la qualification de la vie comme *conatus* spécifiquement humain ouvre une nouvelle perspective sur la mort qui n'est ni une forme de destruction totale, ni un changement d'espèce, ni un devenir cadavre. La mort dans l'*Éthique*, définie comme la perte de la forme en tant que rapport particulier de mouvement et de repos, est, pour l'être humain, la destruction d'une trajectoire individuelle spécifique ; l'annulation d'une trajectoire biographique particulière. Ce type de changement peut signifier le passage à une autre biographie humaine, tout en continuant à être un être humain (comme le cas du poète espagnol), ou un devenir cadavre, ce qui à strictement parler implique une destruction du corps humain et sa transformation en un autre mode.

Commentant l'exemple du poète espagnol, Pascal Sévérac distingue deux manières de concevoir le corps vivant : le « corps affectif » et le « corps organique » ou « physique ». Selon Sévérac, le corps mort du poète espagnol correspond à son corps affectif, très peu apte, après sa maladie, à affecter les corps extérieurs et à être affecté par eux. En revanche, le corps biologique du poète continue à fonctionner, ce qui pour Sévérac, nous semble-t-il, équivaut au fait que d'une certaine manière le même poète espagnol continue à vivre[62]. Bien que la distinction entre un corps affectif et un corps biologique soit très riche et serve d'outil conceptuel pour mener de nombreuses recherches sur le développement éthique des individus[63], il nous semble que cette division ne saisit pas la radicalité de la perspective sur la vie et la mort que Spinoza exprime dans ce scolie[64].

La focalisation sur une conception biographique de la vie implique que la mort doit être considérée de façon littérale lorsque cette biographie

62 Voir Sévérac, *Devenir actif*, *op. cit.*, p. 154-158 ; et « Deleuze et Spinoza : les deux corps du moi », in Anne Sauvagnargues et Pascal Sévérac (dir.), *Spinoza-Deleuze : lectures croisées*, Lyon, ENS Éditions, 2016, p. 143-145. Il nous semble que Christian Lazzeri établit une division semblable entre l'« identité » du poète espagnol, d'une part, et son « corps » ou son « esprit », de l'autre : « Un seul et même individu peut donc "mourir" en changeant d'*identité* de multiples manières (croissance, transformation, pathologies etc.), bien que *son* corps et *son* esprit continuent à vivre » (*Droit, pouvoir et liberté*, *op. cit.*, p. 23. Nous soulignons).

63 Voir, par exemple, Julie Henri, *Spinoza, une anthropologie éthique. Variations affectives et historicité de l'existence*, Paris, Classiques Garnier, 2015, p. 33.

64 Voir sur ce même point Raphaële Andrault, *La vie selon la raison. Physiologie et métaphysique chez Spinoza et Leibniz*, Paris, Honoré Champion, 2014, p. 188.

est blessée par les causes extérieures. Dans le cas du poète espagnol, sa biographie inclut, entre autres choses, la réalisation de son œuvre comme auteur ; aussi, comme il ne se souvient pas de sa vie passée, la biographie du poète est littéralement arrivée à sa fin, ce qui veut dire que le poète (peut-être historiquement identifié avec le nom d'Alonso de Góngora y Argote[65]) *n'existe plus.* Même le corps « physique » n'est plus le corps *du* poète espagnol. Le fait qu'après la maladie ce corps-là était le même morceau de matière que le corps du poète espagnol ne signifie pas qu'il reste le corps vivant du même homme, même s'il « fonctionne » biologiquement. Ce corps appartient maintenant à une autre biographie, capable de marquer et d'être marqué par des corps extérieurs d'une manière différente que celle du corps du poète espagnol. Donc, la notion spinoziste de mort comme changement radical de la forme d'une biographie, et non comme devenir cadavre, signifie que même si le corps passé continue à fonctionner physiquement ou biologiquement, on ne peut pas signaler ce corps-là comme le corps du même individu[66].

65 On ne connaît pas la référence historique exacte du poète espagnol. Pour différentes conjectures à ce sujet, voir Vinciguerra, *Spinoza et le signe*, *op. cit.*, p. 155. Le fait de présenter le poète comme un individu anonyme peut indiquer le souhait de Spinoza de montrer que cette expérience de transformation dans l'organisation du corps est plus générale qu'on ne le croit et qu'elle s'applique à tous, comme dans le cas du passage d'enfant à adulte, qu'on analysera dans la suite. En outre, la référence à un poète *espagnol* renvoie à la culture ibérique propre à Spinoza, rarement aussi manifeste que dans ce scolie. Sur ce point voir Pierre-François Moreau, « L'amnésie du poète espagnol », *Klesis*, vol. 5, n° 1, 2007, p. 4 ; et sur la culture littéraire ibérique de Spinoza voir, du même auteur, *Spinoza et le spinozisme*, Paris, Presses universitaires de France, 2003, p. 39-44.

66 Pour analyser le changement radical de personnalité d'un individu (comme, par exemple, celui d'Albert Burgh après sa conversion à la religion catholique), Cortés-Cuadra propose le concept très intéressant de « suicide en vie » (« Raison, passion et *conatus* chez Spinoza. Petite archéologie du suicide », *Revue des sciences philosophiques et théologiques*, vol. 101, n° 3, 2017, p. 417). Cependant, il nous semble que, tel que dans la lecture de Sévérac, il est difficile de capturer la radicalité de l'idée de mort spinoziste si on considère que la « vie », dans ce cas du « suicide en vie », fait référence au fait que le même morceau de matière, qui était le corps de l'individu qui a vécu un changement important, continue à vivre comme si une partie de l'individu était la même qu'avant ce changement-là. Il faut en fait considérer une coupure radicale entre le corps qui appartient maintenant à un nouvel individu et le corps qui appartenait à l'individu avant le changement, même s'il continue à fonctionner biologiquement. On est en présence d'une vie radicalement *autre* et, par conséquent, d'un corps aussi radicalement *autre.* Cependant, l'idée de pouvoir continuer à dénommer cet individu-là de la même façon (par exemple, si on continue à appeler « Albert Burgh » l'individu avant et après son changement de personnalité et sa

En ce sens, il nous semble que notre perspective est plus proche de celle de Catherine Malabou qui, dans son ouvrage *Ontologie de l'accident*, interprète le passage du poète espagnol chez Spinoza comme un cas de rupture radicale entre deux vies. Selon Malabou, cet exemple montre qu'il existe pour Spinoza une plasticité dans la durée biologique d'un être humain, au point d'établir que dans la même trajectoire biologique d'un corps, la vie peut recommencer de manière radicale et l'individu devenir littéralement autre :

> C'est l'une des seules allusions présentes dans un texte philosophique à une métamorphose destructrice de la nature d'un être, d'où naît un être nouveau, en quelque sorte mort-vivant. Le corps peut mourir sans être mort. Il y aurait une mutation destructrice qui ne serait pas la transformation d'un corps en cadavre, mais la transformation du corps en un autre corps dans le même corps, due à un accident, une lésion, un dommage ou une catastrophe. On le voit, pour Spinoza, il y a une très grande ouverture de la possibilité existentielle, dont l'extrémité négative, amoindrie, dépasse de très loin la tristesse, puisqu'il est question d'une mutation d'essence à l'intérieur de l'essence, de quelque chose qui transgresse la gamme normale des variations du *conatus*[67].

Si Malabou saisit la radicalité de la notion de mort chez Spinoza, on pourrait dire que son argument n'examine pas l'ambiguïté avec laquelle le philosophe s'exprime dans ce scolie. En effet, toute notre réflexion est valide pour cet exemple particulier à condition qu'on accepte le fait que le poète espagnol, selon la perspective de Spinoza, est vraiment mort, ce qu'il ne dit jamais de manière explicite. Il nous semble que Malabou souligne correctement la radicalité de la thèse spinoziste sur la mort, mais qu'elle ne rend pas compte du fait que le changement radical d'une vie (ce devenir littéralement *autre*) n'implique pas que l'individu « mort » ne continue pas à être *perçu* comme étant le même

---

conversion religieuse) indique, comme nous le développerons dans la suite de ce chapitre, que Spinoza considère – au moins dans le cas que l'on pourrait concevoir comme celui des morts sans devenir cadavre – que le corps qui maintient ses fonctions biologiques joue un rôle très important dans la *reconnaissance* d'une continuité biographique de cet individu-là par celles et ceux qui l'entourent. Comme nous le verrons, l'hésitation de Spinoza à déclarer le poète espagnol comme définitivement mort pourrait venir du fait que les autres individus résistent à établir cette coupure radicale et continuent à le reconnaitre comme le même individu : le corps biologiquement fonctionnel jouerait un rôle de reconnaissance biographique.

67 Catherine Malabou, *Ontologie de l'accident. Essai sur la plasticité destructrice*, Paris, Éditions Léo Scheer, 2009, p. 36.

individu par ceux qui l'entourent. Pour eux, le (même) individu, avec son corps, est toujours là[68].

68 La plupart des commentatrices et commentateurs n'ont pas considéré sérieusement l'ambigüité et les hésitations explicites de Spinoza pour déclarer comme effectivement « mort » le poète espagnol. Cette position se manifeste par la tentative systématique d'expliquer « pourquoi », d'après Spinoza, l'individu amnésique est effectivement un autre individu que le poète espagnol avant sa maladie. Cette position est en effet la plus répandue (c'est la position que nous avons adoptée jusqu'à maintenant dans ce chapitre ; voir aussi, par exemple, Lee Rice, « Spinoza on Individuation », *The Monist*, vol. 55, n° 4, 1971, p. 656 ; et Martin Lin, « Memory and Personal Identity in Spinoza », *Canadian Journal of Philosophy*, vol. 35, n° 2, 2005, p. 243-268). Une autre position considère plus rigoureusement le langage utilisé dans ce scolie, en expliquant que si Spinoza ne déclare pas explicitement comme mort le poète espagnol, c'est parce qu'il considère qu'avant et après la maladie, il s'agirait en fait du même individu (c'est la perspective récemment discutée par Davide Monaco, « Individuation and Death in Spinoza's *Ethics*. The Spanish Poet Case Reconsidered », *British Journal for the History of Philosophy*, vol. 27, n° 5, 2019, p. 941-958). Ces deux positions arrivent à des résultats différents (le poète espagnol est mort après la maladie *versus* le poète espagnol continue à vivre après son amnésie), mais elles ont en commun d'essayer de « résoudre », par le moyen d'une réponse unique, les paradoxes et hésitations de Spinoza. Peu de commentatrices et commentateurs ont suivi jusqu'au bout le raisonnement de Spinoza (qui en fait évite *une* réponse définitive) : c'est le cas de Don Garret, Chantal Jaquet et, à sa suite, Raphaële Andrault. Comme Jaquet le souligne : « il faut noter que Spinoza ne se prononce pas affirmativement sur la question de savoir si la perte de la mémoire ou la sortie de l'enfance sont des formes de mort. Il suspend son jugement sur la mort [...]. Le statut de la mort demeure donc hypothétique et suspendu » (*Les expressions*, *op. cit.*, p. 286. Voir aussi Andrault, *La vie*, *op. cit.*, p. 185, 193-194 ; et Don Garrett, « Spinoza's Theory of Metaphysical Individuation », in Kenneth Barber and Jorge Garcia (dir.), *Individuation and Identity in Early Modern Philosophy : Descartes to Kant*, Albany, State University of New York Press, 1994, p. 92-93 ; *Nature and Necessity in Spinoza's Philosophy*, Oxford, Oxford University Press, 2018, p. 312-313). En lien avec ces réflexions, il nous semble que la seule manière de considérer toute la force des ambigüités et hésitations exprimées par Spinoza, ainsi que le caractère hypothétique de ce scolie, est justement de suivre les pistes pour comprendre la manière dont Spinoza pourrait établir que l'individu amnésique est un individu radicalement nouveau (à la manière de Malabou, par exemple), mais *en même temps*, de le concevoir comme le même individu. Nous prenons la suspension de jugement dans le scolie sur le poète espagnol comme un signe de la possibilité réelle de suivre à la fois ces deux pistes de lecture : le poète serait radicalement « mort », mais il serait aussi « vivant ». Comme nous le développerons par la suite, il nous semble qu'une réflexion sur la *perception* et la *reconnaissance* du poète espagnol par les autres suit la piste de lecture de l'individu comme d'un mode qui n'est pas mort après la maladie, tandis que considérer qu'il y a une coupure biographique radicale, comme nous l'avons fait jusqu'à maintenant, remplit les critères de l'autre lecture possible, à savoir que le poète a effectivement disparu. Les deux lectures ne sont pas contradictoires, et peuvent coexister dans le cadre de l'*Éthique*, en cohérence avec la manière dont Spinoza laisse en suspens la réponse autour de la mort du poète espagnol, tout en déclarant que cette idée est une hypothèse fort probable. Considérer le problème de la reconnaissance d'une vie comme une clé de lecture dans ce scolie de la proposition 39 d'*Éthique* IV appuie l'idée

En fait, la manière dont nous avons caractérisé la notion de vie dans l'*Éthique* entraîne une perspective peut-être excessivement « personnaliste ». La constitution d'une trajectoire vitale à partir de la préface d'*Éthique* IV, et la construction de cette trajectoire-là en un sens biographique individuel à partir du traçage ininterrompu du corps, exprimée dans l'exemple du poète espagnol, suppose que la vie et la mort se définissent depuis la constitution d'une sorte d'« intériorité » de l'individu humain qui parcourt sa trajectoire vitale. De ce point de vue, par exemple, la mort du poète espagnol est établie non comme un devenir cadavre mais comme la perte d'une forme, laquelle avait été organisée par le contact avec les corps extérieurs. Cependant, Spinoza souligne le fait qu'il ne peut pas dire avec certitude si cet homme-là est toujours le poète espagnol ou pas, car il (le poète) ne peut plus se joindre à sa trajectoire vitale passée. Dans ce cas, le critère pour établir la mort (et aussi une trajectoire vitale) est « intérieur » à l'individu : dans la mesure où le poète lui-même ne peut pas se souvenir de son passé strictement individuel et où il ne peut pas maintenir sa forme, il est mort.

Pourtant, si le poète est mort, comment est-il possible de continuer à dire que cet homme-là *est* le poète espagnol, bien qu'il ne se souvienne pas de sa trajectoire passée ? Autrement dit, on peut se questionner au sujet de la reconnaissance d'une vie lorsque le morceau de matière qui appartenait à cette vie-là, en tant que corps, continue à exister et à fonctionner, c'est-à-dire lorsque la mort ne suppose pas un devenir cadavre. En ce sens, on peut se demander : y a-t-il une théorie de la reconnaissance d'une vie chez Spinoza ?

---

de Vittorio Morfino selon laquelle le cas du poète espagnol montre bien que chez Spinoza on trouve « un modèle où plusieurs couches d'individualité se déposent dans un corps singulier » (« Imagination et ontologie de la relation. Notes pour une recherche », *La pensée*, 398, 2019, p. 119). Il faut aussi noter que le sujet de la reconnaissance chez Spinoza n'a guère été étudié par les commentateurs et commentatrices. À cet égard, voir les travaux de Christian Lazzeri, qui analyse le problème de la reconnaissance chez Spinoza à partir des notions communes et de l'imitation des affects (« Pascal et Spinoza », in Laurent Bove, Gérard Bras, Éric Méchoulan (dir.), *Pascal et Spinoza. Pensée du contraste : de la géométrie du hasard à la nécessité de la liberté*, Paris, Éditions Amsterdam, 2007, p. 245-272 ; « Identité constituante, identité constituée. Identité collective et groupe social », *Terrains/Théories*, vol. 3, 2015, p. 1-41, notamment p. 16-25) ; les remarques de Chantal Jaquet au sujet d'une « éthique de la similitude » dans l'*Éthique* (*L'unité du corps et de l'esprit. Affects, actions et passions chez Spinoza*, Paris, Presses universitaires de France, 2004, p. 191-193) ; et aussi la mention ponctuelle du rapport entre désir et reconnaissance chez Spinoza avancée par Judith Butler, *Giving an Account of Oneself*, New York, Fordham University Press, 2005, p. 43-44.

Il nous semble que l'exemple du poète espagnol entraîne une ambiguïté précisément au sujet de la reconnaissance. Nous soutenons que la mort biographique doit être lue de façon littérale ; mais cela ne signifie pas que l'homme mort ne peut pas continuer à *être reconnu* comme vivant par les individus qui l'entourent, dans la mesure où son corps continue à fonctionner. L'ambiguïté du texte apparaît précisément au moment où Spinoza écrit que le poète est mort sans devenir cadavre, mais en même temps il continue à se référer à lui comme le poète espagnol qui a perdu sa mémoire biographique. Celui-ci semble donc continuer à exister, même s'il est mort, en raison de l'impossibilité de se référer d'une autre manière à ce corps fonctionnel. Peut-être est-ce précisément pour cette raison que Spinoza n'a pas tranché la question de la limite exacte du commencement de la mort. D'une part, le critère d'un changement « intérieur » ou strictement « personnel » exige de ne pas réduire la mort au devenir cadavre ; mais d'autre part apparaît discrètement un critère vital provenant de l'extérieur[69], socialement établi, lequel, même sur le plan de la désignation linguistique, *n'accepte pas* la mort sans devenir cadavre.

L'ambiguïté concernant la limite du passage à la mort est encore plus significative à la fin de ce scolie. Ayant mentionné la possibilité de considérer le poète après sa maladie comme un « enfant adulte », Spinoza se penche sur le sujet du passage de l'enfance à la maturité : « que dirons-nous des enfants nouveau-nés ? L'homme mûr croit leur nature tellement différente de la sienne qu'il ne pourrait se persuader [*persuaderi non posset*] qu'il ait jamais été nouveau-né s'il ne le conjecturait à partir des autres[70] ». Spinoza formule ici une question implicite qui a hanté beaucoup de commentatrices et commentateurs : devenir adulte implique-t-i littéralement mourir ? Partant, vit-on naturellement, à l'intérieur d'une même temporalité biologique, plusieurs « vies[71] » ?

69 Monaco établit aussi une perspective externe et interne dans le scolie sur le poète espagnol, mais il ne rapporte pas cette distinction à une dimension de désignation sociale liée au problème de la reconnaissance. Voir Monaco, « Individuation and Death », *op. cit.*, p. 947-948.

70 *É* IV, prop. 39, sc. G. II, p. 240.

71 Ces questions renvoient au sujet de la transformation, l'« élasticité » ou la « plasticité » de l'essence actuelle existant dans la durée, mise en relief par les commentatrices et commentateurs. C'est Gilles Deleuze qui l'a exprimé de la manière peut-être la plus célèbre en écrivant : « Spinoza suggère que le rapport qui caractérise un mode existant

La réponse exacte est laissée en suspens par Spinoza lui-même, mais le texte sur le passage du bébé à l'âge adulte revient sur la problématique de la reconnaissance externe, au-delà de la trajectoire vitale individuelle singulière. D'après Spinoza, un être humain adulte ne sera pas convaincu du fait que sa propre trajectoire biographique enveloppe l'enfance. De la même façon que le poète espagnol ne peut se souvenir de sa propre biographie, le seul fait de vivre une trajectoire biographique implique des « vides », des « lacunes », des « trous de mémoire », ce qui suppose toujours une certaine « opacité » concernant la trajectoire vitale propre : le passage naturel de l'enfance à l'âge mûr suppose que la situation du poète espagnol est d'une certaine façon un cas universel qui concerne tous les êtres humains[72]. Au regard du caractère ambigu de ce scolie de la proposition 39, on pourrait même considérer que toute biographie entraîne des espaces d'oubli de la trajectoire propre, lesquels supposent à leur tour une sorte de mort, c'est-à-dire une impossibilité de re-tracer la biographie dans ses moindres détails intimes.

Cependant, Spinoza sort au moins partiellement de cette impasse concernant l'oubli de la trajectoire propre, en s'aidant précisément d'un principe de reconnaissance extérieure. Encore qu'il ne soit pas possible de se souvenir du passage du bébé à l'âge adulte de manière personnelle,

---

dans son ensemble est doué d'une sorte d'élasticité. Bien plus, sa composition passe par tant de moments, et aussi sa décomposition, qu'on peut presque dire qu'un mode change de corps ou de rapport en sortant de l'enfance, ou en entrant dans la vieillesse. Croissance, vieillissement, maladie : nous avons peine à reconnaître un même individu. Et encore, est-ce bien ce même individu ? » (*Spinoza et le problème de l'expression*, Paris, Minuit, 1968, p. 202). Comme nous l'avons vu, dans *Ontologie de l'accident*, Malabou va plus loin que Deleuze et remplace la notion d'élasticité par celle de « plasticité » (p. 38). Pour Kim Sang Ong-Van-Cung, la question se pose littéralement en termes d'une sorte de puissance transformatrice qui passe par l'expérience de morts dans une même vie : « pour un individu, un changement de forme qui équivaut à l'effondrement ou à la dissolution de *son* individualité constitue *une* mort. Et il est tout à fait possible que nous ayons à affronter plusieurs morts dans notre vie » (« Le pouvoir d'être affecté : modes spinozistes et singularités chez Deleuze », in Anne Sauvagnargues et Pascal Sévérac (dir.), *Spinoza-Deleuze : lectures croisées*, Lyon, ENS Éditions, 2016, p. 58). Charles Ramond a proposé une critique de cette interprétation à plusieurs reprises (voir *Qualité et quantité dans la philosophie de Spinoza*, Paris, Presses universitaires de France, 1995, p. 216-226 ; et « Adaptations illusoires et sélection réelle (dans la doctrine spinoziste des essences de choses singulières) », in Vincent Legeay (dir.), *L'essence plastique. Aptitudes et accommodements chez Spinoza*, Paris, Éditions de la Sorbonne, 2018, p. 109-127).

72 Voir François Zourabichvili, *Le conservatisme paradoxal de Spinoza. Enfance et royauté*, Paris, Presses universitaires de France, 2002, p. 111, 119-120, 127.

encore que ce passage se soit effacé de la mémoire, on peut *extrapoler* ce qu'on voit, dans la trajectoire vitale des autres, au cas de la propre biographie. C'est justement ce qu'indique la notion de « persuasion » dans le passage du scolie que nous venons de citer : cette notion s'oppose au verbe « croire », qui indique l'oubli du poète, mais aussi la perplexité d'un homme face à la continuité entre son être adulte et son enfance. Le poète ne croirait pas que ses écrits sont de sa main, mais un homme peut être « persuadé » d'avoir été bébé en voyant la trajectoire vitale des autres. Ici, la notion de persuasion indique une sorte de mémoire qui concerne la trajectoire vitale propre, mais qui vient de l'extérieur, de l'observation des autres vies.

Spinoza avait déjà exprimé cette idée au sujet de la mort dans le *Traité de la réforme de l'entendement*, au milieu de sa discussion sur la modalité de connaissance qu'il désigne comme expérience vague : « Je sais par expérience vague que je mourrai : je l'affirme en effet parce que j'ai vu qu'avaient succombé à la mort d'autres êtres semblables à moi [*vidi alios mei similis*], bien qu'ils n'aient pas tous vécu le même laps de temps [*temporis spatium vixerint*] ni succombé à la même maladie[73] ». Dans ce texte comme dans celui qui concerne le passage de l'enfance à l'âge adulte de l'*Éthique*, l'expérience joue le même rôle : c'est sur elle, sur ce que je vois advenir aux autres êtres comme moi, que je peux conjecturer sur ma propre mort. Si Spinoza, dans ce texte du *Traité de la réforme*, infère l'inévitabilité de la mort dans le futur, la conjecture qui permet de se persuader qu'on est le même individu depuis l'enfance jusqu'à l'âge adulte fait référence au traçage d'une trajectoire biographique par rapport au passé. Entre les deux se configure ce que nous avons appelé une « scène » temporale (en relation directe avec la notion de « *temporis spatium* » dans le fragment cité), où la *vita* singulière se dessine, grâce à la reconnaissance des autres comme êtres « similaires » qui vivent des expériences semblables[74].

73 *TRE* 20. G. II, p. 10.

74 En ce sens, l'expérience de dessiner une *vita* singulière au moyen de ce retraçage est toujours une forme de figuration de soi-même (*autos*), mais sans jamais être isolé d'autrui (*heteros*). Autrement dit, le traçage d'une *vita* est toujours un exercice d'« autobiographie » mais *en même temps* de ce qu'on pourrait appeler « hétérobiographie ». Dans ce contexte, ce dernier terme ne doit pas être compris comme une biographie écrite par un autre individu, mais comme le traçage d'une biographie singulière qui intègre la reconnaissance de l'expérience d'autrui dans l'*autos*. Nous sommes donc d'accord avec Moreau sur le fait

Même s'il y a des « vides » concernant certains passages de la biographie propre, ils peuvent être remplis par la reconnaissance du mouvement général des trajectoires vitales appartenant à d'autres membres de l'espèce humaine. Donc, la possibilité de re-tracer sa propre biographie dépend aussi de la possibilité de se reconnaître comme faisant partie d'une espèce où les individus vivent des trajectoires vitales semblables[75]. La notion de persuasion par cette expérience de reconnaissance ne correspond pas

---

que la stabilité de la biographie propre n'est qu'une illusion, dans la mesure où, d'après le cas du poète espagnol, Spinoza souligne le caractère transformateur du corps. Cependant, nous nous éloignons de Moreau lorsqu'il affirme que, depuis une perspective spinoziste, l'exercice d'autobiographie serait « interdite » (Moreau, « L'amnésie du poète », *op. cit.*, p. 13). Une pratique autobiographique serait interdite uniquement si on la comprend seulement comme l'écriture ou la récupération d'une vie qui ne cherche que la stabilité ou la solidité dans la trajectoire propre d'un sujet, ce qui est impossible chez Spinoza. Mais au fond, toute pratique de constitution biographique singulière inclut, au moins en partie, un exercice autobiographique, lequel chez Spinoza se transforme profondément par son rapport avec ce que nous avons nommé une « mémoire extérieure », qui donne une dimension « hétérobiographique » à toute biographie. La reconnaissance de moi-même comme trajectoire vitale passe nécessairement par la *reconnaissance du commun*, d'autrui comme semblable à moi et qui a des expériences que je pourrais avoir aussi. Ainsi, plutôt que d'interdire la pratique autobiographique, la philosophie spinoziste transforme le sens de ce que l'on entend couramment par cette notion. En effet, un exercice autobiographique spinoziste serait profondément expérimental, au point de renoncer à établir une stabilité substantielle du sujet et une continuité linéale absolue d'une trajectoire dans la durée, pour chercher les « lacunes » ou moments d'« opacité » et les pallier, toujours de manière provisoire, au moyen des expériences de reconnaissance externe.

75 Nous faisons référence à une différence entre « l'interne » et « l'externe » chez Spinoza tout en sachant que cette distinction est toujours provisoire et instable. L'analyse l'interrelationnelle élaborée par Vittorio Morfino nous semble clé à cet égard. En effet, le rapport entre biographie et reconnaissance, que nous avançons dans ce chapitre, n'est qu'une dimension, dans la *natura naturata*, de ce que Morfino a développé à partir de la « relation », l'« entrelacement » ou le « tressage » des choses durables : « l'essence des choses réside [...] dans le fait accompli des relations et des circonstances qui ont produit cette existence : en d'autres termes, l'essence d'une chose est concevable uniquement *post festum*, c'est-à-dire uniquement à partir du fait de son existence ou, plus précisément, à partir de sa puissance d'agir qui nous révèle sa véritable *intériorité*. La barrière entre intérieur (*essentia intima*) et extérieur (*circumstantia*), c'est-à-dire ce qui constitue son environnement est abattue ; la puissance est précisément la relation régulée d'un extérieur et d'un intérieur qui se constituent dans la relation elle-même » (*Le temps et l'occasion. La rencontre Spinoza-Machiavel*, Paris, Classiques Garnier, 2012 [2002], p. 159). Depuis cette perspective, le problème de la reconnaissance « externe » ou « extérieure » n'est pas réductible à un simple « point de vue » sur l'individu, par opposition à ce qui serait « interne » et « intime » à chacun. Pour une autre perspective sur le caractère provisoire et instable de la distinction entre l'interne et l'externe chez Spinoza, voir aussi Genevieve Lloyd, *Part of Nature : Self-Knowledge in Spinoza's* Ethics, Ithaca, Cornell University Press, 1994, p. 23.

à une idée adéquate de l'entendement. Cependant, même si elle s'ancre dans un genre de connaissance imaginative (ou expérience vague), cette persuasion est nécessaire pour pouvoir commencer à déployer une vie sous la conduite de la raison. Si Spinoza dit, dans le *Traité de la réforme de l'entendement*, que l'expérience vague de la mort fait partie d'une manière d'« apprendre » des choses qui contribuent « à l'usage de la vie[76] », on peut dire aussi que la notion de persuasion, au cœur du texte sur le passage de bébé à adulte, devient une sorte de « socle » ou de « fondation » qui, sur la base d'une d'expérience imaginative, s'avère être une condition totalement nécessaire pour établir qu'une *vita* puisse se placer sous la conduite de la raison. Être « persuadé » par l'expérience des autres entraîne ainsi une sorte d'aptitude à être affecté afin d'augmenter sa propre puissance ; au contraire, ne pas être capable de « croire » qu'il y a un passé qu'on a tracé (ou, autrement dit, ne pas pouvoir « être persuadé » de ce fait) implique une inaptitude à être affecté, qui, à la limite, est une mort.

Ainsi, on peut dire que dans ce contexte la reconnaissance joue chez Spinoza un double rôle à l'égard de la constitution d'une trajectoire vitale. Premièrement, malgré la radicalité de la notion de mort comme changement de forme, un corps biologiquement fonctionnel implique qu'une vie continue à être *reconnue* comme faisant partie du même individu qui a changé de forme. Cet individu vit donc une sorte de double biographie : sa trajectoire vitale a changé, dans la mesure où il ne peut retracer, recueillir, les expériences vécues dans la durée ; mais, dans le même temps, comme le corps se montre en tant que face visible de cette nouvelle vie, il reste socialement perçu et traité comme le corps d'antan[77]. Deuxièmement, la reconnaissance joue chez Spinoza un rôle

---

76 *TRE* 20. G. II, p. 11.

77 On peut avancer que dans cette « double » biographie, il y a parfois un « décalage » entre les deux strates de l'expérience interne et de la reconnaissance corporelle externe. Les productions esthétiques nous offrent sans doute une perspective sur ce décalage. Mentionnons l'exemple de David Lynch : dans le troisième volet de *Twin Peaks* (2017), Dale Cooper revient à la vie alors qu'il remplace son doppelgänger, Douglas Jones, qui habite à Las Vegas. À la manière du poète espagnol, Cooper, à son retour, a presque complètement perdu la mémoire ; il ne peut pas expliquer de manière cohérente qui il est ; il ne peut pas retracer sa propre biographie ; mais la seule apparence de son corps permet qu'il soit appelé par son nom et reconnu comme appartenant à sa famille. Malgré l'effacement presque complet de sa mémoire, son corps permet sa reconnaissance. Ce décalage entre l'incapacité à se souvenir et la reconnaissance externe se fait évident

de remplissage des « lacunes » dans la propre biographie. En effet, être persuadé par les trajectoires vitales d'autres individus implique aussi une sorte d'aptitude à être affecté, dans la mesure où l'individu se montre capable de retracer sa propre trajectoire, mais à partir des biographies extérieures à lui. L'établissement d'une trajectoire vitale implique donc, non une fermeture en une sorte de sujet intérieur absolu, en un « moi » qui pourrait se connaître de façon totale, mais plutôt une ouverture aux aspects partagés avec les trajectoires d'autres biographies.

À partir de l'exemple du poète espagnol surgissent deux points paradoxaux remarquables concernant le problème de la vie dans l'*Éthique*. Le premier est que Spinoza réfléchit explicitement sur la mort, alors qu'il dit que la philosophie doit être une méditation sur la vie. Le second est qu'un rapport s'établit entre la constitution d'une biographie humaine et le rôle de l'imagination, dans une philosophie qui considère cette dernière comme la source des idées inadéquates.

MEDITATIO VITAE : L'ABOLITION DE LA MORT OU COMMENT Y PENSER SANS CRAINTE

La proposition 67 d'*Éthique* IV souligne qu'un « homme libre ne pense à rien moins qu'à la mort ; et sa sagesse est une méditation non de la mort, mais de la vie [*vitae meditatio*][78] ». La démonstration de cette proposition souligne que vivre sous la conduite de la raison implique de rejeter l'affect de la « crainte de la mort[79] », et d'être dirigé directement par la poursuite du bien. La référence à la proposition 63 d'*Éthique* IV et son corollaire fonde cet argument sur le fait que tout affect qui se rapporte à la raison est un affect de joie ; la crainte, en revanche, est un affect de tristesse. Donc, agir en essayant toujours d'éviter ce qu'on craint

lorsque ceux qui entourent Cooper attendent de lui des actions qu'il ne peut réaliser à cause de son amnésie. Pour un autre argument sur le rapport entre Lynch et Spinoza, voir Mathieu Potte-Bonneville et Pierre Zaoui, « David Lynch – Corps et âme », *Man Waking From Dream*, catalogue exposition au FRAC Auvergne, Clermont-Ferrand, 2012.

78 G. II, p. 261.

79 *Ibid.*

implique le fait de vivre une vie remplie d'affects tristes, c'est-à-dire une vie qui est toujours au-dessous de sa puissance optimale.

Ce même corollaire souligne que suivre le bien permet en soi d'éviter le mal : « par un désir né de la Raison, nous poursuivons le bien directement et fuyons le mal indirectement[80] ». Son scolie illustre cette idée par la régénération du corps : « Le malade avale ce qu'il n'aime pas par peur de la mort. L'homme en bonne santé au contraire se réjouit de la nourriture, et ainsi jouit de la vie mieux que s'il craignait la mort et désirait directement y échapper[81] ». L'homme guidé par la raison trouve plaisir en la régénération de son corps dans la mesure où la raison implique nécessairement, comme le dit aussi la démonstration de la proposition 67, de désirer directement le bien, c'est-à-dire de désirer « agir, vivre, conserver son être avec son principe fondamental de rechercher sa propre utilité[82] », par référence à la proposition 24 de la partie IV. Le bien est donc l'acte-même de vivre, tandis que le mal mène vers la mort, laquelle s'évite en cherchant le bien.

Dans la mesure où la philosophie devrait être une méditation sur la vie, la mort occupe paradoxalement une place assez importante dans l'*Éthique*. On pourrait croire l'expliquer par l'argument selon lequel, si le but de la pensée et d'une vie sous la conduite de la raison est d'éviter la mort comme objet philosophique, alors sa connaissance nous conduit à ce but-là. Pourtant, cet argument est invalide, car Spinoza dit que la « connaissance du mal est une connaissance inadéquate », parce qu'elle provoque une tristesse[83].

Pourquoi donc Spinoza s'intéresse-t-il autant à des figures de mort ? Comme Chantal Jaquet l'a remarqué, que la philosophie de Spinoza soit une méditation de la vie n'implique pas que la mort doive être complétement absente. Si l'*Éthique* souligne que le sage ne pense à rien moins qu'à la mort, cela ne signifie pas qu'il n'y pense pas du tout. Pour Spinoza, la mort n'est pas un évènement face auquel le sage doit être apathique. Au contraire, tout en sachant qu'elle est inévitable et invincible, il est possible de tempérer ses conséquences affectives tristes grâce au développement d'une perspective d'éternité[84]. À cet argument,

80 G. II, p. 258.
81 G. II, p. 258-259.
82 G. II, p. 261.
83 *É* IV, prop. 64 et dém. G. II, p. 259.
84 Voir Jaquet, *Les expressions*, *op. cit.*, p. 275-291.

nous voudrions ajouter que, dans la mesure où Spinoza présente dans l'*Éthique* une gamme de figures et réflexions autour de la mort[85], il semble que ce ne soit pas la mort en soi le problème, mais ses conséquences associées à la *crainte* que la mort provoque. En effet, la crainte apparaît, par exemple dans le *Traité théologico-politique*, comme la source d'une pensée sur la divinité transcendante et anthropomorphique. Ce genre de pensée est la superstition, laquelle suppose que les dieux imaginés par les êtres humains agissent et désirent de la même manière que les hommes ; d'où surgissent les rituels et les cérémonies, car les hommes pensent que la conservation de la vie dépend d'une sorte de réciprocité entre les dieux et les êtres humains[86].

Si la crainte associée à la mort est une source de la tristesse et, en même temps, la source à partir de laquelle surgit une cosmologie transcendante et anthropocentrique, est-il possible de penser sans crainte à la mort ? Dans l'affirmative, le résultat devrait être une perspective philosophique non anthropocentrique et immanente autour des sujets de la vie et la mort. En effet, nous soutenons que ce qu'on a nommé le « dédoublement » de la notion de force dans l'*Éthique* nous aide à concevoir comment la pensée de Spinoza peut être une méditation de la vie, mais aussi une méditation sans tristesse sur la mort.

Comme nous l'avons expliqué dès le début de ce chapitre, l'*Éthique* focalise la notion de vie sur la vie humaine. Cette opération s'appuie sur

---

85 Wallace Matson a aussi défini avec justesse cet intérêt de Spinoza pour la mort par le concept de « *thanatopsis* », qui fait surtout référence à l'*Éthique* comme un ouvrage qui mène une réflexion aiguë et non anecdotique sur ce sujet : la démarche de Spinoza implique de se demander « *what death is, how it comes about, the madness of suicide, and the overcoming of fear of death* ». Voir son article « Death and Destruction in Spinoza's *Ethics* », *Inquiry*, vol. 20, nº 1-4, 1977, p. 403.

86 Dans la préface du *TTP*, Spinoza indique que dans l'adversité, les êtres humains « ne savent pas où se tourner, ils sollicitent un avis de chacun, et ils n'en trouvent aucun trop stupide, absurde ou vain pour être suivi. Enfin, les plus légers motifs redonnent des espérances ou les font retomber dans la peur. Car si, lorsqu'ils sont en proie à la crainte, ils voient arriver quelque chose qui leur rappelle un bien ou mal passés, ils pensent y trouver l'annonce d'une issue heureuse ou malheureuse et, pour cette raison, bien que déçus cent fois, ils le nomment présage favorable ou funeste. Si, en outre, ils voient avec grand étonnement quelque chose d'insolite, ils croient qu'il s'agit d'un prodige qui manifeste la colère des dieux ou de la divinité suprême ; ne pas l'apaiser par des sacrifices et des prières paraît une impiété à des hommes en proie à la superstition et éloignés de la religion. » (G. III, p. 5) La critique spinoziste contre une conception transcendante et anthropocentrique de Dieu et de la nature est complétée par son argument contre le finalisme, dans l'appendice de la partie I de l'*Éthique*.

une strate de force partagée par tous les modes, signalée comme *conatus*, l'effort pour persévérer dans l'être, qu'on ne peut pas faire équivaloir à la vie. La qualification spécifique de la vie humaine repose sur cette force partagée. On pourrait croire que l'*Éthique*, en qualifiant cette force comme *vita* humaine, lui donnait une concrétisation anthropomorphique et anthropocentrique, mais il n'en est rien. La focalisation terminologique sur le *conatus* humain comme vie ne fait que désigner le développement de la trajectoire éthique individuelle d'un être humain comme objet central de l'ouvrage, non comme sujet privilégié dans la nature.

En réalité, la façon dont Spinoza s'exprime sur la production de tous les modes témoigne de son effort pour effacer toute référence anthropocentrique concernant la force conative. Nous avons souligné plusieurs fois comment Spinoza a étendu la notion de vie dans les *Pensées métaphysiques*, ce qui rend compte de son effort pour considérer égale la force vitale de tous les être existants dans la durée, y compris les êtres humains. De même, le *Traité théologico-politique* met à égalité droit et puissance, par une manœuvre philosophique qui rompt avec l'idée d'une supériorité morale des êtres humains sur les autres êtres en raison d'une apparente place privilégiée dans la nature.

Au demeurant, la critique du privilège de l'être humain dans le domaine naturel peut s'observer plus clairement, avant même le texte des *Pensées métaphysiques*. Dans une lettre à Henry Oldenburg, datée d'octobre 1661, Spinoza répond aux objections du secrétaire de la Royal Society concernant le statut substantiel des êtres humains, non seulement en disant que ceux-ci ne sont pas des substances, mais en soulignant que les êtres humains sont engendrés en continuité avec les autres modes : « Les hommes ne sont pas créés [*creari*], mais seulement engendrés [*generari*] et [...] leurs corps existaient déjà auparavant, quoique formés d'une autre manière[87] ». Il n'y a pas une création privilégiée des êtres humains, mais une sorte de transformation matérielle des corps (si on fait le rapport avec le cas de la *res extensa*). Cette idée sera ultérieurement développée, avec le même lexique, dans le *Court traité*, où Spinoza présente à nouveau la distinction entre « créer » et « engendrer » dans une note du chapitre II de la première partie de cet ouvrage : « en cela consiste la différence entre *créer* [scheppen] et *engendrer* [genereren]. *Créer* est poser une chose

87 *Ep*. 4. G. IV, p. 14.

simultanément quant à l'essence et quant à l'existence; mais *engendrer* signifie qu'une chose est produite *seulement quant à l'existence.* Et c'est pourquoi il n'y a dans la nature aucune création [*scheppen*], mais seulement génération [*genereren*]. » À strictement parler, seule l'activité de Dieu peut être nommée « création », car « il *crée la nature de la chose ensemble avec la chose*[88] ». En déniant à ce qui existe dans la nature la possibilité de créer, Spinoza exprime que la nature entière est totalement actuelle, sans aucune virtualité ou potentialité. On ne peut même pas dire que les choses qui ne sont jamais advenues dans la durée sont « créées », car leurs essences se trouvent éternellement dans les attributs[89]. La notion d'engendrement produit ainsi une « égalisation » de la production de choses dans la durée, laquelle neutralise toute tentative d'établir une sorte d'« exception » dans la nature[90]. Spinoza évite ainsi d'accorder aux êtres humains une place privilégiée due à leur naissance, octroyant à Dieu seul la puissance créatrice, laquelle est exprimée de manière totale, en accord avec son omnipotence infinie.

Spinoza suit la même ligne d'argumentation quant à la production de modes dans *Éthique* I, lorsqu'il souligne que toutes les choses (y compris les êtres humains) obéissent aux mêmes lois de génération dans la durée et dépendent de la même nécessité de la substance exprimée à travers les êtres finis :

> Une chose singulier quelle qu'elle soit, autrement dit toute chose qui est finie et possède une existence déterminée, ne peut exister ni être déterminée à opérer que si elle est déterminée à exister et à opérer par une autre cause, qui elle aussi est finie et possède une existence déterminée ; et cette cause à son tour ne peut pas elle non plus exister ni être déterminée à opérer sans une autre, qui elle aussi est finie et possède une existence déterminée, pour la déterminer à exister et à opérer, et ainsi à l'infini[91].

Les trois textes que nous venons de citer (la lettre 4, la première partie du *Court Traité* et la proposition 28 d'*Éthique* I) témoignent

88 *CT* I, II/5, note. G. I, p. 20.

89 *CT*, app. *De l'âme humaine*, 10-11. G. I, p. 119.

90 Et elle renforce également l'argument de Spinoza contre la tradition substantialiste aristotélicienne. Sur l'arrière-fond historique de ce débat, voir John Carriero, « Monism in Spinoza », in Olli Koistinen et John Biro (dir.), *Spinoza : Metaphysical Themes*, Oxford, Oxford University Press, 2002, p. 42-54.

91 *É* I, prop. 28. G. II, 69.

plus ou moins explicitement d'un effort pour s'éloigner d'une sorte de privilège de la production de l'être humain, dans deux directions. D'abord, la « génération » de chaque être humain dépend des mêmes « matériaux » et de la même nécessité que celle des autres êtres dans la nature. Ensuite, l'espèce humaine, comme toutes les autres espèces, n'a pas de commencement : il n'y a pas un « premier homme ». C'était précisément le sujet sur lequel Oldenburg se plaignait dans la lettre suivante : « tant que je n'aurai pas pénétré par quelle cause et de quelle manière les choses ont commencé d'être, et par quel lien elles dépendent de la cause première (s'il y en a une), tout ce que j'entends, tout ce que je lis, me semble être des broutilles sans suite[92] ». Ainsi, même si dans l'*Éthique* Spinoza qualifie le *conatus* humain comme *vita*, cela n'implique pas qu'il interrompe ses efforts pour éviter (et même dénoncer) toute perspective anthropocentrique sur la production et maintien de la force pour persévérer dans l'être : ces efforts restent visibles, notamment lorsqu'il se penche sur la « production » des modes.

Cette production de modes équivalents explique la possibilité de concevoir la mort sans crainte : la transformation en cadavre d'un corps humain implique la fin d'une biographie, mais cette transformation de la matière en autre mode est, en réalité, un nouveau cas de génération déterminée d'un être fini[93]. L'*Éthique* peut ainsi se focaliser sur le développement de la biographie humaine, mais aussi tendre à l'abolition de l'idée de mort comme événement extraordinaire dans la nature[94]. La mort en tant que la fin d'une *vita* doit être relativisée comme événement absolu, dans la mesure où elle implique l'apparition d'un autre mode également remarquable, à l'intérieur de la substance entière.

Le point fondamental ici est que, en maintenant une strate de force partagée par tous les modes et en n'accordant aucun privilège à la génération des êtres humains, la mort, à strictement parler, *disparaît*.

92 *Ep.* 5. G. IV, p. 15.

93 Voir Jason Waller, « Spinoza on the Incoherence of Self-Destruction », *British Journal for the History of Philosophy*, vol. 17, nº 3, 2009, p. 493.

94 Cet aspect est bien remarqué par Pierre Macherey, *Introduction à l'*Éthique *de Spinoza. La quatrième partie. La condition humaine*, Paris, Presses universitaires de France, 1997, p. 250-253. L'abolition de la mort comme un évènement rare et extraordinaire peut être considérée comme concomitante aux efforts de Spinoza pour abolir le miracle, conçu comme une structure de pensée qui fait intervenir l'extraordinaire dans la nature. Sur ce point, voir Henri Laux, *Imagination et religion chez Spinoza. La* potentia *dans l'histoire*, Paris, Vrin, 1993, p. 84.

Il n'y a que de nouveaux engendrements modaux, parmi lesquelles se trouve la génération des êtres humains. La compréhension de ce fait devrait entraîner une diminution de la crainte, ou au moins une modération de ses conséquences[95]. L'abolition de la mort comme fait absolu implique d'admettre deux postulats contraires à la superstition telle qu'elle est expliquée dans le *Traité théologico-politique*. D'une part, si la mort est toujours une transformation en autre chose avec une force inhérente (*conatus*), alors tous les cycles de transformations adviennent, de manière immanente, à l'intérieur d'une seule réalité, que Spinoza appelle substance, ou nature[96]. Cependant, le plus important n'est pas de nommer ce processus, mais d'éviter l'émergence d'une pensée transcendante aboutissant à la notion d'une vie après la mort. D'autre part, que la mort humaine fasse partie d'une série de transformations assez fréquentes – équivalentes, pour la dynamique productrice immanente de la substance, à toutes les destructions des modes – implique de sortir d'une pensée anthropocentrique sur la production de la vie, qui accorderait à la naissance ou la mort de l'être humain un privilège substantiel par rapport à la production des autres choses finies.

Dans l'*Éthique*, Spinoza vise à méditer sur la vie, mais aussi à comprendre la nature et ses transformations[97]. La philosophie est une méditation sur la vie au sens éthique du développement biographique d'une *vita* humaine. L'ouvrage se montre comme philosophiquement capable de mener une recherche sur les affects et de trouver les remèdes aux passions, afin de construire un parcours biographique vers ce que Spinoza appelle liberté ; mais la philosophie est aussi une méditation sur la vie, car elle vise à comprendre la nature tout entière, depuis la substance en tant que telle, jusqu'aux transformations modales de ses affections ; c'est-à-dire qu'elle cherche à comprendre comment les choses agissent par leurs efforts pour

95 Sur ce point, voir Luís César Oliva, « De não pensar na morte a não temer a morte », in Daniela Cápona González et Braulio Rojas Castro (dir.), *Spinoza. XIV Coloquio. Repensar la potencia revolucionaria de la modernidad*, Valparaiso, Autoedición, 2019, p. 176.

96 *É* IV, préf. G. II, p. 206.

97 D'où la justesse du titre de la thèse de doctorat de François Zourabichvili, *L'idée de transformation dans la philosophie de Spinoza*, Université Nancy 2, 1999, pour faire référence à ce thème essentiel de la philosophie spinoziste. D'où aussi l'accent mis sur le sujet de la transformation comme un *problème* éminemment spinoziste, même au-delà de l'œuvre de Spinoza. Voir François Zourabichvili, *La littéralité et autres essais sur l'art*, Paris, Presses universitaires de France, 2011, notamment les textes « Cinéma et transformation : *Les Autres*, de Hugo Santiago » et « *Les Autres*, de Hugo Santiago *(bis)* », p. 185-207.

persévérer dans leur être. À partir de cette perspective, même si l'objet central du livre est le développement vital-biographique spécifiquement humain, cet objet ne peut être saisi sans comprendre le fonctionnement de la nature complète et ses transformations modales, parmi lesquelles se trouvent celles du mode être humain. Ainsi la crainte de la mort ne peut-elle être abolie que grâce à un programme de connaissance de toute la nature où la mort humaine (ou le changement radical des biographies humaines) n'occupe qu'une place très modeste dans le réseau complet des *conatus* agissant dans la durée[98].

98 À partir de la progressive disparition de la mort comme évènement extraordinaire et de l'abolition de la crainte de la mort par la réfutation d'un privilège de l'être humain quant à sa naissance ou sa destruction, il faudra s'interroger sur les cas spécifiques de mort d'êtres humains auxquels Spinoza s'intéresse, tels que, par exemple, le suicide. Dans la riche discussion sur ce sujet chez les commentatrices et commentateurs, il s'agit de savoir comment Spinoza peut concilier le suicide avec la proposition 4 d'*Éthique* III, où il soutient qu'« aucune chose ne peut être détruite, si ce n'est par une cause extérieure. » (G. II, 145). Don Garrett a bien rendu compte du fait que cette idée d'*Éthique* III n'est pas contradictoire avec le fait du suicide car « *what is in a thing is also less than its "whole nature", since it need not include everything that is predicated of the thing, and it includes the thing's accidents not completely but only to various degrees. Thus, although a human body may be described as "infected", or a human mind as "depressed", it does not follow that these qualities are, or are fully, in the things of which they are predicated. On the contrary, what is fully in a thing is only what follows entirely from its essence – namely, its essence and its properties – rather than from its accidents.* » (« Spinoza's *Conatus* Argument », in Olli Koistinen et John Biro (dir.), *Spinoza : Metaphysical Themes*, Oxford, Oxford University Press, 2002, p. 147 ; *Nature and Necessity*, *op. cit.*, p. 374). Dans cette même ligne, la réflexion de Spinoza sur le suicide rend problématiques les limites entre le suicide et n'importe quelle autre mort, car à strictement parler il est impossible d'accomplir un suicide sans une cause extérieure qui serait au fond la cause efficiente de la mort (voir Mitchell Gabhart, « Spinoza on Self-Preservation and Self-Destruction », *Journal of the History of Philosophy*, vol. 37, n° 4, 1999, p. 624 ; Steven Barbone et Lee Rice, « Spinoza and the Problem of Suicide », *International Philosophical Quarterly*, vol. 34, n° 2, 1994, p. 240-241 ; et Tamás Pavlovits, « La raison du suicide chez Pascal et Spinoza », in Laurent Bove, Gérard Bras et Éric Méchoulan (dir.), *Pascal et Spinoza. Pensée du contraste : de la géométrie du hasard à la nécessité de la liberté*, Paris, Éditions Amsterdam, 2007, p. 211-213). Cortés-Cuadra saisit bien cette idée lorsqu'il dit que le suicide « est ontologiquement impossible » et « il ne peut être vraiment désiré » (voir son « Le suicide de Sénèque chez Spinoza. Entre paradoxe éthique et question politique », *Laval théologique et philosophique*, vol. 74, n° 1, 2018, p. 13 ; et aussi « Raison, passions et *conatus* », *op. cit.*, p. 409-414). Or, Gabhard dit qu'à cause de cette indistinction entre le suicide et une autre forme de mort, la notion de suicide elle-même devient « triviale » chez Spinoza (« Spinoza on Self-Preservation », *op. cit.*, p. 627). Cependant, à partir des analyses de Cortés-Cuadra sur les ramifications politiques du problème du suicide chez Spinoza, on voit bien qu'il n'y a rien de trivial dans l'usage qu'il en fait dans sa philosophie. Nous ajoutons que la mention et l'attention au problème du suicide n'ont rien de trivial précisément parce que Spinoza veut briser l'idée selon laquelle le suicide serait une sorte d'évènement extraordinaire dans la

Le rapport entre connaissance et diminution de la crainte de la mort est souligné par Spinoza dans la proposition 38 de la partie V : « Plus l'âme comprend de choses par les second et troisième genres de

nature. L'effacement des limites entre le suicide et les autres formes de mort vise à établir la nécessité des causes extérieures dans tous les cas de destruction des modes dans la substance. Il s'agit donc toujours de chercher les raisons et les causes de *toutes* les destructions de modes (voir Cortés-Cuadra, « Raison, passions et *conatus* », *op. cit.*, p. 428). La mort du mode être humain n'occupe pas une position spéciale dans le cadre des destructions à l'intérieur de la nature tout entière ; et même *parmi les destructions des êtres humains* (que l'on appelle « mort »), le suicide n'a pas non plus un statut exceptionnel. Ainsi, chez Spinoza le suicide s'intègre à l'architecture argumentative de l'*Éthique* qui cherche à établir que toutes les destructions modales sont des transformations conçues dans le cadre de la *natura naturata*, et à rompre avec la perspective anthropocentrique sur la mort comme évènement extraordinaire, afin de diminuer la crainte. L'exemple de Sénèque est un peu plus compliqué car il s'agit de la figure d'un sage qui commet l'acte de se tuer. D'après Steven Nadler, (« Spinoza on Lying and Suicide », *British Journal for the History of Philosophy*, vol. 24, nº 2, 2016, p. 257–278) et Cortés-Cuadra (« Le suicide de Sénèque », *op. cit.*), on pourrait qualifier ce cas de « suicide rationnel ». Miller mentionne aussi cette possibilité dans le cadre du spinozisme, mais non pas à partir de l'exemple de Sénèque, ce qui est un peu étonnant étant donné que son travail propose une comparaison entre le suicide chez les stoïciens et chez Spinoza (Jon Miller, « Stoics and Spinoza on Suicide », in Gábor Boros (dir.), *Der Einfluss der Hellenismus auf die Philosophie der Frühen Neuzeit*, Wiesbaden, Harrasowitz, 2005, p. 131-132). Cette idée d'un suicide rationnel souligne, d'une part, une cause extérieure qui oblige (le fait que Sénèque serait tué de toute façon par le souverain) et aussi, d'autre part, une dimension politique, car le sage comprend bien qu'il n'est pas bon pour la cité de désobéir au souverain. Nous ajoutons que le cas de Sénèque s'intègre à l'argument exprimé par Spinoza, non pas comme une anomalie, mais comme une situation qui montrerait une forme d'accomplissement éthique. En fait, s'il peut exister un « suicide rationnel », c'est aussi parce que le sage Sénèque se trouve déjà dans la situation affective que Spinoza cherche à établir, à savoir : il n'est pas affecté par la crainte de la mort ; il a déjà compris la destruction de l'être humain comme une transformation dans le cadre de la *natura naturata*. Cela ne signifie pas que le suicide serait « autorisé » ou même ontologiquement possible, mais que, dans la situation de contrainte dans laquelle Sénèque se trouve, se tuer se présente comme une possibilité, toujours forcée par les causes extérieures, mais sans qu'elle implique l'épreuve de la crainte en tant que passion. Selon cette interprétation, la compréhension des causes naturelles par le sage et, par conséquent, la diminution au minimum de la crainte de la mort, se conjugue avec l'obéissance au souverain et la pression des causes extérieures. Cette idée du rapport affectif (sans crainte) entre le sage Sénèque et son autodestruction explique, nous semble-t-il, comment on peut concevoir un suicide rationnel, sans jamais considérer la mort comme objet de désir (Cortés-Cuadra, « Le suicide de Sénèque », *op. cit.*, p. 11). Suivant la ligne de ce cas, on pourrait ajouter les réflexions de Spinoza sur les morts dans une situation de guerre. Dans la lettre 30 (G. IV, p. 166), Spinoza soutient que les morts dans les guerres anglo-néerlandaises doivent se comprendre dans le cadre des transformations de la *natura naturata* tout entière. Bien que cette perspective puisse nous paraître choquante, elle est cohérente avec l'argument de l'*Éthique* qui conçoit, sans exception, les morts (y compris le suicide) sans crainte et comme rien d'autre que des transformations à l'intérieur de la substance.

connaissance, moins elle pâtit des affects qui sont mauvais, et moins elle craint la mort[99] ». Le scolie de cette même proposition ajoute une référence directe à la proposition 39 de la partie IV, où l'exemple du poète espagnol est donné, et où la mort est en effet exprimée comme une transformation radicale du corps. Cette référence est un peu énigmatique, car même si Spinoza avait mentionné qu'il allait traiter de la manière dont le changement dans le corps « peut être nuisible ou utile à l'âme[100] » dans la partie V, cette proposition 39 n'explicite rien concernant le rapport entre connaissance et peur de la mort. Toutefois, cette référence du scolie de la proposition 38 de la partie V à la proposition 39 d'*Éthique* IV peut signifier implicitement qu'une connaissance plus achevée de la nature consiste, parmi d'autres choses, à relativiser la mort, à ne plus la considérer comme absolue mais à la concevoir comme une forme de transformation entraînant toujours de nouvelles générations. Donc, une *meditatio vitae* peut continuer à penser la « mort », mais toujours en la relativisant comme une transformation modale et aussi en la concevant vraiment comme un passage entre deux individualités (non nécessairement humaines), chacune douée de *conatus*. Partant, il ne s'agit pas de rejeter la notion de mort elle-même, mais d'avancer une transformation de cette conception telle que l'on puisse parler d'une nouvelle génération chaque fois qu'un changement radical advient au corps. La tristesse de la crainte de la mort devient ainsi une pensée de la joie, dans la mesure où on s'approche de la connaissance des transformations à l'intérieur de la nature complète.

---

99 G. II, p. 304. Voir également le début du scolie de la proposition 39 d'*Éthique* V, qui fait aussi référence au corps : « Les corps humains ayant des aptitudes multiples, nul doute qu'ils puissent par nature se rapporter à des âmes qui aient une grande connaissance de soi et de Dieu, dont la plus grande ou principale part soit éternelle, et qui ainsi ne craignent guère la mort. » (G. II, p. 305).

100 *É* IV, prop. 39, sc. G. II, p. 240.

UNE *VITA* IMAGINATIVE

Au-delà de la référence directe à la mort, l'exemple du poète espagnol ouvre une perspective de réflexion sur la vie en relation avec l'imagination. En effet, la biographie du poète, comme exemple paradigmatique d'une vie humaine devenue autre, place l'imagination au centre de la constitution de cette *vita*.

Réfléchir à ce rapport devient toujours plus pertinent si on interprète un autre silence dans la lettre du texte de Spinoza : la cinquième partie de l'*Éthique* ne mentionne jamais le terme *vita*, ni aucun des mots qui lui sont apparentés, lorsque Spinoza parle de la perspective de l'éternité, c'est-à-dire sans référence à l'imagination. Comme Pierre Macherey l'a bien expliqué dans son commentaire sur l'*Éthique*, il y a un point d'inflexion dans la cinquième partie, à la proposition 20. Dans le scolie de cette proposition 20, Spinoza s'exprime sur la façon dont l'amour envers Dieu (qui est « l'Amour envers une chose immuable et éternelle »), s'engendre d'une manière que l'on pourrait qualifier de « dynamique », c'est-à-dire en occupant « la plus grande part de l'âme », sans l'occuper complètement, mais en laissant « la moindre part de l'âme » aux affects passionnels[101]. À la fin de ce scolie, Spinoza souligne le point d'inflexion de son ouvrage en disant que tout ce qu'il a dit jusque-là appartient au domaine de la « vie présente » : « Et j'en ai par là fini avec tout ce qui regarde la vie présente [*praesentem vitam*]. Car [...] j'ai rassemblé dans mon bref exposé tous les remèdes aux affects, chacun pourra le voir aisément [...]. Il est donc temps maintenant que je passe à ce qui relève de la durée de l'âme [*mentis*] sans relation au corps. » Macherey souligne que Spinoza utilise l'expression « vie présente » (et la formule polémique d'un « esprit » ou d'une « âme sans corps ») justement comme une manière de rompre avec la perspective dominante de tout l'ouvrage jusqu'à ce moment-là : une perspective où l'imagination occupe toujours une place dans l'aménagement d'une trajectoire vitale, bien que cette place soit minimale. Même l'analyse de l'Amour envers Dieu, « avec le mouvement expansif dans lequel il entraîne l'âme tout entière, a été considéré “pour

101 *É* V, prop. 20, sc. G. II, p. 294.

autant qu'il se rapporte au corps" (*quatenus ad corpus referetur*)[102] ». La rupture est marquée par le fait que les propositions finales d'*Éthique* V s'installent « alors dans une perspective qui semble devoir être celle de la seule connaissance, délivrée des obligations liées à la vie quotidienne concrète, où l'âme est exposée aux même aléas que ceux qui jalonnent la vie du corps, alors que ces contraintes ont au contraire fixé sa forme au processus tendanciel décrit jusqu'ici[103] ». Macherey lui-même avait insisté sur le rôle que joue l'imagination, toujours liée au corps, dans le processus de connaissance – à partir de la préface de la quatrième partie jusqu'à la proposition 20 de la cinquième partie[104].

L'imagination, précisément à l'intérieur du domaine que Macherey appelle la « vie quotidienne » (et que Spinoza lui-même avait nommé « *vita communis* » dans le *Traité de la réforme de l'entendement*), aide à organiser les rencontres avec le monde extérieur afin de réussir la configuration d'une règle de vie adéquate et de s'approcher du modèle de vie vraie. Nous avons déjà remarqué ce rapport entre la formation d'un développement

102 Pierre Macherey, *Introduction à l'*Éthique *de Spinoza. La cinquième partie. Les voies de la libération*, Paris, Presses universitaires de France, 1994, p. 112.

103 *Ibid.*, p. 114. Voir aussi l'analyse des différents degrés de puissance de l'imagination avancée par Macherey, où il indique que « la pratique de l'*amor erga Deum* [...] n'est pas purement intellectuelle mais fait intervenir l'imagination sous des formes qui, loin de brider l'effort de persévérer dans son être qui est en chacun, favorisent son élan » (« Spinoza et la simple obéissance », *La philosophie au sens large*, 2019, disponible en ligne sur https://philolarge.hypotheses.org/2501 (consulté le 30/12/2021)). Sur la même ligne, Steven Nadler soutient que la figure de l'homme libre d'*Éthique* IV (et, en suivant Macherey, on peut ajouter, du début d'*Éthique* V) n'est pas définie par l'élimination totale de la passivité ; un reste d'imagination subsiste. Cette interprétation du sage spinoziste qui suit la conduite de la raison propose d'aller contre une tradition des commentatrices et commentateurs qui insistent sur le caractère « asocial » et « apolitique » de cet homme libre. Voir Steven Nadler, « On Spinoza's "Free Man" », *Journal of the American Philosophical Association*, vol. 1, n° 1, 2015, p. 103-120. Nous avons déjà discuté (p. 66-67, 87) l'interprétation apolitique de la sagesse proposée par Martha Nussbaum dans son *The Upheavals of Thought. The Intelligence of Emotions*, Cambridge, Cambridge University Press, 2001, p. 526. Pour une lecture du sage comme être asocial, voir Daniel Garber, « Dr. Fischelson's Dilemma : Spinoza on Freedom and Sociability », in Yirmihahu Yovel et Gideon Segal (dir.), *Ethica 4 : Spinoza on Reason and the 'Free Man'*, New York, Little Room Press, 2004, p. 193 ; et, pour une réponse critique à cette lecture, plus proche de notre interprétation, voir Hasana Sharp, « Generosity as Freedom in Spinoza's *Ethics* », in Jack Stetter et Charles Ramond (dir.), *Spinoza in Twenty-First-Century American and French Philosophy : Metaphysics, Philosophy of Mind, Moral and Political Philosophy*, Londres, Bloomsbury, 2019, p. 277-288.

104 Macherey, *Introduction...La quatrième partie*, *op. cit.*, p. 375-376 ; *Introduction...La cinquième partie*, *op. cit.*, p. 49, 67-74, 85-88, 107-109, 113.

biographique individuel et l'imagination lorsque, à travers le rôle de la mémoire[105], Spinoza établit une manière « d'ordonner et d'enchaîner les affections du corps conformément à l'ordre de l'entendement[106] », en s'aidant justement d'un commandement (*mandare*) ancré dans la mémoire. La rupture avec cette perspective soulignée par Macherey est encore plus manifeste dans la proposition 21, juste après le scolie où se trouve la mention de la « vie présente », qui s'éloigne explicitement de la perspective de l'imagination et de la mémoire : « L'âme ne peut rien imaginer, ni se souvenir des choses passées, sinon pendant que dure le corps[107] ».

Dans les propositions où Spinoza s'exprime sur la perspective de l'éternité (sujet dans lequel il se plongera à partir de la proposition 21 d'*Éthique* V), il n'utilise jamais la notion de *vita*. Cette rupture terminologique complète celle soulignée par Macherey. Le concept de « vie présente » implique donc spécifiquement de se référer à la durée du corps, où l'imagination joue un rôle essentiel, soit dans le ballotement passionnel de l'être humain, soit dans l'organisation plus ordonnée de la vie affective, c'est-à-dire dans la totalité du cadre temporel que nous avons nommé une biographie.

Autrement dit, ce que Spinoza appelle « la durée de l'Esprit sans relation à l'existence du Corps », ne fait pas à strictement parler partie d'une *vita*, laquelle se constitue grâce à l'imagination, à la constitution d'une mémoire et, par conséquent, à l'existence concrète d'un corps dans la durée. Cependant, nous ne voudrions pas soutenir une lecture presque platonicienne de Spinoza, où le troisième genre de connaissance impliquerait une sorte de coupure radicale avec le corps[108]. Comme les commentatrices et commentateurs l'ont déjà montré, la référence à l'esprit sans relation à l'existence du corps ne suppose pas la négation de la corporalité chez Spinoza : l'esprit continue à être idée du corps, mais de l'essence même du corps[109]. Nous voudrions souligner que c'est

105 *É* V, prop. 10, sc. G. II, p. 287-288.

106 *É* V, prop. 10. G. II, p. 287.

107 G. II, p. 295. Bien entendu, cette formule, ne pas « se souvenir des choses passées », n'est pas une sorte d'oubli qui impliquerait la mort à la manière du poète espagnol.

108 C'est l'interprétation de Nussbaum, originalement formulée précisément dans un article sur les rapports entre Platon, Spinoza et Proust autour du sujet de l'« ascension ». Voir Martha Nussbaum, « The Ascent of Love : Plato, Spinoza, Proust », *New Literary History*, vol. 25, nº 4, 1994, p. 925-949.

109 Voir, par exemple, Macherey, *Introduction… La cinquième partie*, *op. cit.*, p. 115-116 ; Pierre-François Moreau, *Spinoza, L'expérience et l'eternité*, Paris, Presses Universitaire de France,

Spinoza lui-même qui évite d'appeler cette perspective de l'éternité de l'esprit une *vita*. Pour le développement d'une vie, l'existence du corps *dans la durée* est toujours nécessaire, c'est-à-dire l'existence d'un *conatus* comme « essence *actuelle*[110] » du mode humain.

Par conséquent, si on accepte la rupture textuelle remarquée par Macherey, il faut corriger un aspect conceptuel de son commentaire sur la dernière partie de l'*Éthique*. Macherey insiste sur le fait que, en laissant de côté « l'existence du corps » et en se focalisant sur l'éternité de l'esprit, Spinoza se concentre sur ce que Macherey appelle « la vie de l'esprit[111] ». Mais dans cette cinquième partie, Spinoza n'utilise jamais cette expression. Il ne le fait qu'une fois dans l'*Éthique*, dans le chapitre 5 de l'appendice de la quatrième partie, où il revient sur l'usage du bon et du mauvais pour faire référence aux moyens qui pourront aider à la formation d'une trajectoire de vie menée par la raison : « Il n'y a donc pas de vie digne d'être vécue [*vita vitalis*] sans intelligence, et les choses sont bonnes dans la mesure où elles aident l'homme à jouir de la vie de l'âme [*mentis vita*], qui se définit par l'intelligence. Au contraire, celles qui empêchent l'homme de parfaire sa Raison et de jouir d'une vie rationnelle [*rationali vita*], celles-là nous les disons seulement mauvaises[112] ». Dans ce passage, Spinoza, en cohérence avec l'argument général d'*Éthique* IV, ne se réfère pas au troisième genre de connaissance. Partant, la conception de vie de l'esprit rend compte de ce que, tout au long de ce chapitre, nous avons caractérisé comme une vie qui se construit sous la conduite de la raison, en tant que modalité de mener et organiser la trajectoire vitale dans la durée. Donc, il nous semble que cette référence exceptionnelle à la « vie de l'esprit » évoque plutôt une manière de mener toujours une *ratio vivendi* d'après la raison sans encore atteindre une perspective d'éternité[113], laquelle ne sera développée qu'à partir d'*Éthique* V, 21. Ici, il s'agit encore d'une

1994, p. 537 ; et Chantal Jaquet, « Eternity », in Michael Della Rocca (dir.), *The Oxford Handbook of Spinoza*, Oxford, Oxford University Press, 2018, p. 374-375.

110 *É* III, prop. 7. G. II, p. 146. Nous soulignons.

111 Voir aussi Bernard Vandewalle, *Spinoza et la médicine. Éthique et thérapeutique*, Paris, L'Harmattan, 2011, p. 167-172.

112 *É* IV, app., chap. 5. G. II, p. 267.

113 Juan Vicente Cortés-Cuadra arrive à la même conclusion que nous sur ce point (voir son article « Vie, mort et mort en vie. Mémoire et identité chez Spinoza », *Revue philosophique de Louvain*, vol. 117, n° 1, 2019, p. 44-48).

description de la manière dont on organise un parcours éthique qui, de même que Spinoza l'avait expliqué dans la préface d'*Éthique* IV à propos du modèle de la nature humaine, utilise les notions de bon et mauvais, et où le rapport à l'imagination est sans doute toujours utile, même si elle tend à occuper une place de plus en plus marginale au fur et à mesure que la raison se développe. Donc, une prétendue vie de l'esprit telle que Macherey la conçoit, c'est-à-dire qui désignerait une « vie » particulière de la *mens* une fois que la perspective de l'éternité a été atteinte par l'individu, n'est jamais mentionnée comme telle et ne fait pas partie de la pensée de Spinoza.

En effet, en suivant notre argument, il faut dire que, du point de vue de l'éternité (c'est-à-dire sans rapport avec l'imagination), il n'y a pas de *vita*. La vie, telle que Spinoza la définit dans l'*Éthique*, c'est-à-dire comme la qualification du *conatus* spécifiquement humain, doit être comprise comme une sorte d'« espace de temps » qui part de la naissance humaine et peut se finir, soit par une transformation radicale où le corps devient un autre mode (une mort, comme celle du poète espagnol), soit par l'acquisition du troisième genre de connaissance, où les affections cessent de s'enchaîner, même de façon minimale, d'après les affections corporelles imaginatives[114].

C'est pour cette raison que nous insistons sur la justesse de la définition de la vie dans l'*Éthique* comme bio-graphie. Ce concept indique que la vie est le développement d'une trajectoire spécifique dans la durée, mais aussi que cette trajectoire ne s'établit qu'à travers un traçage possible du corps par l'imagination. Pour qu'il y ait une vie, il doit y avoir une référence au corps actuel existant dans la durée et, par conséquent, il doit y avoir aussi la constitution d'une mémoire spécifiquement humaine grâce à l'imagination. La notion de « vie présente » exprimée par Spinoza pour signaler que, jusqu'au scolie de la proposition 20 de la partie V, il a analysé les modes humains à partir de la perspective de l'imagination, ne suppose pas qu'il existe une sorte de vie « non présente », future, au-delà de l'imagination. L'adjectif « présente » met

114 Nous sommes d'accord avec Gábor Boros, qui soutient que le passage vers l'éternité est une limite ou une fin de la vie ; mais il nous semble qu'il est conceptuellement inexact d'appeler comme il le fait ce passage une « mort ». Voir son article « Life as Death in Spinoza », in Gábor Boros, Judit Szalai, Olivér István Tóth (dir.), *The Concept of Affectivity in Early Modern Philosophy*, Budapest, The Dean of the Faculty of Humanities of Eötvös Loránd University, 2017, p. 150-157.

plutôt l'accent sur l'aspect inexorablement actuel d'une vie ou d'une trajectoire biographique.

Ce n'est pas par hasard que nous utilisons l'expression « espace de temps » pour désigner le champ dans lequel s'inscrit la trajectoire d'une vie. Spinoza lui-même utilise une expression où la référence à une sorte de « spatialité » de la vie est évidente, toujours dans la partie V. Après avoir indiqué que « nous vivons [*vivimus*] dans un continuel changement », il revient au sujet du devenir cadavre : « On dit en effet malheureux celui qui, de nourrisson ou d'enfant, est passé à l'état de cadavre, et inversement on attribue au bonheur d'avoir pu parcourir tout l'espace de la vie [*totum vitae spatium*] avec une âme saine dans un corps sain[115] ». La vie est donc justement définie comme un trajet, ou une sorte de « plan », ou même une sorte de « scène », à l'intérieur de laquelle se développe une biographie. Outre sa dimension spatiale, ajoutons que cet espace a une dimension « temporelle », car pour Spinoza le temps n'est qu'une manière dont l'imagination mesure la durée[116]. Aussi, dans la mesure où la *vita* dans l'*Éthique* est toujours conçue en lien avec l'imagination, il nous semble qu'elle a toujours une perspective temporelle, à partir de laquelle cet « espace de la vie » peut se mesurer, retracer, rappeler et réorganiser. La mort comme amnésie et la perspective de l'éternité ont ainsi en commun l'annulation de la possibilité de mesurer la durée propre au sein de la temporalité biographique, soit à cause de l'effacement de la mémoire, soit à cause de la compréhension des choses *sub specie aeternitatis*, où la référence au temps n'a aucun sens.

On pourrait nous objecter qu'il est faux que Spinoza n'utilise jamais la notion de vie dans la dernière partie de l'*Éthique*, dans la mesure où elle est mentionnée quelquefois, notamment dans l'expression « l'espace de la vie » présente dans le scolie de la proposition 39. Nous trouvons des allusions explicites à la vie et à la mort dans les propositions 38, 39, 40. Cependant, ces mentions ne font que confirmer notre hypothèse quant au « silence » de Spinoza sur une « vie » humaine *sub specie*

115 *É* V, prop. 39, sc. G. II, p. 305. Traduction modifiée.

116 « [N]ous pouvons déterminer la durée et la quantité autant qu'on voudra, en concevant la quantité abstraction faite de la substance et en séparant la durée de la manière dont elle découle des choses éternelles. De là naissent le temps et la mesure. Le temps en l'occurrence permet de déterminer la durée, et la mesure permet de déterminer la quantité, de manière à ce que nous puissions les imaginer facilement, autant que faire se peut. » (*Ep.* 12. G. IV, p. 56-57).

aeternitatis. En effet, ces mentions constituent une sorte de parenthèse dans l'argument sur le troisième genre de connaissance, et elles réfèrent toutes, soit justement à la mort de l'imagination, soit à la non-nécessité d'une perspective d'éternité pour mener une droite forme de vie.

La proposition 38, dont nous avons déjà parlé à propos de la crainte de la mort, souligne, à la fin de son scolie, « que l'âme humaine peut être de nature telle que ce qui périt d'elle avec le corps, comme nous l'avons montré (*voir la prop. 21*), soit sans importance par rapport à ce qui demeure d'elle[117] ». Cette référence à la proposition 21 d'*Éthique* V est cruciale, car elle rompt avec la « vie présente » et marque explicitement la fin de l'imagination. Ensuite, le scolie de la proposition 39, comme nous venons de le voir, souligne les transformations du corps dans « l'espace de vie », en référence à une dimension où la perspective de l'éternité n'est pas encore atteinte. On fait un grand effort, écrit Spinoza, pour essayer de faire en sorte qu'un corps puisse développer des aptitudes variées ; mais ce scolie fait toujours référence à l'imagination et à la mémoire en tant que caractéristiques propres aux formes de vie dans la durée, même si elles occupent une place très réduite dans l'esprit ou l'âme : « nous nous efforçons avant tout dans cette vie [*in hac vita*] de faire en sorte que le corps du nourrisson se change en un autre qui, pour autant que sa nature le supporte et qu'il lui convient, ait de très nombreuses aptitudes et se rapporte à une âme qui soit la plus consciente de soi, de Dieu et des choses ; si bien que tout ce qui se rapporte à sa mémoire ou à son imagination au regard de son entendement n'aura guère d'importance[118] ». Autrement dit, Spinoza parle ici explicitement de vie, mais seulement dans la mesure où l'esprit continue à imaginer. Enfin, le corollaire de la proposition 40 contient une nouvelle allusion à la proposition 21, à partir de laquelle Spinoza souligne que, si l'imagination périt, nous pâtissons moins. Ainsi, lorsque Spinoza parle de ce qu'il appelle « un mode éternel du penser[119] » , entre les propositions 21 et 40 de la cinquième partie, il n'utilise pas une terminologie associée à la *vita*. Cette discussion confirme, d'après notre argument, que Spinoza considère la vie et la mort nécessairement par rapport à la persistance de l'imagination.

117 *É* V, prop. 38, sc. G. II, p. 304.
118 *É* V, prop. 39, sc. G. II, p. 305.
119 *É* V, prop. 40, sc. G. II, p. 306.

Spinoza revient à la terminologie de la vie dans l'avant-dernière proposition de l'*Éthique*. La proposition 41 revient sur l'argument de la quatrième partie et souligne que, pour vivre d'une manière droite, l'éternité de l'esprit n'est pas nécessaire : « Le premier et unique fondement de la vertu, c'est-à-dire de la droite règle de vie [*recte vivendi ratione*], c'est [...] de rechercher son propre intérêt. Mais pour déterminer ce que la Raison nous dicte comme étant notre intérêt, nous n'avons tenu aucun compte de l'éternité de l'âme[120] ». Pour reprendre les analyses de Macherey, le domaine de la vie et la constitution d'une *ratio vivendi* apparaissent lorsque Spinoza revient au plan de la « vie quotidienne concrète », qui est aussi le plan de la vie par rapport à l'imagination. L'allusion à l'utile propre signifie, par là même, le fait de revenir sur le sujet du *conatus* humain, qui est la base sur laquelle une *vita* peut être qualifiée comme telle. En même temps, le scolie de cette proposition 41 souligne encore une fois que même la crainte de la mort peut aider à la constitution d'une vie capable de suivre la loi de l'utile propre – car la plupart des hommes croient qu'il y a une vie après la mort –, et que c'est la crainte « d'être punis après la mort par de terribles supplices, qui [incite les êtres humains] à vivre, d'après la prescription de la loi divine, pour autant que le permettent leur faiblesse et l'impuissance de leur cœur[121] ». Autrement dit, soit parce qu'on comprend rationnellement comment poursuivre l'utile propre, soit parce qu'on est affecté par des passions tristes comme la crainte, il est toujours possible de construire une *ratio vivendi* en communauté.

Le silence terminologique de Spinoza concernant la notion de *vita* dans la dernière partie de l'*Éthique* montre que, telle qu'il l'a conçue dans cet ouvrage, la vie désigne un objet très spécifique : la trajectoire dans la durée d'un être humain. Cette trajectoire s'appuie sur une force qui est partagée par tous les modes et qui doit se concevoir toujours par rapport au corps actuel existant dans la durée, c'est à dire toujours par rapport à l'imagination et à la mémoire. Dans le même temps, cette trajectoire est particulière, car chaque biographie a la possibilité de développer une compréhension rationnelle très vaste de la nature, ce qui peut mener à une sagesse au point de reconnaître le caractère non privilégié de la *vita* humaine dans le réseau des *conatus* présents dans la nature.

---

120 *É* V, prop. 41, dém. G. II, p. 306.
121 *É* V, prop. 41, sc. G. II, p. 307.

Selon cette perspective, Spinoza reconnaît et qualifie la *vita* humaine comme le centre d'attention de l'*Éthique* afin de souligner le fait que l'être humain peut atteindre une sagesse telle qu'elle permettrait précisément une sorte de « désactivation » de cette *vita*. La vie en tant que trajectoire biographique se conçoit ainsi comme la description du mouvement réel d'un mode spécifique (celui de l'être humain), en tant que ce mode se représente une temporalité propre, parcourue suivant une trajectoire individuelle. Cette « désactivation » de la *vita* équivaut donc à l'accès à une perspective d'éternité absolue, où la notion même de « temps » se révèle simplement comme une fiction nécessaire pour persévérer dans l'être. La désactivation de la *vita* implique la fin de la biographie de l'individu, mais sans que se produise une mort. L'éternité est donc, paradoxalement, la fin de la vie, mais non l'avènement de la mort.

MULTITUDINIS LIBERA SIBI VIVERE STUDET

La notion de vie collective dans le *Traité politique*

Le *Traité politique* présente une évidente continuité avec l'usage débiologisé de la notion de vie qui traverse l'œuvre de Spinoza. Comme nous l'avons vu, les usages de la terminologie de la vie font référence à la « force » des choses pour préserver dans leur être (dans les *Pensées métaphysiques*), à un domaine d'existence dans lequel une vie philosophique doit s'immerger (la *vita communis* du *Traité de la réforme de l'entendement*), à l'être humain en tant qu'espèce apte à habiter une communauté politique (dans le *Traité théologico-politique*), et enfin à une biographie comme trajectoire dans la durée d'un individu humain spécifique (dans l'*Éthique*). Spinoza établit explicitement cette continuité dans le *Traité politique*, à l'article 5 du chapitre v : « Par conséquent, lorsque nous disons que l'État le meilleur est celui où les hommes passent leur vie dans la concorde, j'entends par là une vie humaine, qui se définit non par la seule circulation du sang et les autres fonctions communes à tous les animaux, mais avant toute chose par la raison, véritable vertu de l'âme, sa vraie vie[1] ». Toutefois, si ce texte est explicite concernant l'usage non biologique de la vie, pris isolément il ne clarifie pas la variation spécifique que Spinoza fait subir à cette notion dans son dernier écrit. En effet, si le terme de *vita* est utilisé pour désigner autre chose que l'existence biologique, il faut s'interroger sur le contenu de la notion de « vie humaine » et, par conséquent, sur la conception de la « raison » en tant que « vraie vie » de l'âme.

La réponse à ces questions pourrait venir de l'analyse remarquable qu'Alexandre Matheron propose : il souligne que la formation d'une société authentiquement humaine exige la création d'un contexte favorable au développement de la sagesse rationnelle, même si cela ne concerne

1 *TP* V/5, G. III, p. 296.

qu'un petit groupe de personnes. Dans cette perspective, la société apparaît comme un grand individu contenant une multiplicité de vies, parmi lesquelles on trouverait quelques trajectoires individuelles qui parviendront à mener une vie authentiquement « humaine » par le moyen du développement de la raison. Cet apparent « élitisme » de Matheron est atténué par sa propre interprétation de l'individuation chez Spinoza, où il détecte une théorie de la réincarnation, selon laquelle les modes reviennent à la durée et peuvent recommencer la recherche de la sagesse[2].

Nous n'avons pas pour but de critiquer la thèse de Matheron sur la possibilité du développement d'une communauté des sages à l'intérieur d'une société politique bien structurée[3]. Cependant, il nous semble que l'idée de « vie humaine » du *Traité politique*, située au-delà du fonctionnement biologique du corps, peut s'interpréter plus exactement en continuité avec l'un des acquis de notre dernier chapitre autour de l'*Éthique* : l'intérêt de Spinoza pour le dépassement de la mort en tant que source de l'affect de la crainte. Dans le *Traité théologico-politique*, Spinoza formulait déjà l'idée générale que la crainte était à l'origine de la superstition et qu'un État devrait se gouverner plutôt par l'espoir que par la crainte[4]. Dans l'*Éthique*, Spinoza raffine cette idée en formulant la thèse suivante : la philosophie doit être une méditation sur la vie et non sur la mort. Nous avons souligné que cette *meditatio* n'implique pas que le philosophe ne doive jamais penser à la mort ; elle suppose plutôt qu'il faut avancer vers la compréhension du fait que c'est la crainte de la mort qui fait d'elle un événement extraordinaire pour les êtres humains. Pour dépasser cette crainte, il faut concevoir le passage de la vie à la mort uniquement comme un ensemble de changements conatifs.

Dans l'*Éthique*, Spinoza ne considère pas la crainte de la mort comme une thématique politique, du moins pas explicitement. Au contraire, dans

---

2 Voir Alexandre Matheron, *Le Christ et le salut des ignorants*, Paris, Aubier-Montaigne, 1971, p. 227-230. Pour une analyse plus détaillée de la théorie matheronienne sur la réincarnation spinoziste et ses conséquences politiques, nous renvoyons à notre article « Le parti des apôtres : Matheron et la subversion, entre Mao et le Christ », *La pensée*, vol. 398, 2019, p. 86-97, ainsi qu'à notre thèse de doctorat, *La notion de vie chez Spinoza et sa réception dans la pensée française contemporaine*, Université Paris 1 Panthéon-Sorbonne, 2021, p. 426-475.

3 L'hypothèse d'une communauté de sages spinoziste est développée par Alexandre Matheron, dans son *Individu et communauté chez Spinoza*, Paris, Minuit, 1968, notamment quatrième partie, p. 515-613.

4 *TTP* préf/5. G. III, p. 5-6.

le *Traité politique*, il revient sur ce sujet, en continuité avec sa réflexion sur la tâche de la philosophie, et dans le cadre d'une méditation sur la vie, dans un sens cette fois explicitement politique : le philosophe s'efforce de penser la structure et la durée vitale d'une société entière. Cette méditation s'appuie sur le concept de « vie humaine », entouré d'une variété d'autres termes lui donnant une signification spécifique : celle de modalité d'existence dans la durée s'efforçant d'échapper à la crainte de mort. La notion de vie dans ce contexte est notamment accompagnée par la figure de la « multitude libre », au moyen de laquelle Spinoza imprime une nouvelle variation à l'usage terminologique de la *vita* : dans le *Traité politique*, la vie désigne certes une modalité d'être qui concerne chaque individu humain, mais elle exprime aussi, ici plus explicitement que dans tout le reste de l'œuvre de Spinoza, une modalité d'être collective des êtres humains.

L'examen de la figure de la multitude libre comme figure de vie requiert d'abord d'élucider la notion de « vie dans la concorde », présente dans le fragment cité, afin d'étudier ensuite les implications de cette conception pour une modalité de vie collective.

LA VIE DANS LA CONCORDE ET LA RATIONALITÉ COLLECTIVE

Spinoza utilise le concept de vie dans la concorde au début du *Traité politique* : « je suis pleinement persuadé que l'expérience a montré tous les genres de Cités que l'on peut concevoir pour faire vivre des hommes dans la concorde [*ut homines concorditer vivant*], en même temps que les moyens par lesquels on doit diriger la multitude[5] ». Comme nous l'avons vu, dans l'article 5 du chapitre V de ce *Traité*, ce que Spinoza nomme « une vie humaine » est précisément une description de ce qu'il appelle aussi une « vie dans la concorde ». La notion de « concorde » devient donc la clé terminologique et conceptuelle pour comprendre le contenu spécifique de ce que Spinoza entend par « vie humaine » dans son dernier écrit.

5 *TP* I/3, G. III, p. 274.

Dès le début de cet ouvrage, Spinoza s'éloigne nettement de l'interprétation qui soutient qu'une vie dans la concorde implique le développement de la rationalité de chacun des membres d'une société politique. La difficulté d'être effectivement conduit par la raison plutôt que par les passions rend totalement illusoire que tous les membres d'une multitude puissent « vivre selon le seul précepte de la raison[6] ». Ainsi, pour concevoir une vie dans la concorde, Spinoza prend dans le *Traité politique* un point de vue à la fois réaliste et optimiste[7]. D'une part, il juge impossible d'éliminer les affects de la constitution d'une Cité, ce qui signifie que les êtres humains doivent être étudiés et gouvernés selon leur nature réelle, et non comme des entités idéelles qui constitueraient un monde utopique[8]. Mais d'autre part, Spinoza considère aussi, comme l'article 5 du chapitre V en témoigne, que la vie dans la concorde se déroule dans « l'État le meilleur », ce qui implique un horizon de possible « amélioration » dans les régimes politiques qu'il analyse dans la suite de l'ouvrage, à savoir la monarchie, l'aristocratie et la démocratie.

Faisant preuve de réalisme, Spinoza souligne l'impossibilité de mener une vie humaine sans un droit commun : « les hommes sont ainsi faits qu'ils ne peuvent pas vivre en dehors de quelque droit commun [*ut extra commune aliquod jus vivere nequeant*][9] ». Il faut souligner la radicalité de cette formulation : c'est en effet un constat d'ordre ontologique, qui va même au-delà d'une idée semblable que nous avons déjà remarquée dans le scolie de la proposition 35 d'*Éthique* IV. Spinoza y soulignait, non pas l'impossibilité absolue, mais seulement la « quasi » impossibilité pour l'être humain de vivre en solitaire[10]. Dans le *Traité politique*, cette idée

6 *TP* I/5, G. III, p. 275.

7 Voir Yitzhak Melamed et Hasana Sharp, « Introduction », in Yitzhak Melamed et Hasana Sharp (dir.), *Spinoza's* Political Treatise : *A Critical Guide*, Cambridge, Cambridge University Press, 2018, p. 6 ; et, dans ce même volume collectif, Michael Rosenthal, « What is Real about 'Ideal Constitutions' », p. 28.

8 « [L]orsque j'ai tourné mon esprit vers la politique, je n'ai pas cherché à démontrer quoi que ce soit de nouveau ou d'inouï, mais j'ai seulement tâché d'établir par des raisons certaines et indiscutables ce qui s'accorde le mieux avec la pratique, et de le déduire de la condition de la nature humaine elle-même. » (*TP* I/4. G. III, p. 274).

9 *TP* I/3. G. III, p. 274.

10 Les êtres humains « ne peuvent guère passer toute leur vie tout seuls [*vitam solitariam vix transigere queunt*] » (*É* IV, prop. 35, cor. 2, sc. G. II, p. 234. Nous suivons ici la traduction de Pautrat). Une remarque semblable se trouve au *TP* II/15 : « les hommes ne peuvent guère se maintenir en vie ou cultiver leur âme sans le secours les uns des autres [*hommines vix absque mutuo auxilio vitam sustentare et mentem colere possint*] » (G. III, p. 281).

implique que l'être humain doit nécessairement vivre dans une multitude organisée par une certaine forme de droit commun. Pour comprendre cette formulation, il faut saisir en même temps ce qu'entend Spinoza par « vie » des êtres humains dans ce contexte. Certes, il ne soutient pas que la vie humaine – celle qui est impossible sans un droit commun – équivaille à une existence biologiquement fonctionnelle. Spinoza comprend bien que, comme la plupart des autres animaux, un homme à la vie absolument isolée peut maintenir ses fonctions biologiques. Mais ceci est précisément le point dans cette discussion : la vie sans un droit commun n'est pas une vie *humaine* à proprement parler, et cette idée renforce, dès le début du *Traité politique*, la dé-biologisation de l'usage de cette notion dans l'ouvrage.

Or, on pourrait dire que ce constat ontologique concernant la vie humaine ne fait que répéter la maxime anthropologique aristotélicienne, au début de *La politique*, qui assoit la différence entre l'homme et les autres animaux sur sa nature d'« animal politique ». Spinoza dit effectivement qu'il souscrit sans difficulté à la théorie aristotélicienne et scolastique selon laquelle l'être humain est un « animal social[11] ».

Cependant, chez Spinoza, l'idée de l'impossibilité d'une vie authentiquement humaine sans un droit commun ne vise pas qu'un simple rattachement à la théorie aristotélicienne distinguant la vie des hommes de celle des bêtes : son constat implique même une prise de distance par rapport à la thèse classique de l'animal politique. En effet, Aristote ne se limite pas à indiquer que l'être humain vit socialement ; il souligne, dans *La politique*, que si l'homme n'est pas le seul animal « politique » (les abeilles le sont aussi, par exemple), il est le « plus politique », car il possède le *logos*, c'est-à-dire à la fois la raison et la capacité de parler[12]. Au contraire, pour Spinoza, le constat que les êtres humains doivent nécessairement vivre selon un droit commun, c'est-à-dire qu'ils sont des êtres sociaux, ne s'accompagne pas de l'idée que leur raison les différencie qualitativement des autres animaux. En fait, comme nous l'avons

11 *TP* II/15. G. III, 281.

12 « Que l'homme soit un animal politique plus que n'importe quelle abeille et n'importe quel animal grégaire [πολιτικὸν ὁ ἄνθρωπος ζῷον πάσης μελίττης καὶ παντὸς ἀγελαίου ζῴου μᾶλλον], c'est évident. Car, comme nous le disons, la nature ne fait rien en vain ; or seul parmi les animaux l'homme a le *logos*. » (I, 2, 1253a7-10). Traduction de Pierre Pellegrin (modifiée), *Œuvres complètes*, Paris, Flammarion, 2014.

souligné, même si les êtres humains peuvent développer la raison, ce n'est pas un élément primordial pour la formation d'une Cité : ce qui est vraiment déterminant, c'est la nature des affects et la manière dont ils seront gérés collectivement.

Il faut ajouter que, pour Spinoza, la formation des cités et le pouvoir qui la permet viennent de la même puissance de la nature exprimée par tous les modes, y compris les êtres humains et les animaux. Cette puissance s'ancre en Dieu comme son droit, qui est en effet le droit même de la nature[13]. La puissance qui établit une cité en est simplement une instance particulière exprimée par une multitude : « le droit de l'État, ou droit du Souverain, n'est rien d'autre que le droit de nature lui-même, déterminé par la puissance non de chacun mais de la multitude[14] ». Donc, contrairement à Aristote, même si la formation de *poleis* est particulière aux êtres humains, elle ne se produit pas en raison d'une faculté (comme la rationalité) qui leur appartiendrait exclusivement et les distinguerait des animaux : « les hommes sont conduits par le désir aveugle plus que par la raison ; et par suite la puissance naturelle des hommes, ou leur droit, doivent être définis non par la raison, mais par tout appétit par lequel ils sont déterminés à agir et s'efforcent de se conserver[15] ». Le réalisme de Spinoza, qui reconnaît en même temps la formation par nature des cités et le caractère toujours affectif du gouvernement des hommes, se fonde donc sur sa métaphysique de la substance unique, et non sur une faculté séparant les êtres humains des autres modes[16].

Ainsi, la modalité d'existence à laquelle Spinoza fait référence lorsqu'il dit que les hommes ne peuvent pas vivre sans un droit commun ne concerne ni le fonctionnement biologique du corps, ni une vie individuellement rationnelle, mais une « vie dans la concorde », qui se fonde sur la manière dont les membres d'une société partagent la crainte. Cette idée constitue l'aspect « optimiste » de la théorie de Spinoza, car elle renvoie à la possibilité « d'amélioration » de la vie selon un droit commun, qui entraîne une « diminution » de cet affect triste.

13 *TP* II/3. G. III, p. 276-277.

14 *TP* III/2. G. III, p. 284-285.

15 *TP* II/5. G. III, p. 277.

16 En cela, Spinoza rompt avec Hobbes au sujet du rôle que joue la raison. Voir Christian Lazzeri, *Droit, pouvoir et liberté. Spinoza critique de Hobbes*, Paris, Presses universitaires de France, 1998, p. 134, 144-145.

En effet, dans le *Traité politique*, la distinction entre une société politique et l'état de nature ne dépend pas de la présence de la rationalité en chacun de ses membres, mais de la manière dont la crainte est partagée : « Dans chacun de ces deux états [civile et de nature] l'homme, dis-je, est conduit par l'espoir ou par la crainte à faire telle ou telle chose, ou à en s'abstenir. Mais la principale différence entre ces deux états est que dans la société civile, les craintes de tous sont les mêmes, et que tous ont une seule et même source de sécurité, et une seule et même règle de vie [*vivendi ratio*][17] ». Ainsi, l'instauration d'une *ratio vivendi* collective suppose ce qu'on pourrait appeler une « administration » ou « distribution affective » de la crainte. Dans ce contexte, la conception même de la crainte suppose l'ombre d'une mort biologique, qui adviendrait très facilement dans l'état de nature. Entre la société civile et l'état de nature, il n'y a donc pas une différence qualitative de la puissance de chaque être humain, car la même puissance est à la base des deux états. Mais il y a, dans la Cité, une tentative pour éliminer au maximum la crainte grâce à l'instauration d'une règle de vie en commun, qui opère sur les affects de la multitude.

Encore que Spinoza reconnaisse qu'une dose de crainte peut être indispensable pour gouverner, l'idée de la « distribuer » (c'est-à-dire qu'elle soit la même pour tous) s'appuie sur la nécessité de « diminuer » la crainte dans une société civile. Cet objectif passe certes par l'instauration de mécanismes pour assurer la paix et la sécurité de tous, mais exige plus spécifiquement une transformation des relations sociales. En effet, partager et diminuer la crainte dépend du fait de pouvoir considérer l'autre, non comme ennemi, mais comme *allié*. Dans un passage qui semble aller contre l'idée de l'*Éthique* selon laquelle l'homme est un Dieu pour l'homme[18], le *Traité politique* souligne que « puisqu'ils sont pour la plupart soumis par la nature à ces affects [...], les hommes sont donc par nature ennemis. Le pire ennemi est en effet pour moi celui que je dois craindre le plus et de qui je dois le plus me garder[19] ». Ainsi, l'instauration de la paix et de la sécurité, qui est de la responsabilité de l'État, est rendue possible dans la mesure où il y a une distribution affective de la crainte. Le résultat de ce processus est une vie dans la

17 *TP* III/3. G. III, p. 285.
18 *É* IV, prop. 35, cor. 2, sc. G. II, p. 234.
19 *TP* II/14-15. G. III, p. 181.

concorde qui consiste en la production d'alliés et, par conséquent, en la diminution de la présence d'ennemis craints[20].

À partir de ces réflexions sur la distribution des affects dans la Cité par le moyen de l'instauration d'une *ratio vivendi* commune, il faut revenir sur le problème de la rationalité, cette fois pour souligner que, dans le *Traité politique*, on découvre une conception alternative de la raison, qui ne se rapporte pas nécessairement à son développement par un individu particulier. Spinoza établit qu'il est impossible de comprendre l'organisation et le gouvernement d'une société civile si on s'attend à y trouver un développement des capacités rationnelles de chacun de ses membres. Cette rationalité individuelle, nous semble-t-il, est celle à laquelle Matheron se réfère lorsqu'il remarque que la philosophie politique spinoziste aboutit à la théorie d'une communauté de sages. Cependant, dans la mesure où l'on considère le problème de la vie dans la concorde avec pour horizon l'« amélioration » des régimes politiques proposés par Spinoza, on se rend compte que le *Traité politique* fait référence à une modalité différente de rationalité – jamais nommée comme telle – qui rend graduellement possible cette vie dans la concorde.

20 On peut dire que chez Spinoza la différence même entre l'état de nature et l'état civil s'établit quand la production d'alliés surgit de manière immanente aux relations sociales. Le point central est que, dans le contexte du *TP*, on ne peut jamais établir une distinction parfaitement nette entre l'état de nature et l'état civil. Donc, Edwin Curley a raison lorsqu'il dit, en citant *TP* II/14, que l'indication que les êtres humains sont par nature des ennemis est une généralisation qui ne peut être universalisée ; mais ce qu'il ne reconnaît pas est qu'à chaque fois qu'il y a des ennemis, on tombe à nouveau dans l'« état de nature », même avec la présence d'un État fortement centralisé. La production d'alliés implique la réduction de la crainte, l'instauration d'un droit commun bien organisé et l'augmentation de la puissance conative du groupe. C'est pourquoi Spinoza insiste sur le principe du « droit = puissance », car la puissance du collectif augmente avec la production d'alliés et l'élimination de la crainte. Curley ne reconnaît pas ce principe de pouvoir civil totalement immanent, et c'est la raison pour laquelle il trouve « *shocking* » l'idée du droit spinoziste : il n'arrive pas à interpréter le problème de la production de la loi civile depuis une perspective située au-delà du libéralisme politique, pour lequel le critère définissant le passage de l'état de nature à l'état civil est toujours transcendant aux relations humaines. Voir Edwin Curley, « The State of Nature and Its Law in Hobbes and Spinoza », *Philosophical Topics*, vol. 19, n° 1, 1991, p. 112 ; et aussi « Kissinger, Spinoza, and Genghis Khan », Don Garrett (dir.), *The Cambridge Companion to Spinoza*, Cambridge, Cambridge University Press, 1996, p. 315-343. Étienne Balibar a reconnu l'incompatibilité de la notion spinoziste de droit avec le schème politique libéral (*Spinoza et la politique*, Paris, Presses universitaires de France, 1985, p. 37-38 ; et *Spinoza politique. Le transindividuel*, Paris, Presses universitaires de France, 2018, p. 85-86).

Cette notion alternative de rationalité se trouve, selon nous, à la base des efforts de Spinoza pour expliquer la manière dont une société politique parvient à distribuer et diminuer efficacement la crainte. On découvre cette idée, par exemple, dans l'article 3 du chapitre VI : commentant le fait que dans une ville il faut vivre suivant un droit commun, Spinoza se demande s'il « n'est pas contraire au commandement de la raison de nous assujettir sans réserve au jugement d'un autre[21] ». Il formule sa réponse en trois parties. D'abord, il dit qu'« une saine raison ne peut pas édicter que chacun continue à relever de son propre droit, aussi longtemps que les hommes sont soumis aux affects[22] ». La raison a donc pour fonction de comprendre que l'assujettissement à un autre droit est nécessaire, dans la mesure où il est simplement impossible que tous puissent développer la sagesse. Spinoza ajoute ensuite que, en vertu du fait que « la raison enseigne en tout à rechercher la paix », elle comprend aussi que ce but n'est atteignable « que si les règles de droit communes de la Cité sont observées sans violations[23] ». L'assujettissement aux règles de la *polis* devient donc la seule manière d'atteindre le but de la paix. Dans ces deux éléments de réponse, on peut lire l'argument du moindre mal : dans la mesure où la raison, étant sagesse suprême, recherche toujours la paix, elle comprend que cet idéal n'est atteignable que si l'on s'assujettit au droit de la Cité. Le respect sans exception des lois serait donc un résultat souhaitable, car le développement de la rationalité de tous les membres de la société est impossible. Cet argument suppose que l'on conçoive toujours la raison en tant que capacité individuelle : comme elle ne peut pas être développée de manière optimale par chaque individu, il faudrait laisser tomber cet idéal et s'assujettir au droit commun.

Pourtant, immédiatement après ces remarques, Spinoza avance un troisième élément de réponse : si l'être humain rationnel cherche la paix, la Cité est une institution naturelle qui vise ce même but : « Dans le même sens va le fait que la société civile est naturellement instituée pour ôter la crainte commune et chasser les misères communes, et qu'ainsi elle tend précisément à ce vers quoi tout homme conduit par la raison ferait effort, mais en vain dans l'état de nature[24] ». Ce que la

21 *TP* III/6. G. III, p. 286.
22 *Ibid.*
23 *Ibid.*
24 *Ibid.*

raison cherche au niveau individuel est identique à ce que cherche le droit commun de la Cité : éliminer la crainte et la misère, par le moyen de l'instauration de la paix.

Ce qu'il faut souligner à partir de ce passage est que l'idée selon laquelle la société s'institue par nature (et non par l'effet d'un pacte) implique que la recherche de la paix et d'une vie dans la concorde est une démarche naturellement humaine, partagée par ceux qui sont conduits par la raison ou par les passions. Si la raison dicte que la paix et une vie dans la concorde sont les buts, mais qu'elles sont également recherchées de manière naturelle à travers la formation d'une cité, cela implique que Spinoza comprend par rationalité, dans ce contexte, quelque chose qui va au-delà du processus de production individuelle d'idées adéquates. On peut certes dire qu'il y a des cas, lorsqu'une ville est administrée de manière mauvaise, où suivre ses lois *est* le moindre mal[25]. Mais on peut aussi établir que le seul fait de se soumettre au droit d'une société suppose déjà une conception de la raison qui ne s'ancre pas nécessairement dans l'intellect d'un individu humain particulier (ou même dans un groupe d'individus), mais dans le fonctionnement collectif d'une ville. Il y a donc une sorte de rationalité qui appartient à la Cité comme telle[26].

Matheron soutenait qu'une société qui réussit à établir la paix entre les citoyens le fait « comme si » tous ses membres étaient conduits par la raison. En revanche, d'après notre argument, le fait de diminuer la crainte, assurer la paix et vivre dans la concorde implique que la raison agisse *comme telle* dans l'instauration d'une société politique (et non simplement « comme si »). Autrement dit, chez Spinoza la politique et la raison ne sont pas nécessairement contradictoires : leurs buts ne sont pas opposés lorsqu'il s'agit d'instaurer une vie humaine authentique[27].

---

25 Spinoza lui-même l'écrit dans *TP* III/6. G. III, p. 286.

26 Cette idée a aussi été exprimée par Laurent Bove (*La stratégie du* conatus. *Affirmation et résistance chez Spinoza*, Paris, Vrin, 1996, p. 254-258) et Filippo Del Lucchese (*Conflict, Power, and Multitude in Machiavelli and Spinoza : Tumult and Indignation*, Londres, Continuum, 2009, p. 153-166 ; « Democrazia, *multitudo* et terzo genere di conoscenza », in Filippo Del Lucchese et Vittorio Morfino (dir.), *Sulla scienza intuitiva in Spinoza. Ontologia, politica, estetica*, Milan, Ghibli, 2003, p. 95-127). Ces deux auteurs soutiennent la thèse de la présence du troisième genre de connaissance « collective » dans la conception de démocratie du *Traité politique*. Sur la rationalité de la multitude, voir aussi Warren Montag, *Bodies, Masses, Power : Spinoza and His Contemporaries*, Londres, Verso, 1999, p. 81-82.

27 Pour une discussion de cette idée voir aussi Charles Ramond, *Spinoza contemporain. Philosophie, éthique, politique*, Paris, L'Harmattan, 2016, p. 248-253.

Il faut donc considérer que dans le *Traité politique* il y a un effort pour concevoir la raison comme un produit collectif, qui se déploie naturellement au cours de la fondation et du développement progressif d'une société civile, même si *aucun* des membres individuels n'est conduit par des idées adéquates.

Or, la réussite de ce processus de rationalité collective est justement l'instauration d'une vie dans la concorde, qui consiste à transformer l'autre en allié et, par conséquent, à éliminer (ou au moins diminuer) la crainte qui domine à l'état de nature. Le terme clé de « concorde », qui donne son contenu conceptuel à la notion de « vie humaine », implique donc une dimension affective qui distribue la crainte et aboutit à une perspective de reconnaissance inter-individuelle, en démontant la conception de l'autre comme un ennemi : là réside la différence la plus importante avec l'état de nature.

Ainsi, encore que nous ayons établi que la rationalité ne fonde pas pour Spinoza une distinction qualitative entre l'état de nature et l'état civil (à la manière dont Aristote établit le *logos* comme la caractéristique qui distingue l'être social des hommes et celui des autres animaux), il faut de toute façon reconnaître dans la notion de concorde le déploiement d'une conception de la raison, située au-delà d'un *logos* individuel. On peut même dire qu'une vie humaine dans la concorde se distingue de la vie des autres animaux par le fait que l'homme est capable, non simplement du *logos* tout court, mais d'une forme de *logos* particulier qui se déploie collectivement. Pour le dire avec les Anciens, les êtres humains sont capables – afin de structurer une vie humaine qui dépasse le seul fonctionnement biologique partagé avec les autres animaux – du *sullogos*, c'est-à-dire d'établir une « collectivité ». Celle-ci ne se conçoit pas simplement comme un regroupement chaotique de personnes, mais comme une communauté dotée d'une structure rationnelle propre sous-jacente, qui s'exprime par des lois et normes. Dans ce contexte, la rationalité n'est pas dictée par des individus éclairés qui se trouvent au-dessus des citoyens : elle *est* le fonctionnement même de la multitude tout entière, en tant que mode collectif qui « pense ensemble ».

C'est dans ce sens que nous lisons Spinoza lorsqu'il remarque que la délibération collective améliore la capacité de compréhension des choses : « Les hommes en effet sont de complexion trop épaisse pour pouvoir tout saisir d'un coup ; mais ils s'affinent en délibérant, en écoutant et en discutant ; et, à force d'explorer toutes les pistes, ils finissent par trouver ce qu'ils cherchaient, qui recueille l'assentiment de tous, et à quoi personne n'avait pensé auparavant[28] ». Penser de manière collective a donc le double effet vertueux de raffiner la pensée de chaque individu et de faire émerger des conclusions collectives nouvelles dont le fondement ne se situe pas dans la raison de chacun, mais dans le groupe rassemblé qui délibère et discute. Ces remarques, avancées dans le contexte d'un commentaire sur une modalité de régime aristocratique où plusieurs villes partagent le gouvernement, ne se limitent cependant pas à décrire le processus de prise de décision dans ce seul régime. Cette dimension de compréhension collective de choses appartient aux *ingenia humana* ; elle se raffine encore lorsque des mécanismes démocratisants assurent la participation d'une portion plus importante de la population, comme dans le cas d'un régime démocratique.

Certes, l'être humain s'avère ainsi être un animal social ; pourtant, il ne l'est pas en raison de sa capacité individuelle à produire des idées vraies (même s'il est capable de le faire), mais grâce à sa puissance *sullogique*, qui lui permet de développer une rationalité *communautaire*, encore que chacun soit conduit par les passions. Comme nous le verrons, le sujet par excellence sur lequel se fonde cette rationalité est la multitude libre. Cette dernière fournit la figure clé proposée par Spinoza pour faire varier, encore une fois, l'usage du terme *vita*, dans la mesure où la vie rapportée à la multitude libre désigne une modalité d'existence du collectif humain qui serait la seule capable de chasser la crainte de la mort.

LA CULTURE DE LA VIE DU CORPS POLITIQUE

Jusqu'à présent, nous avons établi deux points essentiels autour de la notion de vie dans la concorde. Premièrement, elle se réalise par un double processus de partage/diminution de la crainte et de transformation de l'autre en allié plutôt qu'en ennemi. Deuxièmement, sous-jacente à une vie dans la concorde, se trouve une notion de rationalité

28 *TP* IX/14. G. III, p. 352.

alternative produite par la société : au lieu de mettre l'accent sur le *logos* individuel propre à l'animal social, qui serait son trait distinctif, nous avons désigné cette modalité collective de rationalité comme un pouvoir de *sullogos*. Or, nous n'avons pas encore précisément établi le rapport entre la crainte et la mort. Cette connexion devient plus claire lorsqu'on revient sur le chapitre V du *Traité politique*. Celui-ci précise que ce que nous avons appelé un partage de la crainte se réfère notamment à la crainte de la mort, entendue comme le devenir cadavre d'un corps, et non à une crainte quelconque.

En effet, former une société et éviter la mort par le moyen de la crainte n'aboutit pas à l'instauration d'une vie humaine. L'article 5 du chapitre V du *Traité politique* est entouré par deux sections qui mettent l'accent sur l'incompatibilité de la crainte avec la paix. À l'article 4 Spinoza souligne qu'une « Cité dont les sujets, paralysés par la crainte [*subditi metu terriri*], ne prennent pas les armes, doit être plutôt sans guerre qu'en paix. La paix en effet n'est pas l'absence de guerre : c'est une vertu, qui naît de la force d'âme [*ex anime fortitudine*][29]. » La crainte n'est pas une source pour la paix ; elle est uniquement un moyen pour maintenir les sujets dans un état d'« inertie », lequel implique selon Spinoza d'habiter dans un « désert », à la façon du « bétail[30] ». Cette dernière référence à la vie de bêtes rend compte du fait que la crainte pourrait maintenir le fonctionnement biologique du corps et éviter son devenir cadavre ; mais qu'elle ne peut assurer l'instauration d'une vie authentiquement humaine. Or, bien que dans l'*Éthique* Spinoza rapporte les affects actifs à la *fortitudo* ou « force d'âme[31] » comme appartenant à un individu humain spécifique, le contexte du *Traité politique* nous incite à considérer cet affect dans sa dimension immédiatement collective : il se rapporte cette fois à l'obéissance au droit commun de la cité. Certes, la *fortitudo* fait référence à l'observance des lois par chaque individu[32] ; mais, en même temps, la vertu qui permet la paix – c'est-à-dire qui implique une forme d'obéissance non dictée par la crainte – est toujours collective : elle appartient à la Cité tout entière, et non simplement à un individu de manière privée. Spinoza l'écrit à l'article 3 du même

29 *TP* V/4. G. III, p. 296.
30 *Ibid.*
31 *É* III, prop. 59, sc. G. II, p. 188.
32 *TP* V/4. G. III, p. 296.

chapitre V, en faisant référence aux sujets d'une société politique quelconque : « leur vertu et leur constante observation des lois doivent être attribuées avant tout à la vertu et au droit absolu de la Cité[33] ». Les articles 3 et 4 annoncent donc que la paix implique d'éliminer ou de diminuer la crainte, et que cela ne peut se produire que dans une modalité d'organisation collective où les lois sont observées sans coercition. Le fait que la vertu se dise de toute une société suppose que Spinoza conçoit la Cité, en tant qu'organisation politique, non simplement comme une agglomération d'individus fortuitement regroupés, mais plutôt comme un collectif doté d'une puissance propre.

C'est justement cette modalité de vie collective que Spinoza célèbre sous la figure de la multitude libre. Si la vertu doit être imputée au droit absolu de l'État, une vie humaine se rapporte aussi à une multitude libre qui se maintient comme une collectivité politique capable de diminuer la crainte. Cette idée est exprimée dans l'article 5 du chapitre V, immédiatement après le passage où Spinoza décrit une vie dans la concorde comme authentiquement humaine. Dans la mesure où la fin de l'État est la paix et la sécurité et puisque, comme nous venons de l'indiquer, ces vertus sont attribuées à la Cité toute entière, la vie humaine doit se fonder sur un collectif qui s'oppose à la crainte, à savoir une « multitude libre » : « Une multitude libre [*libera*] est en effet conduite par l'espoir plus que par la crainte ; une multitude soumise [*subacta*], par la crainte plus que par l'espoir. L'une s'applique à cultiver la vie [*vitam collere studet*], l'autre seulement à éviter la mort ; l'une, dis-je, s'applique à vivre pour elle-même [*sibi vivere studet*], l'autre est contrainte d'être au vainqueur[34] ». Ici, Spinoza fait référence à la manière dont Hobbes établit la légitimité d'une *Commonwealth* fondée, soit sur l'union spontanée d'êtres humains, soit sur un droit de guerre, lorsqu'un peuple a été vaincu par un autre[35]. Pour Spinoza, ces deux modalités d'après

33 *TP* V/3. G. III, p. 295.

34 *TP* V/6. G. III, p. 296.

35 Dans le cas du *De Cive* (un ouvrage que connaissait sans doute Spinoza), Hobbes utilise un langage naturaliste pour expliquer l'établissement d'une Cité fondée par un droit de guerre ; il la distingue d'une *Commonwealth* fondée par institution : « *Prior modus initium habet à* potentiâ naturali, *& dici potest ciuitatis* origo naturalis ; *posterior à* consilio *&* constitutione *coëuntium*, quae origo ex instituto *est. Hinc est quod duo sint genera* cuitatum, *alterum* naturale, *quale est* Paternum *&* Despoticum *; alterum* institutivum, *quod &* politicum *dici potest* » (*De Cive* V, 8). Dans le premier article du chapitre VIII, Hobbes appelle aussi

lesquelles se produit la fondation d'une société politique n'ont pas une « différence d'essence », mais la multitude qui résulte des deux cas est différente : « libre » ou « soumise[36] ».

Ce qu'il faut remarquer pour notre propos, c'est qu'entre ces deux multitudes la différence centrale réside dans la manière de fonder la vie en commun. D'une part, la multitude « soumise » est peut-être capable de maintenir le corps de chacun de ses membres, si elle fonctionne de manière optimale. Pour le dire dans les termes de l'article 5 du chapitre V, une telle société est capable de maintenir la « circulation du sang » et « les autres fonctions communes à tous les animaux[37] ». Dans le cas d'une multitude soumise, la vie des citoyens est donc conçue comme fonctionnement biologique continu, précisément parce que ces fonctions du corps animal se maintiennent en raison de l'obéissance dictée par la crainte. Cet affect triste permet seulement d'éviter la mort biologique : il ne garantit la présence, ni de la concorde, ni d'une vie humaine qui se distinguerait de celle des autres animaux. La crainte apparaît toujours ici comme un affect utile pour ne pas devenir cadavre, mais non pour organiser une vie humaine à proprement parler.

En revanche, la multitude libre indique avec exactitude le « milieu » où la vie *humaine* émerge. Cette multitude est le sujet collectif qui désigne la condition de possibilité d'une vie dans la concorde, car elle cherche à diminuer la crainte autant que possible. Dans l'*Éthique*, le problème central pour Spinoza ne se situait pas dans la mort comme telle, mais dans l'élimination de la crainte de la mort, qui produit des effets pratiques nocifs pour le développement du *conatus* humain. Le

---

cette Cité qui se fonde sur un pouvoir naturel « *Acquisita* » ou « *Acquired* ». Hobbes tend à abandonner le langage naturaliste du *De Cive* lorsqu'il reprend la différence entre les deux modalités de fonder une *Commonwealth* dans le *Léviathan*, où il distingue entre une *Commonwealth* « *by Institution* » et « *by Acquisition* » dans le chapitre XVII : « The attaining to this Sovereigne Power, is by two ways. One, by Naturall force ; as when a man maketh his children, to submit themselves, and their children to his government, as being able to destroy them if they refuse ; or by Warre subdueth his enemy to his will, giving them their lives on that condition. The other, is when men agree amongst themselves, to submit to some Man, or Assembly of men, voluntarily, on confidence to be protected by him against all others. This later, may be called a Politicall Common-wealth, or Common-wealth by *Institution* [Civitatis Institutio] ; and the former, a Common-wealth by *Acquisition* [Civitatis Acquisitio]. » Pour la Commonwealth « by institution », voir chap. XVIII ; pour la Commonwealth « by Acquisition », voir chap. XX.

36 *TP* V/6. G. III, p. 296.

37 *TP* V/5. G. III, p. 296.

Traité politique poursuit cette même idée : le concept de multitude libre met en relief qu'une société gouvernée par la crainte de la mort, même si elle est totalement efficace pour maintenir le fonctionnement physiologique des corps, ne s'approche pas de l'« *imperium optimum* » où se déroule la vie humaine, car cet affect triste continue à régler la plupart des comportements de ses membres.

Cependant, le *Traité politique* introduit une variation dans l'usage de la notion de vie par rapport à l'*Éthique*. En effet, le dernier ouvrage de Spinoza donne à la terminologie de la *vita* une référence immédiatement collective, à savoir la multitude prise comme un mode disposant d'une vie propre. Nous avons déjà annoncé ce point dans la mesure où nous avons établi que le *Traité politique* contient une conception « collective » de la rationalité, ce qui implique qu'elle va au-delà de sa considération comme production individuelle d'idées adéquates. La multitude libre peut ainsi être considérée comme une entité collectivement rationnelle, même si aucun de ses membres n'est arrivé au deuxième ou troisième genre de connaissance. Or, cette référence collective dans l'usage de la notion de *vita* se renforce dans le passage de l'article 6 que nous sommes en train de commenter, car la conception de la « culture » de la vie – qui renvoie immédiatement à la notion de vie humaine dans l'article antérieur (V/5) – y indique une modalité d'existence de la communauté entière, désignée comme multitude libre. Donc, si dans l'*Éthique* la *vita* signalait une trajectoire biographique humaine dans la durée, dans le *Traité politique* elle se déplace pour désigner la durée d'un corps politique complet à l'intérieur duquel la vie humaine peut se produire en s'organisant dans la concorde.

Cette variation dans la référence à une vie collective apparaît très précisément au cœur du passage de l'article 6 du chapitre V, où Spinoza rattache une vie qui réduit la crainte à la multitude libre. Cette référence à une vie collective est exprimée par un mot très spécifique : le pronom réflexif « *sibi* » dans la phrase « *sibi vivere studet* », dont le sujet est « *multitudo libera* ». La traduction de Charles Ramond que nous avons citée rend la phrase ainsi : la multitude libre « s'applique à vivre pour elle-même ». Le pronom *sibi* fait référence au mode collectif, à la multitude prise comme un tout. Autrement dit, la multitude libre « s'applique » (pour suivre la même traduction du verbe « *studere* ») à *vivre en tant que mode ou corps collectif*, au lieu de s'appliquer uniquement à maintenir ou aider à la vie de chacun de ses citoyens pris isolément.

Si le *Traité politique* présente des continuités et variations dans l'usage de la vie par rapport à l'*Éthique*, c'est aussi le cas par rapport au *Traité théologico-politique*. Comme nous l'avons montré, dans cet ouvrage Spinoza travaille avec une notion de vie qui équivaut à la liberté comme puissance propre à l'être humain. La destruction de cette liberté implique la transformation de l'homme en bête ou automate. Cela montre que dans le *Traité théologico-politique*, la conception de vie se réfère à une modalité d'être de l'espèce humaine tout entière. La perte de la liberté de penser doit être considérée, non comme une transformation métaphorique, mais littéralement comme une mort non biologique (c'est-à-dire non comme un devenir cadavre). Or, il nous semble que le *Traité politique*, dans la mesure où il cherche à décrire une existence proprement humaine, distinguée de celle des autres animaux, présente aussi une conception de la vie renfermant des caractéristiques propres à l'espèce humaine. En fait, ne pas vivre dans la concorde implique de ne pas mener une vie humaine ; d'après Spinoza, ce serait une existence qui se déroule presque exclusivement dans le partage des fonctions du corps entre les hommes et les bêtes.

Le passage d'une existence biologiquement fonctionnelle à une vie humaine implique, comme le souligne l'article 5 du chapitre V, une vie guidée pas la raison. Mais comme nous l'avons expliqué, dans ce contexte la rationalité fait plutôt référence au déploiement de la vertu appartenant à la Cité tout entière. C'est une puissance distinctement humaine, certes, mais qui suppose une capacité pour penser-avec, ou penser-ensemble, qui se reflète dans l'organisation d'une *polis*. C'est sur ce point que l'on peut avancer l'argument que le *Traité politique* raffine l'analyse présente dans le *Traité théologico-politique* : la liberté, ancrée dans le droit ou la puissance de chaque individu humain, se pense aussi dans le *Traité politique* par rapport à une puissance vitale spécifiquement humaine, mais configurée à présent sur la base de la *vie d'une société*, d'une multitude dite « *libera* » en tant que sujet collectif. Cette puissance humaine collective s'applique à développer sa vie pour elle-même (*sibi*), où la liberté est vécue non uniquement comme un dernier réservoir de droit intransférable au souverain, mais comme le devenir même du groupe humain.

Cependant, si une multitude soumise évite la mort par le moyen de la crainte, cela ne signifie pas que l'existence particulière de ses membres ait perdu l'appartenance à l'espèce humaine, même s'ils ne vivent pas dans la concorde. D'après la notion de *vita* faisant référence à une collectivité, on peut même penser à la formation d'une multitude soumise où chacun des citoyens conserve sa liberté de penser individuelle et où quelques-uns s'orienteraient vers le chemin de la raison. Mais dans le contexte du *Traité politique*, il ne suffit pas que les membres d'une Cité, pris de manière individuelle, soient arrivés à la raison pour pouvoir dire qu'ils ont une vie humaine dans la concorde : c'est la multitude complète qui doit cultiver la vie en tant que mode collectif, constitué d'individus alliés, et non d'une simple agglomération d'êtres humains qui agissent, soit conduits mécaniquement par la crainte, soit orientés par la raison particulière de chacun.

C'est pourquoi, dans le *Traité politique*, la mort ne doit pas non plus être considérée comme la transformation du rapport de mouvement et de repos entre les parties de chaque mode humain, ou simplement comme le devenir cadavre du corps individuel. Elle doit plutôt être conceptuellement rapportée à la désintégration complète du corps politique : la mort de la vie humaine dans la concorde advient lorsque le corps politique, comme mode collectif, ne peut plus s'appliquer à maintenir sa propre vie communautaire.

Spinoza envisage et conceptualise dans ce contexte une modalité d'existence qui s'oppose à la culture de la vie par la multitude et tend à sa destruction. Nous nous référons au concept de *vivere ex suo ingenio* ou *vita ex suo ingenio*, que Spinoza utilise de manière très dense au début du chapitre III. L'idée d'une multitude comme mode collectif est nettement établie lorsque Spinoza écrit « que le droit de l'État, ou droit du Souverain, n'est rien d'autre que le droit de nature lui-même, déterminé par la puissance non de chacun mais de la multitude lorsqu'elle est conduite comme par une seule âme[38] ». Sans entrer dans la discussion autour de la question de savoir si Spinoza dote ici littéralement l'État d'une âme ou s'il s'agit d'une simple analogie[39], il nous semble qu'il considère le

38 *TP* III/2. G. III, p. 284-285.

39 Pour suivre cette discussion, voir Alexandre Matheron, *Individu et communauté*, *op. cit.*, p. 42 et la troisième partie, p. 285-514 ; « L'État, selon Spinoza, est-il un individu au sens de Spinoza ? », in Michael Czelinski, Thomas Kisser, Robert Schnepf, *et. al.* (dir.), *Transformation der Metaphysik in die Moderne : Zur Gegenwärtigkeit der theoretischen und praktischen Philosophie Spinozas*, Würzburg, Königshausen und Neumann, 2003, p. 127-145 ; Douglas Den Uyl, *Power, State and Freedom : An Interpretation of Spinoza's Political*

corps politique comme un mode collectif par le seul fait que la multitude peut « se conduire » de manière commune, c'est-à-dire parce que les individus, qui forment la multitude de manière immanente, s'organisent pour sortir de l'état de nature et transforment ainsi leur inimitié en alliance. Or, encore que dans ce passage Spinoza ne mentionne pas le sujet de la culture de la vie par la multitude, la notion d'une « forme » propre au corps *collectif* est sous-jacente à l'analyse de la multitude qui pourrait se conduire comme un tout, si bien que Spinoza se plonge dans une analyse du problème de la division de sa puissance commune et, par conséquent, de la destruction de sa réalité comme mode collectif.

Spinoza procède en insistant sur les effets de ce qu'on pourrait appeler la « privatisation » du pouvoir de la Cité, qui équivaut à une modalité spécifique pour chaque individu de mener sa vie, une « vie à sa guise » :

> Si la Cité accorde à quelqu'un le droit et par conséquent le pouvoir [*potestatem*] [...] de vivre à sa guise [*vivendi ex suo ingenio*], elle cède de son propre droit et le transfère à celui à qui elle a donné un tel pouvoir [*potestatem*]. Si elle a donné à deux ou à plusieurs le pouvoir [*potestatem*] pour chacun d'eux de vivre à sa guise [*ex suo ingenio vivat*], elle a par là même divisé l'État. Si enfin elle a donné à chacun des citoyens ce même pouvoir, par là même elle s'est détruite [...]. Nulle raison par conséquent ne peut rendre concevable qu'il soit permis à chaque citoyen, par institution de la Cité, de vivre à sa guise [*ex suo ingenio vivere*][40].

Ce que Spinoza décrit dans ce passage est un processus de progressive division et destruction du corps politique, par le moyen du partage du pouvoir. La figure de la *vita ex suo ingenio* se révèle comme un facteur de désagrégation qui ne permet pas que la multitude tout entière s'applique à cultiver sa vie. Ce concept montre que le *Traité politique* travaille avec une notion de vie optimale – celle du collectif établi comme multitude libre – dont le contraire est une idée de vie totalement privatisée que chacun mène de manière isolée de toute communauté. Ainsi, la notion de *vita ex suo ingenio* implique un facteur mortifère pour une multitude

---

Philosophy, Assen, Van Gorcum, 1983, p. 78-80 ; Steven Barbone, « What Counts as an Individual for Spinoza ? » in Olli Koistinen et John Biro (dir.), *Spinoza : Metaphysical Themes*, Oxford, Oxford University Press, 2002, p. 89-112. Pour un résumé de cette discussion et une défense de la thèse de Matheron qui soutient que chez Spinoza l'État doit être considéré comme un individu, voir Pierre-François Moreau, *Spinoza. L'expérience et l'éternité*, Paris, Presses universitaires de France, 1994, p. 441-459.

40 *TP* III/3. G. III, p. 285.

libre, car la division ou la privatisation du pouvoir suppose sa destruction en tant que mode collectif.

Or, on peut justement dire que la constitution d'une multitude « soumise », dirigée de manière plutôt mécanique par la crainte d'une mort biologique, est l'un des cas où la société politique s'organise d'après ce concept de *vita ex suo ingenio*. En effet, Spinoza utilise la figure de multitude soumise, non seulement pour fournir l'illustration d'un groupe humain dominé par l'affect de crainte, mais aussi pour établir de manière critique ce qui résulte de la fondation d'une société sur le droit de guerre. La multitude d'une telle société, dominée par la crainte, ne s'applique pas à vivre pour elle-même : elle « est contrainte d'être au vainqueur[41] ». Autrement dit, la multitude soumise est celle où le souverain (dans ce cas « le vainqueur ») vit *ex suo ingenio* et où les individus doivent vivre à la guise du souverain, qui n'est qu'une partie de la multitude complète. C'est la raison pour laquelle Spinoza écrit aussi qu'une telle société équivaut à une forme d'esclavage, le *servus* menant une existence destinée au bénéfice du propriétaire[42]. Ainsi, le fait que la *multitudo* soit *subacta* implique une puissance déjà divisée, car même si le souverain ne peut gouverner sans cette multitude qui lui obéit de manière terrifiée, le pouvoir se concentre exclusivement dans ses mains, ce qui équivaut à vivre à sa guise[43].

41 *TP* V/6. G. III, p. 296.

42 « l'esclave [*servus*] est celui qui est tenu d'obéir aux ordres d'un maître, ordres qui ne concernent que l'utilité de celui qui commande. » (*TTP* XVI/10. G. III, p. 195).

43 La division de la puissance de la multitude *subacta* et la concentration du pouvoir sur le souverain pourraient renvoyer à la différence entre puissance (*potentia*) et pouvoir (*potestas*) chez Spinoza. Le pouvoir pourrait être conçu dans ce contexte comme une sorte « confiscation » de la puissance de la multitude par le souverain. C'est l'une des thèses centrales d'Antonio Negri, *L'anomalia selvaggia. Saggio su potere e potenza in Baruch Spinoza*, Milan, Feltrinelli, 1981. Sur ce point, voir aussi l'introduction de Michael Hardt à son traduction de ce livre en anglais, « Translator's Foreword : The Anatomy of Power », in *The Savage Anomaly*, Minneapolis, University of Minnesota Press, 1991, p. XI-XVII ; Frédéric Lordon, « Derrière l'idéologie de la légitimité, la puissance de la multitude. Le *Traité politique* comme théorie générale des institutions », in Chantal Jaquet, Pascal Sévérac et Ariel Suhamy (dir.), *La multitude libre. Nouvelles lectures du* Traité politique, Paris, Éditions Amsterdam, 2008, p. 105-129 ; Aurélie Pfauwadel et Pascal Sévérac, « Connaissance du politique par les gouffres : Spinoza et Foucault », in Yves Citton et de Frédéric (dir.), *Spinoza et les sciences sociales. De la puissance de la multitude à l'économie des affects*, Paris, Éditions Amsterdam, 2008, p. 196 ; et Alexandre Matheron, « Spinoza et le pouvoir », in *Études sur Spinoza et les philosophies de l'âge classique*, Paris, ENS Éditions, 2011, notamment, p. 68-69. Pourtant, remarquons que cette distinction terminologique

Cette différence entre la culture de la vie de la multitude libre et la *vita ex suo ingenio* est une autre manière d'arriver à comprendre la préférence de Spinoza pour la démocratie dans le *Traité théologico-politique* (où il écrit que c'est le régime le plus proche de la liberté de chacun[44]) et la définition qu'il en donne dans le *Traité politique* comme *omnino absolutum imperium*[45]. Encore que les autres régimes (la monarchie et l'aristocratie) ne soient pas fondés sur le droit de guerre, ils cumulent le pouvoir de la Cité dans une personne ou un groupe de personnes, ce qui produit une division (potentiellement mortifère) de la puissance de la multitude. Depuis la perspective qui nous occupe ici, on peut dire que la monarchie et l'aristocratie font courir le péril structurel de ne pas soutenir la culture de la vie de la multitude en tant que corps politique collectif, mais d'utiliser instrumentalement la puissance des individus pour qu'une partie de la population vive *ex suo ingenio.* L'établissement d'une série de mécanismes d'ordre affectif et institutionnel, pour donner aux régimes monarchiques et aristocratiques une tendance démocratisante[46], peut être lu comme un effort théorique et politique, dans le *Traité politique*, pour annuler autant que possible le partage de la puissance de la multitude, afin d'éviter ainsi la désagrégation de sa vie collective en une série de vies *ex suo ingenio.*

En fait, lorsque Spinoza souligne encore une fois, dans l'un des chapitres sur l'aristocratie, que le but de l'État doit être de conduire les sujets sans crainte (ou avec le moins de crainte possible), il ajoute que dans une telle société une vie *ex suo ingenio* est possible. Mais l'usage du verbe « *videre* » modère les conséquences de cette vie menée à sa guise dans le contexte de discussion sur l'aristocratie : « En effet, un État qui cherche seulement à conduire les hommes par la crainte est plutôt sans

---

entre *potentia* et *potestas* doit être comprise comme une tendance non totalement cohérente dans la philosophie de Spinoza. Voir Charles Ramond, *Le vocabulaire de Spinoza*, Paris, Ellipses, 1999, p. 51-52. Spinoza néglige cette distinction terminologique notamment lorsqu'il parle du pouvoir de Dieu (voir Pierre Macherey, *Introduction à l'Éthique de Spinoza. La première partie. La nature des choses*, Paris, Presses universitaires de France, p. 203).

44 L'État démocratique est « le plus naturel et le plus proche de la liberté que la nature accorde à chacun. Car, dans cet État, nul ne transfère son droit naturel à autrui au point d'être exclu de toute délibération à l'avenir ; chacun au contraire le transfère à la majorité de la société tout entière dont il constitue une partie. Et de cette façon tous demeurent égaux, comme auparavant dans l'état de nature » (*TTP* XVI/11. G. III, p. 195).

45 *TP* XI/1. G. III, p. 358

46 Voir Balibar, *Spinoza et la politique*, *op. cit.*, p. 90 ; *Spinoza politique*, *op. cit.*, p. 136.

vices que vertueux. Il faut au contraire conduire les hommes de façon qu'ils aient le sentiment, non pas d'être conduits, mais de vivre selon leur guise et leur libre décret [*Sed homines ita ducendi sunt, ut non duci, sed ex suo ingenio et libero suo decreto vivere sibi videantur*][47] ». La description, ici, d'une *vita ex suo ingenio* n'implique pas une division mortifère de la puissance de la multitude : au fond, la vie de la multitude, prise comme mode collectif, continue à fonctionner de la même façon. Grâce aux mécanismes de rationalité collective mis en place, la vie individuelle se « perçoit » (*videre*) comme *ex suo ingenio*, mais en réalité elle soutient la multitude comme un tout[48]. Autrement dit, même dans le contexte de l'aristocratie, il est possible de mettre en place des mécanismes de rationalité collective qui corrigent une structure d'organisation politique tendant à diviser la puissance, afin de sauvegarder la vie de la multitude.

Ce problème structurel dans la monarchie et l'aristocratie, qui doivent éviter la division de la puissance collective en une série de vies *ex suo ingenio*, n'est pas présent dans la démocratie. Dans ce dernier régime, le droit est transféré à une majorité de la multitude, mais ce fait n'exclut pas pour la minorité de participer à l'assemblée tout entière[49]. Cela confirme que dans le *Traité politique* Spinoza est surtout intéressé par le

47 *TP* X/8. G. III, p. 256.

48 Macherey parle à juste titre d'une « captation » de l'*ingenium* par l'État. Voir Pierre Macherey, *Sagesse ou ignorance ? La question de Spinoza*, Paris, Éditions Amsterdam, 2019, p. 147-149.

49 Toute discussion sur la démocratie dans le *TP* devra faire face à la question de l'exclusion d'un groupe très important d'individus de l'assemblée, tel que les serviteurs et les femmes (*TP* XI/3-4. G. III, p. 359-360), afin d'évaluer si Spinoza était à la hauteur des principes sa propre notion d'*omnino absolutum imperium*. Pour une discussion détaillée sur ce point, voir Alexandre Matheron, « Femmes et serviteurs dans la démocratie spinoziste » et « Spinoza et la sexualité », in *Études sur Spinoza*, *op. cit.*, p. 287-324 ; Moira Gates, *Imaginary Bodies : Ethics, Power and Corporeality*, Londres, Routledge, 1996, p. 125-136 ; « The Condition of Human Nature », in Yitzhak Melamed et Hasana Sharp (dir.), *Spinoza's* Political Treatise : *A Critical Guide*, Cambridge, Cambridge University Press, 2018, p. 56-60 ; Hasana Sharp, « Eve's Perfection : Spinoza on Sexual (In)Equality », *Journal of the History of Philosophy*, vol. 50, n° 4, 2011, p. 559-580 ; « Family Quarrels and Mental Harmony », in Yitzhak Melamed et Hasana Sharp (dir.), *Spinoza's* Political Treatise : *A Critical Guide*, Cambridge, Cambridge University Press, 2018, p. 93-110 ; Amelie Rorty, « Spinoza on the Pathos of Idolatrous Love and the Hilarity of True Love », in Moira Gatens, *Feminist Interpretations of Benedict Spinoza*, Pennsylvania, The Pennsylvania State University Press, 2009, p. 65-85 ; Genevieve Lloyd, *Part of Nature : Self-Knowledge in Spinoza's* Ethics, Ithaca, Cornell University Press, 1994, p. 160-174 ; Margaret Gullan-Whur, « Spinoza and the Equality of Women », *Theoria*, vol. 68, n° 2, 2002, p. 91-111 ; Montag, *Bodies*, *op.*, *cit.*, p. 82-89.

péril de désintégration du corps politique. Par le moyen de la figure de la multitude libre, il envisage la forme du groupe humain complet, dont la mort fait référence à la désagrégation de cette vie du corps collectif à cause de l'instauration de vies menées *ex suo ingenio*[50]. L'instauration de cette multitude libre implique le rejet de la crainte comme moyen de gouvernement ; par conséquent, elle suppose en même temps que la vie de chaque membre de la multitude ne se déroule pas simplement de manière à éviter son devenir cadavre.

En ce sens, il est intéressant de noter les choix terminologiques de Spinoza au moment de préciser comment la multitude libre tout entière s'applique à vivre pour elle-même. Si la proposition 67 d'*Éthique* IV avance que la philosophie est une *meditatio vitae*, ce n'est probablement pas par hasard que Spinoza choisit le verbe *studere* pour désigner l'action de la multitude libre par rapport à la vie. Certes, *studere* est un verbe que l'on peut traduire simplement par « s'appliquer à », mais cette traduction cache la richesse référentielle que recouvre ce mot. Que la multitude libre *studeat* la vie, suppose en quelque sorte que la forme d'organisation politique optimale soit celle qui se consacre non exclusivement à la continuité de la vie biologique de chacun de ses membres : la multitude libre « se préoccupe », « étudie », ou même « médite » (en faisant référence aussi à l'important aspect cognitif et intellectuel contenu dans le terme *studere*[51]) les manières dont le *collectif politique complet* peut durer[52]. L'action de la multitude libre se révèle ainsi comme la mise en

50 Sans analyser de manière détaillée le problème de la démocratie, Macherey étude aussi la dimension collective de l'*ingenium* chez Spinoza. Macherey souligne notamment les effets d'instabilité sociale rapportés à la vie *ex suo ingenio*, surtout à partir des remarques que Spinoza fait dans le scolie de la proposition 31 d'*Éthique* III, où il associe l'affect de l'ambition au fait que « chacun tend par nature à faire que tous les autres vivent selon sa propre complexion [*ex ipsius ingenio vivant*] » (G. II, p. 164). Voir, Macherey, *Sagesse ou ignorance ?*, *op. cit.*, p. 156-254.

51 Les traductions du *Traité politique* que nous avons tendent à rendre le sens du verbe *studere* dans l'article 6 du chapitre v proche de l'idée de « s'appliquer » à une activité particulier : Moreau traduit par « s'efforcer », Pautrat par « s'employer », Francès par « essayer », « Shirley » par « *to engage* » et « *to seek* », Curley par « *to want* » et « *to be eager to* », Giannini par « *afanarse* », Domínguez par « *procurar* » et Pires Aurélio par « *procurar* ». Il nous semble que l'aspect cognitif du verbe dans cette phrase n'a pas été considéré de manière explicite.

52 Cette pratique du *studium* collectif intègre aussi des modalités affectives communes. Pour une analyse de la notion d'affect commun ou collectif appliqué à la production des institutions, voir Frédéric Lordon, *La société des affects. Pour une structuralisme des passions*,

œuvre de sa capacité à accroître sa puissance par le moyen justement d'une sorte de *meditatio* ou de *studium* pratique.

L'*Éthique* et le *Traité politique* partagent un même principe fondamental qui pourrait être formulé ainsi : si la *meditatio vitae* comme tâche philosophique exige le rejet de la crainte de la mort, la tâche politique de l'instauration d'une vie humaine exige, à son tour, la formation d'une multitude libre qui cultive la vie et rejette la crainte. Le *Traité politique* se présente donc comme une méditation philosophico-politique sur la vie des multitudes, condition nécessaire pour instaurer la concorde. Cet ouvrage constitue ainsi une application de la maxime avancée par Spinoza sur ce que signifie la sagesse philosophique. Si l'objet par excellence de cette méditation théorique est la *vita*, cela signifie qu'en pratique la multitude libre remplit le même but que Spinoza se propose pour la philosophie : un *studium* sur la vie collective, qui n'est pas une simple réflexion externe, mais sa culture pratique même.

Paris, Seuil, 2013, chap. 6, notamment p. 180-203. Dans cette ligne, il faut certainement considérer la suggestion de Laurent Bove sur une forme politique d'*hilaritas* en tant qu'affect qui augmente la puissance d'agir du corps politique tout entier. Voir Laurent Bove, *La stratégie*, *op. cit.*, p. 107-122 ; « Le théologico-politique et la question de la liberté chez Spinoza. Du "droit de nature qui est propre au genre humain" », *La pensée*, vol. 398, 2019, p. 102-103 ; et « De la confiance politique : construire l'*hilaritas* démocratique », *EuroNomade*, 2014, disponible en ligne sur http://www.euronomade.info/?p=1527 (consulté le 30/12/2021). Cependant, comme le développe Chantal Jaquet pour le contexte du *TP*, il faut aussi considérer la production de certains affects froids ou tristes. Voir à ce propos, Chantal Jaquet, « Longing (*desiderium*) for Vengeance as the Foundation of the Commonwealth », in Yitzhak Melamed et Hasana Sharp (dir.), *Spinoza's* Political Treatise : *A Critical Guide*, Cambridge, Cambridge University Press, 2018, p. 78-92.

CONCLUSION

De l'écriture de la vie

Nous avons cherché notamment à analyser la richesse philosophique impliquée, chez Spinoza, dans la possibilité de faire varier la référence à la vie, par le moyen des différentes manières d'écrire sur la vie et de la qualifier, dans des domaines qui vont au-delà des sciences naturelles. Nous parlons de variations de la *vita*, car il s'agit de découvrir comment Spinoza arrive à « articuler » ou, pour le dire avec un terme musical, à « moduler » les différents usages de ce terme, en l'ajustant aux thématiques particulières développées dans chaque ouvrage.

La *force* comme équivalent de la vie, la *vita communis*, la *vita vera*, la bio-graphie et la multitude libre, sont autant de figures qui indiquent à quel point Spinoza n'a pas une pensée monolithique quant à la notion de vie. Nous avons souligné une sorte de « parcours » de la notion de vie, depuis son application maximale extensive à toutes les choses dans les *Pensées métaphysiques*, jusqu'à son l'emploi pour désigner la vie d'une collectivité politique dans le *Traité politique*, en passant par la considération de la vie comme modalité d'existence de l'espèce humaine dans le *Traité théologico-politique* et de la singularité biographique dans l'*Éthique*.

Si nous avons commencé par une étude des *Pensées métaphysiques*, c'est justement pour souligner que la distinction qui y est avancée entre les désignations « philosophique » et « métaphorique » de la vie tend à s'atténuer au fur et à mesure que Spinoza développe sa propre philosophie, tout en déployant un usage divers du terme *vita*. Par ailleurs, la terminologie de la vie s'attache à se séparer de son usage prétendument philosophique des *Pensées métaphysiques*, uniformément consacré à la force des choses, pour s'appliquer de plus en plus systématiquement à l'organisation de la trajectoire des êtres humains dans la durée, c'est-à-dire aux « mœurs » des hommes, soit au niveau éthique des individus singuliers, soit au niveau de leur organisation politique.

Ce qui était un usage métaphorique passe ainsi au premier plan, sans jamais devenir un emploi inadéquat du terme de vie.

Mais ce développement n'entraîne pas que la notion de force comme perspective philosophique de vie soit une référence perdue : la terminologie de la vie se *concentre* simplement sur le cas des expériences et de la trajectoire des êtres humains dans la durée. Sous cette référence, on trouve toujours l'idée d'une force appartenant à toutes les choses, y compris les modes humains. Comme le mot vie, la notion de force pour persévérer dans l'être sera soumise à des variations terminologiques dans les différents ouvrages écrits par Spinoza, avec des concepts comme « puissance », « droit » ou « effort ».

Dans toutes les œuvres de Spinoza, la terminologie de la *vita* est ancrée à des références non biologiques. Nous avons avancé que, dans les *Pensées métaphysiques*, la vie définie comme « force » est utile aux visées de Spinoza. En effet, la figure de la force permet d'expliquer la doctrine cartésienne de la création continue qui requiert la présence d'un Dieu transcendant ; en même temps, elle est utile pour amorcer des torsions dans cette idée même de transcendance, de manière critique, contre Descartes, mais surtout contre la métaphysique traditionnelle enracinée dans l'aristotélisme.

Si l'usage non biologique de la notion de vie au moyen du concept de force implique une critique directe de l'idée d'âme comme principe vital, son emploi au sens non biologique dans les autres ouvrages se concentre sur l'existence des êtres humains dans la durée. Ainsi, la figure de la « *vita communis* », présente dans le prologue du *Traité de la réforme de l'entendement*, désigne un grand champ d'expérience dont la valeur est ambigüe, si bien que le narrateur qui le décrit et le vit voit sa puissance d'agir diminuée presque au point de la destruction. L'évaluation critique du domaine de la *vita communis* ouvre ainsi la voie pour considérer comment la vie ordinaire peut se transformer en une vie philosophique engagée dans ce même domaine d'expériences communes partagées par les non-philosophes. Spinoza présente ensuite, dans le *Traité théologico-politique*, la figure de la « *vita vera* », laquelle se conçoit en opposition, mais aussi en continuité avec celle de la *vita communis*. Étroitement liée au cas du Christ, la vraie vie constitue une existence dont la puissance est maximale grâce au développement de l'entendement. Si elle s'oppose en ce sens au caractère mortifère de la *vita communis*, ces deux figures de vie ont en commun d'impliquer une réflexion sur l'engagement politique du sage. À son tour, l'*Éthique* présente une figure de vie qui n'est pas explicitement nommée comme telle, mais que nous dégageons à partir des réflexions de Spinoza sur le rôle de la mémoire en tant que réservoir de traces matérielles sur le corps humain : c'est la figure de la « bio-graphie », que nous avons forgée pour indiquer la caractérisation de la trajectoire éthique de la *vita* humaine dans la durée. De la même façon, à partir du dernier écrit de Spinoza, le *Traité politique*, nous avons avancé une interprétation de la « multitude libre » comme une dernière figure de vie, désignant la modalité spécifique selon laquelle un corps peut s'organiser et penser collectivement.

Force, *vita communis*, *vita vera*, bio-graphie et multitude libre : toutes ces expressions désignent des figures autour desquelles est ancré l'usage de la notion de vie. Elles se constituent par la manière dont Spinoza utilise la terminologie de la *vita* et écrit sur ce sujet, en l'adaptant au propos des différents ouvrages.

En ce sens, on retrouve à nouveau un principe de variation dans la notion de vie, utilisée à des fins spécifiques selon le but de chacun des textes de Spinoza. Cette variation permet d'établir un parcours historique à travers ses différents textes. En effet, les déplacements de la terminologie de la *vita* ne sont pas triviaux : ils indiquent des modalités d'« extension » et de « focalisation » du terme qui correspondent aux buts de différents ouvrages. Comme nous l'avons vu, les *Pensées métaphysiques* présentent une extension radicale de la notion de vie sous la catégorie de force applicable à toute chose. Si cette application maximale du terme vie est maintenue dans les textes ultérieurs, c'est toujours comme un aspect sous-jacent à l'usage principal de la terminologie de *vita* pour désigner une entité particulière. Ainsi, nous avons détecté trois focalisations de cette manière de concevoir la vie. La première, sur l'espèce humaine tout entière dans le *Traité théologique-politique* ; la deuxième, sur la trajectoire d'*une* vie humaine singulière dans l'*Éthique* ; et la troisième sur la forme d'un individu collectif dans le *Traité politique*.

La réponse à la question que nous avons posée dans l'introduction sur une prétendue équivalence entre la vie et la force s'avère donc beaucoup plus complexe qu'une identité entre ces notions. Bien qu'il y ait un rapport intime entre ces deux termes, l'usage divers que fait Spinoza de la terminologie de la vie nous contraint à prendre de la distance avec des conclusions monolithiques sur un rapport de simple identité entre *conatus*, force et vie.

Chez Spinoza le problème de la vie dépasse la référence à la biologie pour devenir une notion qui qualifie la force des choses pour persévérer dans l'être. Elle permet d'explorer la diversité de la puissance d'agir modale, et particulièrement celle des êtres humains. Le scolie de la proposition 39 d'*Éthique* IV évoquant le poète espagnol montre bien que le critère caractérisant l'existence d'une vie singulière n'est pas purement biologique. Dans cet ouvrage, ce critère fait référence à la constitution biographique d'une trajectoire dans la durée. Le *bios* se constitue par les *graphai* ou, comme Spinoza l'exprime en latin, par les *vestigia*. Cette caractérisation de la vie sous la forme d'une bio-*graphie* dans l'*Éthique* est traversée, nous insistons là-dessus, par le fait que Spinoza laisse en suspens, dans ce même scolie, une « décision » concernant le moment spécifique du passage de la vie à la mort. Donc, l'établissement de la présence d'une vie singulière s'accompagne toujours d'un reste d'« indécision » quant au moment exact où elle ne serait plus.

La suspension du jugement autour de la fin d'une vie est un geste philosophique si complexe que l'exemple du poète espagnol met en relief le fait que la biographie, même conçue comme singulière, implique une dimension de reconnaissance qui ne permet pas de décréter simplement sa fin après une maladie. La biographie singulière a en quelque sorte une portée collective, liée à la manière dont le corps du malade (l'amnésique dans ce cas) continue à affecter et à marquer les corps des autres. Le paradoxe consistant à dire que le poète espagnol n'existe plus en tant que biographie singulier à cause de sa maladie, et qu'une transformation corporelle radicale s'est produite au niveau de la *natura naturata*, se heurte à la difficulté, exposée dans le scolie, de continuer à *designer* ou *nommer* ce mode comme le « poète espagnol » d'antan. Cet exemple montre que le moyen dont on dispose pour reconnaître une forme de vie ou une trajectoire dans la durée est indissociable de la façon dont on dé*signe* une vie ou écrit sur elle. La mise en suspens du jugement autour de la mort se trouve ainsi liée à la difficulté de se référer différemment, dans l'écriture, à cette vie.

La notion de *vita* chez Spinoza est donc intimement associée à une dimension que l'on peut définir comme « graphique », suivant le lexique qu'il utilise dans l'*Éthique* pour dénommer la manière dont une singularité modale se constitue dans la durée, grâce aux traçages corporels (l'acte de produire des *vestigia*). Si cette dimension graphique s'exprime sous la forme la plus évidente dans la figure de la bio-graphie que nous avons forgée, elle traverse tout le parcours et les différentes modulations de la *vita* que nous avons esquissé dans ce travail.

En suivant la piste donnée par Spinoza dans les *Pensées métaphysiques* au sujet de la potentielle variété d'usages du « mot » *vita*, nous avons pu examiner une palette de manières dont il exprime la notion de vie, précisément à travers une variété de façons d'écrire sur elle. Pour Spinoza, la *vita* n'est pas un universel applicable à n'importe quel objet existant dans la durée ; elle ne désigne pas non plus un objet unique. La *vita* se constitue plutôt comme un *outil d'écriture* : elle n'est pas séparable de la manière dont on la désigne ou la décrit dans le texte.

Si nous soulignons cette dimension scripturale de la notion de vie chez Spinoza, ce n'est pas pour dire qu'elle se réduit à des mots vides qui pourraient s'appliquer à n'importe quel objet, ni que les choses auxquelles elle fait référence n'existent que nominalement. Bien au contraire, c'est justement parce que l'étude de la vie en tant qu'objet requiert un soin spécial qu'il faut faire preuve d'une grande attention à la manière de l'exprimer ou de la désigner avec des signes qui, dans ce cas, seront des mots écrits dans un texte philosophique. En même temps, si la *vita* n'est pas séparable de cette dimension graphique, cela ne constitue pas une imperfection. On parle de « la » vie comme s'il y avait une sorte d'objet unique qu'elle désignerait. L'examen de cette notion montre que chez Spinoza, l'inséparabilité entre la *vita* et son écriture devient une source de puissance, qui rompt avec une perspective uniforme sur la vie, sans tomber dans un nominalisme vide ni un relativisme total.

La vie peut désigner une variété d'objets, mais elle se constitue surtout en une manière de *qualifier* la force immanente aux choses qui existent dans la durée. C'est par cette qualification que la manière dont on désigne la vie comme objet, au moyen d'une terminologie précise et soigneuse, permet de comprendre comment la puissance spécifique d'un mode, ou d'un groupe de modes, se déploie dans la durée. En tant qu'outil d'écriture, les différents usages de la notion de vie chez Spinoza impliquent un effort de la part du philosophe pour établir des modalités de focalisation sur certains objets dans la nature, afin de mieux ausculter leur puissance et leur nature.

Comme nous l'avons vu, l'objet par excellence sur lequel Spinoza se focalise par la terminologie associée à la *vita* est l'être humain en tant que mode durable, dans sa dimension éthique et politique. Il faut souligner que le repérage de la terminologie spécifique que Spinoza utilise à chaque moment de son œuvre montre que l'écriture et la désignation de la vie, avec ses différentes figures, font d'elle un objet varié, irréductible à une définition uniforme. Si l'usage de la notion de vie se concentre sur la trajectoire des humains dans la durée, les variations de son écriture permettent d'avancer des modalités de définir ces trajectoires, qui doivent se comprendre comme de nouvelles qualifications de la puissance humaine. Autrement dit, l'usage de la terminologie de la *vita* permet de qualifier la force particulière d'un mode, non pour déterminer sa nature de manière monolithique, mais pour l'examiner depuis diverses perspectives, avec des dénominations variées, afin de découvrir sa puissance à différents niveaux. L'écriture diverse de la vie s'avère être une *puissance graphique* qui permet de faire découvrir les divers aspects des aptitudes humaines dans une variété de contextes et situations.

Or, la qualification de la force du mode humain par la terminologie de la *vita* présente une caractéristique qui traverse les quatre figures que nous avons étudiées à cet égard : la *vita communis*, la *vera vita*, la bio-*graphie* et la multitude libre. Cet aspect commun concerne la diversité de modalités dans lesquelles le mode humain déploie sa rationalité[1]. La *vita communis* présente un contexte de vie quotidienne ou ordinaire à partir duquel le narrateur du prologue du *Traité de la réforme de l'entendement* est poussé à avancer une évaluation critique, en raisonnant devant les objets du champ d'expériences. Cette évaluation nous indique que de la puissance de la raison résulte la possibilité d'un développement d'une vie philosophique engagée dans la même *vita communis*. Avec la figure de la *vita vera*, la raison se présente enracinée dans le modèle d'une vie de puissance maximale, résultant de la dynamique de compréhension progressive de la nature. Si la *vita vera* est rare, c'est parce que le développement de l'entendement est difficile ; mais elle n'est pas décrite

1 C'est pourquoi il nous semble que le titre du livre de Raphaële Andrault, *La vie selon la raison*, Paris, Honoré Champion, 2014, s'avère juste, non seulement pour définir le problème de la vie chez Spinoza dans une contexte d'analyse philosophique et scientifique, mais aussi pour définir les usages de la terminologie de la *vita* et ses figures explicitement avancées par Spinoza.

comme une existence humaine miraculeuse, détachée de la vie sociale et politique : sa puissance implique aussi d'établir un modèle de résistance au souverain qui ne respecte pas la loi divine. Sa fonction politique suppose de s'efforcer de faire converger, par une diversité de moyens, une organisation raisonnable de la loi – ce que Spinoza appelle une *vera ratio vivendi* – et la loi instaurée *de facto* par le souverain, la *certa ratio vivendi*.

La figure de la bio-graphie, forgée à partir de notre lecture de l'*Éthique*, se révèle comme une sorte de cristallisation de la manière dont une trajectoire humaine dans la durée requiert à la fois des mécanismes de déploiement de l'imagination et de la rationalité. Si la vertu est définie sous la forme d'une vie humaine, comme qualification de son effort pour persévérer dans son être, le déploiement de cette puissance virtuose implique l'acte de vivre *ex ductu rationis* qui, en même temps, se trouve inévitablement marquer et être marquée imaginairement. Avec la bio-graphie, l'*Éthique* présente une modalité de *vita* qui est en quelque sorte forcément constituée par l'imagination, mais qui cherche également à s'organiser d'après une trajectoire rationnelle.

Si le *Traité de la réforme de l'entendement*, le *Traité théologico-politique* et l'*Éthique* présentent un rapport entre *vita* et rationalité attaché à des figures individuelles, la situation change lorsqu'on lit aussi la célèbre conception de la multitude libre du *Traité politique* comme une figure de *vita*. C'est là qu'une notion de vie collective s'enracine, accompagnée de la possibilité du développement d'une rationalité également collective – ce qui n'implique pas l'élimination des passions de chacun des membres de la Cité. Sans tomber dans une lecture téléologique de ce parcours des variations et figures de la *vita*, on peut dire que, d'une certaine façon, le *Traité politique* aboutit à une synthèse de l'idée selon laquelle la notion de vie chez Spinoza ne se sépare, ni de sa référence à la raison, ni de sa constitution par l'imagination. Cela s'avère sans doute plus évident lorsqu'on saisit la *vita* comme modalité collective d'organisation, si bien que la rationalité collective de la Cité est produite par des mécanismes nécessairement passionnels et imaginatifs propres à chaque individu qui la soutient.

Si toutes ces figures de la vie impliquent un déploiement de la raison, celle-ci n'est pas pour autant conçue de manière homogène. Au contraire, on pourrait dire qu'à travers une diversité de désignations de la *vita* humaine, Spinoza a trouvé un moyen de découvrir une variété de manières dont la raison peut se déployer. Certes, il ne s'agit pas de quelque chose comme une relativisation de la raison, car, comme on le sait, pour Spinoza les fruits de l'entendement sont éternels ; cependant, associée à une diversité de façons de décrire et d'écrire la vie, la raison s'avère existentiellement liée à la variété des parcours du mode humain dans la durée. Son déploiement dépend de la trajectoire de la *vita*, à tel point que, dans l'*Éthique*, la vertu est désignée comme équivalant à la vie. Cependant, cette vertu est peinte d'une multitude de façons, telles que celles que nous avons examinées : comme organisation collective du mode au niveau politique, aménagement imaginatif de la singularité d'une trajectoire individuelle, modèle d'existence vraie ou évaluation critique d'un champ d'expériences. Si les fruits de la raison sont éternels, la manière d'y arriver dépend d'une diversité de contextes qui s'attachent toujours à la variété de façons dont la *vita* humaine se déploie dans la durée.

Or, si la terminologie autour de la vie est presque totalement réservée pour désigner les êtres humains, peut-on toujours soutenir que le spinozisme est une philosophie non-anthropocentrique ? Si, comme nous l'avons souligné, le parcours de la *vita* chez Spinoza implique d'opérer une requalification de la force des choses, qui concentre l'analyse sur le mode humain, peut-on dire que cette notion de vie fait retomber la philosophie spinoziste dans une forme d'anthropocentrisme vitaliste ?

Il faut répondre à cette dernière question par la négative. Il est vrai que nous avons insisté sur cette focalisation de l'analyse sur le mode humain ; mais nous avons également souligné le fait que l'inséparabilité entre vie et écriture nécessite que Spinoza découvre dans cette notion une immense puissance pour faire varier les objets désignés par ce terme. Autrement dit, le terme de vie a une sorte de *plasticité* qui assure un usage divers, mais non trivial. De ce point de vue, si dans ses différents ouvrages Spinoza concentre l'examen de la *vita* sur des objets appartenant à la sphère de la nature du mode humain, ce geste n'obéit pas à une sorte d'essentialisme concernant la notion de vie. La terminologie de la vie *tend* à se concentrer sur le mode humain et ses domaines d'activité dans la durée ; pourtant, Spinoza lui-même a établi des usages plus ou moins exceptionnels du terme, qui témoignent de toute une diversité de modalités que la vie pourrait désigner, mais que Spinoza n'a pas explorées dans ses propres écrits.

L'exemple le plus évident à cet égard est le scolie de la proposition 57 d'*Éthique* III, où Spinoza utilise exceptionnellement le terme de *vita* pour faire référence à des individus animaux non humains. Cet exemple nous montre que, pour Spinoza, il est toujours adéquat de parler de la « vie » des bêtes, même s'il ne poursuit pas d'analyse détaillée de ce sujet. La notion de *vita* dans ce passage s'établit comme un élément linguistique de singularisation qui dépasse la qualification de la force de l'être humain, en mettant en relief le caractère particulier de la jouissance de certains individus non humains. Spinoza n'a pas proposé une sorte d'« inventaire » de modes auxquels le terme de *vita* pourrait s'appliquer, mais dans ce scolie il laisse entendre que les animaux peuvent aussi être qualifiés selon cette perspective.

Ainsi, la concentration de la terminologie de la *vita* sur le cas du mode humain n'implique pas que Spinoza l'« épuise » uniquement dans ce domaine. La philosophie spinoziste s'est battue infatigablement contre l'anthropocentrisme, mais cela ne l'empêche pas de concentrer son examen de la nature sur le mode humain, parmi l'infinité des choses qui existent dans la durée. La notion de *vita* se constitue comme un élément graphique dans le texte qui témoigne de l'intention de Spinoza de focaliser la démarche libératrice de sa philosophie sur le mode humain comme son objet de prédilection.

Or, dire que l'humain est l'objet privilégié de sa philosophie ne signifie pas qu'il le soit dans la nature. Le rapport entre la notion de *conatus* et celle de vie, entendue comme qualification diverse de l'effort humain, témoigne du fait que n'importe quel examen d'un mode particulier doit toujours se soumettre à un fondement partagé par toutes les choses existantes. En effet, la tendance progressive de Spinoza à appliquer la terminologie de la *vita* à des modalités d'existence humaine diverses n'implique pas une hiérarchisation des choses dans la nature. Au contraire, si la terminologie de la *vita* se déplace vers les êtres humains, c'est justement parce que, depuis les *Pensées métaphysiques*, la force de persévérer dans l'être – considérée comme un fondement de la puissance commune – est partagée par tous les modes, sans hiérarchie ni privilège. Seulement, ce partage ayant déjà été établi dans le commentaire de Spinoza sur Descartes, il n'est plus nécessaire d'employer littéralement la terminologie de la vie pour tous les modes afin de désigner leur force d'exister.

L'usage concentré de la terminologie de la vie sur l'être humain implique ainsi le double geste d'essayer de mieux comprendre ce mode, d'une part, et de le situer comme une partie de la nature tout entière, de l'autre. La *vita* permet une sorte de singularisation analytique du mode humain destinée à explorer sa nature et sa puissance, sans jamais tomber dans une hiérarchisation des êtres du point de vue de la dynamique productrice substantielle.

Bien que Spinoza ait pour ainsi dire réservé l'indication graphique de la *vita*, au niveau de l'écriture, comme une sorte de « marque » ou « signe » dans le texte, faisant référence de manière préférentielle aux modes humains, des questions demeurent : pourquoi n'a-t-il pas écrit de cette même façon, sauf exceptionnellement ou uniquement dans un commentaire philosophique, à propos d'autre modes ? S'il est adéquat de parler, par exemple, d'une « vie des bêtes », pourquoi cette concentration presque totale du terme sur l'être humain ? Si la notion de vie sert à mener une exploration de la nature et de la puissance de modes particuliers, pourquoi Spinoza ne l'a-t-il pas utilisée de la même manière pour d'autres modes non humains ? Il n'est jamais facile d'expliquer pourquoi quelque chose n'est pas présent dans un projet intellectuel, notamment parce qu'aucune philosophie ne peut être totalement exhaustive ; mais notre but étant d'inclure un examen des silences terminologiques, il faut en conclusion esquisser une réponse quant à cette « absence » dans l'écriture de Spinoza.

Il convient premièrement de rappeler que l'une de nos conclusions est que l'usage de la terminologie de la *vita* par Spinoza renvoie à une notion de vie non biologique. Comme le montrent les exemples du poète espagnol dans l'*Éthique* ou la manière dont le *Traité théologico-politique* établit la liberté de penser comme fondement du droit humain, la définition de la vie ne répond pas à des critères biologiques. Dans ces deux exemples, la destruction du mode fini ne s'explique pas par son devenir cadavre. Au-delà du problème de la mort, cet usage non biologique de la notion de vie nécessite une référence accrue à la variété de façons dont Spinoza traite ce sujet en le rapportant toujours aux champs éthique et politique. Ainsi, conserver la possibilité d'aborder la notion spinoziste de vie d'une diversité de manières permettrait d'articuler un argument alternatif au nôtre, qui analyserait la vie de modes non humains depuis d'autres points de vue, sans considérer l'usage que fait

Spinoza de la terminologie de la *vita* comme la clé d'accès privilégiée. Une telle démarche n'annulerait pas la nôtre, mais ouvrirait sans doute une perspective différente au sujet de la vie qui ferait surgir, par exemple, la dimension biologique de ce problème[2].

Deuxièmement, il faut aussi remarquer que notre travail sur les figures et les variations de la notion de vie chez Spinoza n'examine pas isolément les usages de ce terme. En effet, dans chacun de ses ouvrages, Spinoza utilise le terme de vie dans un contexte argumentatif qui justifie un tel usage. À tout moment il y a un contexte qui, tout en situant le mode humain comme une partie de la nature, cherche à établir des voies d'organisation épistémologique, éthique et politique où l'acteur privilégié est ce mode. Il existe donc un argument plus vaste dans lequel s'insère l'emploi concentré de la terminologie de la *vita*. En réalité, l'importance du rapport entre le contexte argumentatif et la terminologie faisant référence à la vie s'apprécie lorsqu'on voit comment, dans le seul ouvrage analysé où la notion de vie ne renvoie pas de manière préférentielle à une thématique humaine – les *Pensées métaphysiques* –, son usage en tant qu'équivalent à la force des choses obéit aussi à un argument particulier, dans lequel Spinoza critique la notion d'âme de la tradition péripatéticienne, sous la forme d'un commentaire.

C'est pourquoi la notion de vie comme outil d'écriture n'est pas extrapolable d'un contexte à un autre sans prêter attention à son emplacement particulier dans un argument plus général. Ainsi, pour pouvoir concevoir hypothétiquement son usage systématique appliqué à d'autres modes, la terminologie de la vie devrait s'insérer dans un contexte argumentatif plus vaste, qui pourrait justifier ce type de référence au-delà du mode humain. Cet emploi lexical serait adéquat, mais Spinoza n'a pas développé un ouvrage contenant un tel argument et cela explique, selon nous, l'« absence » de l'usage systématique de cette terminologie appliquée à des modes non humains.

Troisièmement, tout en restant dans le cadre d'une réflexion sur la notion de *vita* comme élément de référence graphique dans le texte, il faut se demander sérieusement si l'on peut considérer l'œuvre de Spinoza comme totalement terminée, au point de dire que sa philosophie ne

---

2 C'est le cas, nous insistons là-dessus, du dernier ouvrage d'Henri Atlan, *Cours de philosophie biologique et cognitiviste. Spinoza et la biologie actuelle*, Paris, Odile Jacob, 2018, que nous avons déjà évoqué.

pourrait pas accepter de nouvelles manières d'écrire la vie. Spinoza lui-même a reconnu vers la fin de sa vie qu'il y avait des domaines complets – comme la physique – qu'il n'avait pas pu développer[3]. Par ailleurs, il laisse prudemment entendre qu'il n'est parfois pas possible de « tout » dire sur un sujet, étant donné l'avancée d'autres sciences nécessaires pour le comprendre. Par rapport au problème de la vie, cela peut être le cas de la célèbre formule au sujet du corps énoncée dans le scolie de la proposition 2 d'*Éthique* III : « ce que peut un corps, personne jusqu'ici ne l'a déterminé ». La phrase formulée quelques lignes plus loin – « [c]ar personne jusqu'ici n'a connu la structure du corps[4] » – met l'accent sur le fait que ce manque de connaissance ne signifie pas que les sciences de la nature ne peuvent pas avancer progressivement vers une compréhension plus complète du corps vivant et non vivant[5].

Pourtant, on pourrait certainement dire la même chose de la presque totalité des projets philosophiques : il n'existe probablement aucun penseur qui ne soit mort sans avoir considéré qu'il aurait toujours pu avancer de nouvelles idées dans un champ spécifique, ou que son manque de savoir n'aurait pu être complété par des développements complémentaires dans d'autres domaines de connaissance. Sans doute. Mais dans le cas de Spinoza, les réflexions sur la possibilité éventuelle de prolonger de sa philosophie sont d'une importance particulière pour deux raisons. D'abord, parce que la dynamique productrice infinie de la substance implique que s'enracine dans la philosophie de Spinoza un principe d'enchainement progressif du savoir, qui suppose aussi une démarche infinie de la connaissance rationnelle. Ensuite – et peut-être de manière plus pertinente pour notre propos –, il semble y avoir dans sa philosophie une sorte coupure directement lié à l'*écriture* de son œuvre. Si l'on prend comme critère qu'un texte peut être dit « terminé » – au moins

3 Voir la lettre 83 à Tschirnhaus, du 15 juillet 1676 : « Tu me demandes si à partir du seul concept d'étendue, on peut démontrer *a priori* la variété des choses. Je crois l'avoir déjà montré assez clairement, c'est impossible. Et c'est pourquoi Descartes a tort de définir la matière par l'étendue, car elle doit être nécessairement expliquée par un attribut qui exprime une essence éternelle et infinie. Mais je parlerai plus clairement de cela avec toi une autre fois peut-être, s'il me reste assez à vivre. Jusqu'à présent, je n'ai rien pu mettre en ordre sur cette question. » (G. IV, p. 334)

4 G. II, p. 142.

5 Voir Raphaële Andrault, « Que peut le corps ? Spinoza, au chevet des écorchés », *HAL archives-ouvertes.fr*, 2018, 1-26, disponible en ligne sur https://halshs.archives-ouvertes.fr/halshs-01838399v2/document (consulté le 30/12/2021).

du point de vue de ce que son auteur voudrait communiquer – lorsqu'il est publié entièrement, le seul ouvrage vraiment complet de Spinoza serait le *Traité théologico-politique*. L'autre texte publié de son vivant, les *Principes de la philosophie de Descartes*, s'arrête au début de la troisième partie ; les manuscrits inédits du *Traité de la réforme de l'entendement* et du *Traité politique* sont incomplets ; tandis que le texte apparemment complet de l'*Éthique* a été publié par les amis de Spinoza après sa mort. Au niveau de son écriture, il est donc difficile de dire que Spinoza ait « achevé » son œuvre.

À partir de ces remarques, on peut avancer la même idée par rapport aux manières d'écrire la vie. En effet, que Spinoza se soit focalisé sur l'exploration de la *vita* du mode humain doit être considéré comme un geste philosophique qui ne réduit pourtant pas l'usage adéquat de cette terminologie à ce seul mode-là. C'est sans doute en raison du caractère inachevé de son œuvre que Spinoza n'a pas déployé systématiquement cet exercice d'écriture pour explorer la singularité de la nature d'autres choses, qui pourraient légitimement être indiquées par la notion de *vita*. S'il est juste de dire, comme nous le soutenons, que la notion de vie chez Spinoza est inséparable de la façon dont elle devient un signe pour qualifier et singulariser des choses spécifiques dans la nature, on ne peut donc pas dire que cette démarche s'est achevée ou épuisée avec ce que Spinoza lui-même a pu écrire pendant son existence dans la durée.

BIBLIOGRAPHIE

ŒUVRES DE SPINOZA

ÉDITIONS DE RÉFÉRENCE EN LATIN ET BILINGUE

SPINOZA, Baruch, *Spinoza Opera. Im Auftrag der Heidelberger Akademie der Wissenschaften herausgegeben von Carl Gebhardt*, Heidelberg, Carl Winter, 1925.

SPINOZA, Baruch, *Premières écrits*, textes établis par Filippo Mignini. *Traité de la réforme de l'entendement*, traduction par Michelle Beyssade, *Court Traité*, traduction par Joël Ganault, *Œuvres* I, sous la direction de Pierre-François Moreau, Paris, Presses universitaires de France 2009.

SPINOZA, Baruch, *Traité théologico-politique*, texte établi par Fokke Akkerman, traduction par Jacqueline Lagrée et Pierre-François Moreau, *Œuvres* III, sous la direction de Pierre-François Moreau, Paris, Presses universitaires de France, 1998.

SPINOZA, Baruch, *Éthique*, texte établi par Fokke Akkerman et Piet Steenbakkers, traduction par Pierre-François Moreau, *Œuvres* IV, sous la direction de Pierre-François Moreau, Paris, Presses universitaires de France, 2020.

SPINOZA, Baruch, *Traité politique*, texte établi par Omero Proietti, traduction par Charles Ramond, *Œuvres* V, sous la direction de Pierre-François Moreau, Paris, Presses universitaires de France, 2005.

Pour les autres œuvres de Spinoza, nous avons utilisé les éditions suivantes :

SPINOZA, Baruch, *Œuvres de Spinoza*, I, *Court Traité. Traité de la réforme de l'entendement. Principes de la philosophie de Descartes. Pensées métaphysiques*, traduction par Charles Appuhn, Paris, Garnier-Flammarion, 1964.

SPINOZA, Baruch, *Correspondance*, traduction par Maxime Rovere, Paris, Garnier-Flammarion, 2010.

AUTRES ÉDITIONS CONSULTÉES

SPINOZA, Baruch, *Œuvres de Spinoza*, 4 tomes, traduction française par Charles Apphun, Garnier-Flammarion, 1964.

SPINOZA, Baruch, *Œuvres complètes*, Paris, Gallimard, Bibliothèque La Pléiade, 1954.

SPINOZA, Baruch, *Complete Works*, traduction anglaise par Samuel Shirley, Indianapolis, Hackett, 2002.

SPINOZA, Baruch, *The Collected Works of Spinoza*, 2 tomes, traduction anglaise par Edwin Curley, Princeton, Princeton University Press, 1985-2016.

SPINOZA, Baruch, *Traité de la réforme de l'entendement*, traduction française par Bernard Rousset, Paris, Vrin, 1992.

SPINOZA, Baruch, *The Vatican Manuscript of Spinoza's Ethica*, édition de Leen Spruit et Pina Totaro, Leyde, Brill, 2011.

SPINOZA, Baruch, *Éthique*, traduction par Bernard Pautrat, Paris, Seuil, 1988, rééd. 2010.

SPINOZA, Baruch, *Éthique*, traduction par Maxime Rovere, Paris, Flammarion, 2021.

SPINOZA, Baruch, *Etica dimostrata con metodo geometrico*, traduction italienne par Emilia Giancotti, Rome, Editori Riunti, 2000.

SPINOZA, Baruch, *Ética demostrada según el orden geométrico*, traduction espagnole par Atilano Domínguez, Madrid, Trotta, 2002.

SPINOZA, Baruch, *Ética demostrada según el orden geométrico*, traduction espagnole par Pedro Lomba, Madrid, Trotta, 2020.

SPINOZA, Baruch, *Ética*, traduction portugaise par Tomaz Tadeu, Belo Horizonte, Autêntica Editora, 2007.

SPINOZA, Baruch, *Traité politique*, traduction française par Pierre-François Moreau, Paris, Répliques, 1979.

SPINOZA, Baruch, *Traité politique*, traduction française par Bernard Pautrat, Paris, Allia, 2013.

SPINOZA, Baruch, *Tratado político*, traduction espagnole par Humberto Giannini et María Isabel Flisfisch, Santiago du Chili, Universitaria, 1989.

SPINOZA, Baruch, *Tratado político*, traduction espagnole par Atilano Domínguez, Madrid, Alianza, 1986.

SPINOZA, Baruch, *Tratado político*, traduction portugaise par Diogo Pires Aurélio, WMF Martins Fonte, São Paulo, 2009.

AUTRES SOURCES PHILOSOPHIQUES

ARISTOTE, *Aristotelis de anima*, édition de William David Ross, Oxford, Clarendon Press, 1961.

ARISTOTE, *Aristotelis ethica nicomachea*, édition d'Ingram Bywater, Oxford, Clarendon Press, 1894.

ARISTOTE, *Aristotle's Metaphysics*, édition de William David Ross, 2 tomes, Oxford, Clarendon Press, 1953.

ARISTOTE, *Aristotelis politica*, edition de William David Ross, Oxford, Clarendon Press, 1957.

ARISTOTE, *Œuvres complètes*, Pierre Pellegrin (dir.), Paris, Flammarion, 2014.

ADORNO, Theodor, et HORKHEIMER, Max, *La dialectique de la raison : fragments philosophiques*, traduction d'Éliane Kaufholz, Paris, Gallimard, 1974 [1944, 1969[2]].

DESCARTES, René, *Meditationes de prima philosophia* [1641], t. VII, in *Œuvres complètes*, édition de Charles Adam et Paul Tannery, Paris, Vrin, 1996.

DESCARTES, René, *Principia philosophiæ* [1644], in *Œuvres complètes*, t. VIII, édition de Charles Adam et Paul Tannery, Paris, Vrin, 1996.

DESCARTES, René, *Méditations métaphysiques* [1647], in *Œuvres complètes*, t. IX édition de Charles Adam et Paul Tannery, Paris, Vrin, 1996.

DESCARTES, René, *Principes de la philosophie* [1647], in *Œuvres complètes*, t. IX édition de Charles Adam et Paul Tannery, Paris, Vrin, 1996.

DESCARTES, René, *Les passions de l'âme* [1649], tome, in *Œuvres complètes*, t. XI, édition de Charles Adam et Paul Tannery, Paris, Vrin, 1996.

DESCARTES, René, *Le monde*, in *Œuvres complètes*, t. XI édition de Charles Adam et Paul Tannery, Paris, Vrin, 1996.

DESCARTES, René, *Correspondance avec Arnauld et Morus*, édition de Geneviève Lewis, Paris, Vrin, 1953.

DESCARTES, René, *Œuvres philosophiques*, édition de Ferdinand Alquié, 3 tomes, Paris, Garnier Frères, 1963-1973.

HOBBES, Thomas, *De cive : Latin Version*, édition de Howard Warrender, Oxford, Oxford Clarendon Press, 1983 [1642, 1647[2]].

HOBBES, Thomas, *De cive : English Version*, édition de Howard Warrender, Oxford, Oxford Clarendon Press, 1983 [1651].

HOBBES, Thomas, *Leviathan*, édition de Noel Malcolm, 3 tomes, Oxford, Oxford Clarendon Press, 2014 [1651, 1668].

HOBBES, Thomas, *De corpore : elementorum philosophiae sectio prima*, édition de Karl Schuhmann, Paris, Vrin, 1999 [1655].

HORKHEIMER, Max, « Théorie traditionnelle et théorie critique » [1937], in *Théorie traditionnelle et théorie critique*, traduction par Claude Maillard et Sibylle Muller, Paris, Gallimard, 1996.
HORKHEIMER, Max, *The Eclipse of Reason*, Londres, Continuum, 2004 [1947].
HORKHEIMER, Max, *Éclipse de la raison*, traduction de Jacques Debouzy, Paris, Payot, 1974.
KANT, Immanuel, *Kritik der reinen Vernunft*, deuxième édition de 1787, in *Kants gesammelte Schriften herausgegeben von der Königlich Preußischen Akademie der Wissenschaften*, t. III, Berlin, Georg Reimer, 1911.
MARCUSE, Herbert, « Über den affirmativen Charakter der Kultur », *Zeitschrift für Sozialforschung*, 6 (1), 1939, p. 54-94.
MARX, Karl, *Das Kapital. Kritik der politischen Ökonomie*, t. I [1867, 1872^2, 1890^3], in *Karl Marx. Friedrich Engels. Gesamtausgabe*, t. II/10, Berlin, Dietz Verlag, 1987.
MARX, Karl, *Le capital. Critique de l'économie politique*, sous la responsabilité de Jean-Pierre Lefebvre, Paris, Presses universitaires de France, 1993.
SCHMITT, Carl, *Politische Theologie. Vier Kapitel zur Lehre von der Souveränität*, Munich, Duncker & Humblot, 1934 [1922].

LITTÉRATURE SECONDAIRE

ACOSTA, Emiliano, « Power, Public Opinion, Right of Rebellion and/or Revolution in the *Tractatus Theologico-Politicus* : Deconstructing the Radicality of Spinoza's Political Thought », in Quentin Landenne et Tristan Storme (dir.) *L'actualité du* Tratactus *de Spinoza et la question politico-théologique*, Bruxelles, Publications de l'Université de Bruxelles, 2014, p. 247-265.
ALTHUSSER, Louis, « Idéologie et appareils idéologiques d'État », in *Positions (1964-1975)*, Paris, Éditions Sociales, 1976, p. 67-125.
ALTHUSSER, Louis, « L'unique tradition matérialiste », *Lignes*, vol. 18, 1993, p. 75-97.
ANDRAULT, Raphaële, *La vie selon la raison. Physiologie et métaphysique chez Spinoza et Leibniz*, Paris, Honoré Champion, 2014.
ANDRAULT, Raphaële, « Que peut le corps ? Spinoza, au chevet des écorchés », *HAL archives-ouvertes.fr*, 2018, 1-26. Disponible en ligne sur https://halshs.archives-ouvertes.fr/halshs-01838399v2/document (consulté le 30/12/2021).
ARMSTRONG, Aurelia, « Natural and Unnatural Communities : Spinoza

beyond Hobbes », *British Journal for the History of Philosophy*, vol. 17, n° 2, 2009, p. 279-305.

ATLAN, Henri, *Les etincelles de hasard*, Paris, Seuil, 1999.

ATLAN, Henri, *Le vivant post-génomique ou qu'est-ce que l'auto-organisation*, Paris, Odile Jacob, 2011.

ATLAN, Henri, *Cours de philosophie biologique et cognitiviste. Spinoza et la biologie actuelle*, Paris, Odile Jacob, 2018

AUCANTE, Vincent, *La philosophie médicale de Descartes*, Paris, Presses universitaires de France, 2006.

BALIBAR, Étienne, *Spinoza et la politique*, Paris, Presses universitaires de France, 1985

BALIBAR, Étienne, « Spinoza, l'anti-Orwell. La crainte des masses », *La crainte des masses. Politique et philosophie avant et après Marx*, Paris, Galilée, 1997, p. 57-99.

BALIBAR, Étienne, *Spinoza politique : le transindividuel*, Paris, Presses universitaires de France, 2018.

BARBONE, Steven et RICE, Lee, « Spinoza and the Problem of Suicide », *International Philosophical Quarterly*, vol. 34, n° 2, 1994, p. 229-241.

BARBONE, Steven, « What Counts as an Individual for Spinoza ? » in Olli Koistinen et John Biro (dir.), *Spinoza : Metaphysical Themes*, Oxford, Oxford University Press, 2002, p. 89-112.

BEYSSADE, Jean-Marie, « VIX (*Éthique* IV Appendice chapitre 7) ou peut-on se sauver tout seul ? », *Revue de la metaphysique et de la morale*, vol. 99, n° 4, 1994, p. 493-503.

BOROS, Gábor, « Life as Death in Spinoza », in Gábor Boros, Judit Szalai, Olivér István Tóth (dir.), *The Concept of Affectivity in Early Modern Philosophy*, Budapest, The Dean of the Faculty of Humanities of Eötvös Loránd University, 2017, p. 142-158.

BOUVERESSE, Renée, *L'idée d'animisme universel chez Spinoza et Leibniz*, Paris, Vrin, 1992.

BOVE, Laurent, *La stratégie du* conatus. *Affirmation et résistance chez Spinoza*, Paris, Vrin, 1996.

BOVE, Laurent, « "Bêtes ou automates". La différence anthropologique dans la politique spinoziste », in Pierre François Moreau, Claude Cohen-Boulakia et Mireille Delbraccio (dir.), *Lectures contemporaines de Spinoza*, Paris, Presses de l'Université Paris-Sorbonne, 2012, p. 157-178.

BOVE, Laurent, « De la confiance politique : construire l'*hilaritas* démocratique », *EuroNomade*, 2014. Disponible en ligne sur http://www.euronomade.info/?p=1527 (consulté le 30/12/2021).

BOVE, Laurent, « Le théologico-politique et la question de la liberté chez

Spinoza. Du "droit de nature qui est propre au genre humain" », *La pensée*, vol. 398, 2019, p. 98-109.

BUTLER, Judith. *Giving an Account of Oneself*, New York, Fordham University Press, 2005.

BUTLER, Judith, *Senses of the Subject*, New York, Fordham University Press, 2015.

BUTLER, Judith, « Le désir de vivre. L'*Éthique* de Spinoza sous pression », in Eva Debray, Frédéric Lordon et Kim Sang Ong-Van-Cung (dir.), *Spinoza et les passions du social*, Paris, Éditions Amsterdam, 2019, p. 45-73.

BUYSE, Filip, « Le "démasquement" de Descartes par Spinoza dans les *Principia philosophae cartesianae* », *Teoria*, vol. 2, 2012, p. 15-44

CARRIERO, John, « Monism in Spinoza », in Olli Koistinen et John Biro (dir.), *Spinoza : Metaphysical Themes*, Oxford, Oxford University Press, 2002, p. 38-59.

CASARINO, Cesare, « Marx before Spinoza : Notes toward an Investigation », in Dimitris Vardoulakis (dir.), *Spinoza Now*, Minneapolis, University of Minnesota Press, 2011, p. 179-234.

CORTÉS-CUADRA, Juan Vicente. « Raison, passions et *conatus* chez Spinoza. Petite archéologie du suicide », *Revue des sciences philosophiques et théologiques*, vol. 101, n° 3, 2017, p. 405-442.

CORTÉS-CUADRA, Juan Vicente, « Le suicide de Sénèque chez Spinoza. Entre paradoxe éthique et question politique », *Laval théologique et philosophique*, vol. 74, n° 1, 2018, p. 5-21.

CORTÉS-CUADRA, Juan Vicente, *La notion de jouissance. Essai de reconstruction conceptuelle*, Paris, Éditions de la Sorbonne, 2019.

CORTÉS-CUADRA, Juan Vicente, « Vie, mort et mort en vie. Mémoire et identité chez Spinoza », *Revue philosophique de Louvain*, vol. 117, n° 1, 2019, p. 31-62.

CURLEY CURLEY, Edwin, *Behind the Geometrical Method : A Reading of Spinoza's* Ethics, Princeton, Princeton University Press, 1988.

CURLEY, Edwin, « The State of Nature and Its Law in Hobbes and Spinoza », *Philosophical Topics*, vol. 19, n° 1, 1991, p. 97-117.

CURLEY, Edwin, « Kissinger, Spinoza, and Genghis Khan », Don Garrett (dir.), *The Cambridge Companion to Spinoza*, Cambridge, Cambridge University Press, 1996, p. 315-343.

DANINO, Philippe, *Le meilleur ou le vrai. Spinoza et l'idée de philosophie*, Paris, Publications de la Sorbonne, 2014.

DELEUZE, Gilles, *Spinoza et le problème de l'expression*, Paris, Minuit, 1968.

DEL LUCCHESE, Filippo, « Democrazia, *multitudo* et terzo genere di conoscenza », in Filippo Del Lucchese et Vittorio Morfino (dir.), *Sulla scienza intuitiva in Spinoza. Ontologia, politica, estetica*, Milan, Ghibli, 2003, p. 95-127.

DEL LUCCHESE, Filippo, *Conflict, Power, and Multitude in Machiavelli and Spinoza : Tumult and Indignation*, Londres, Continuum, 2009.

DELLA ROCCA, Michael, « Getting his Hands Dirty : Spinoza's Criticism of the Rebel », in Yitzhak Melamed et Michael Rosenthal (dir.), *Spinoza's* Theological-Political Treatise : *A Critical Guide*, Cambridge, Cambridge University Press, 2010, p. 168-191.

DEN UYL, Douglas, *Power, State and Freedom : An Interpretation of Spinoza's Political Philosophy*, Assen, Van Gorcum, 1983, p. 89-122.

DOMÍNGUEZ, Atilano, « Contribución a la antropología de Spinoza. El hombre como ser imaginativo », *Logos. Anales del seminario de metafísica*, vol. 10, nº 1975, p. 63-90.

DOMÍNGUEZ, Atilano, « La morale de Spinoza et le salut par la foi », *Revue philosophique de Louvain*, vol. 78, nº 39, 1980, p. 345-364.

FARHI NETO, Leon, « Ontologia da insurreição e da revolução », in Daniela Cápona González et Braulio Rojas Castro (dir.), *Spinoza. XIV Coloquio. Repensar la potencia revolucionaria de la modernidad*, Valparaiso, Autoedición, 2019, p. 20-29.

FORTENBAUGH, William, « Aristotle : Animals, Emotion, and Moral Virtue », *Arethusa*, vol. 4, nº 2, 1971, p. 137-165.

FRAISSE, Jean-Claude, *L'œuvre de Spinoza*, Paris, Vrin, 1978.

FOUCAULT, Michel, *Le courage de la vérité. Le gouvernement de soi et des autres. Cours au Collège de France II. 1984*, Paris, Seuil/Gallimard, 2009.

FOUCAULT, Michel, *Du gouvernement des vivants. Cours au Collège de France, 1979-1980*, Paris, EHESS/Seuil/Gallimard, 2012.

GABHART, Mitchell, « Spinoza on self-preservation and self-destruction », *Journal of the History of Philosophy*, vol. 37, nº 4, 1999, p. 613-628.

GARAU, Rodolfo, « Springs, Nitre, and Conatus. The Role of the Heart in Hobbes's Physiology and Animal Locomotion », *British Journal for the History of Philosophy*, vol. 24, nº 2, 2016, p. 231-256.

GARBER, Daniel, *Descartes' Metaphysical Physics*, University of Chicago Press, Chicago, 1992.

GARBER, Daniel, « Descartes and Spinoza on Persistence and Conatus », *Studia spinozana*, vol. 10, 1994, p. 43-68.

GARBER, Daniel, « Dr. Fischelson's Dilemma : Spinoza on Freedom and Sociability », in Yirmihahu Yovel et Gideon Segal (dir.), *Ethica 4 : Spinoza on Reason and the "Free Man"*, New York, Little Room Press, 2004, p. 183–208.

GARBER, Daniel, « Should Spinoza Have Published His Philosophy ? », in Charlie Huenemann (dir.), *Interpreting Spinoza : Critical Essays*, Cambridge, Cambridge University Press, 2008, p. 166-187.

GARRETT, Don, « Spinoza's Theory of Metaphysical Individuation », Kenneth

Barber and Jorge Garcia (dir.), *Individuation and Identity in Early Modern Philosophy : Descartes to Kant*, Albany, State University of New York Press, 1994, p. 73-101.

GARRETT, Don, « Spinoza's Ethical Theory », in Don Garrett (dir.), *The Cambridge Companion to Spinoza*, Cambridge, Cambridge University Press, 1996, p. 267-314.

GARRETT, Don, « Spinoza's *Conatus* Argument », in Olli Koistinen et John Biro (dir.), *Spinoza : Metaphysical Themes*, Oxford, Oxford University Press, 2002, 127-158.

GARRETT, Don, *Nature and Necessity in Spinoza's Philosophy*, Oxford, Oxford University Press, 2018.

GATENS, Moira, *Imaginary Bodies. Ethics, Power and Corporeality*, Londres, Routledge, 1996, p. 125-136.

GATENS, Moira, « Spinoza's Disturbing Thesis : Power, Norms and Fiction in the *Tractatus Theologico-Politicus* », *History of Political Thought*, vol. 30, n° 3, 2009, p. 455-468.

GATENS, Moira, « The Condition of Human Nature », in Yitzhak Melamed et Hasana Sharp (dir.), *Spinoza's* Political Treatise : *A Critical Guide*, Cambridge, Cambridge University Press, 2018, p. 47-60.

GAUKROGER, Stephen, *Descartes' System of Natural Philosophy*, Cambridge University Press, Cambridge, 2002.

GUEROULT, Martial, « Métaphysique et physique de la force chez Descartes et chez Malebranche », *Revue de Métaphysique et de morale*, vol. 59, n° 1, 1954, p. 1-37.

GUEROULT, Martial, *Spinoza I. Dieu*, Paris, Aubier-Montaigne, 1968.

GUEROULT, Martial, *Spinoza II. L'âme*, Paris, Aubier-Montaigne, 1974.

GULLAN-WHUR, Margaret, « Spinoza and the Equality of Women », *Theoria*, vol. 68, n° 2, 2002, p. 91-111.

HARDT, Michael, « Translator's Foreword : The Anatomy of Power », in Antonio Negri, *The Savage Anomaly*, Minneapolis, University of Minnesota Press, 1991, p. XI-XVII.

HARVEY, David L., « Introduction », *Sociological Perspectives*, vol. 33, n° 1, 1990, p. 1-10.

HENRI, Julie, *Spinoza, une anthropologie éthique. Variations affectives et historicité de l'existence*, Paris, Classiques Garnier, 2015.

HELD, David, *Introduction to Critical Theory : Horkheimer to Habermas*, Berkeley, Berkeley University Press, 1980.

ISRAEL, Jonathan, *Radical Enlightenment : Philosophy and the Making of Modernity 1650-1750*, Oxford, Oxford University Press, 2001.

ISRAEL, Jonathan, « Spinoza as an Expounder, Critic, and "Reformer" of Descartes », *Intellectual History Review* vol. 17, n° 1, 2007, p. 58-78.

ISRÄEL, Nicolas, « Spinoza et la résistance tribal », *La pensée*, vol. 398, 2019, p. 24-36.

JAMES, Susan, « Democracy and the Good Life in Spinoza's Philosophy », in Charlie Huenemann (dir.), *Interpreting Spinoza : Critical Essays*, Cambridge, Cambridge University Press, 2008, p. 128-146.

JAMES, Susan, « Narrative as the Means to Freedom : Spinoza's Uses of Imagination », in Yitzhak Melamed et Michael Rosenthal (dir.), *Spinoza's* Theological-Political Treatise : *A Critical Guide*, Cambridge, Cambridge University Press, 2010, p. 250-267.

JAMES, Susan, *Spinoza on Philosophy, Religion, and Politics* : The Theologico-Political Treatise, Oxford, Oxford University Press, 2012.

JAQUET, Chantal, *Sub specie aeternitatis. Étude des concepts de temps, durée et éternité chez Spinoza*, Paris, Kimé, 1997.

JAQUET, Chantal, « De la morale commune à l'éthique », *Philosophique*, vol. 1, 1998, p. 23-36.

JAQUET, Chantal, « Le mal de mort chez Spinoza (et pourquoi il n'y faut point songer », in Chantal Jaquet, Pascal Sévérac et Ariel Suhamy (dir.), *Fortitude et servitude. Lectures de l'*Éthique *IV de Spinoza*, Paris, Kimé, 2003, p. 147-162.

JAQUET, Chantal, « Le problème de l'attribution de l'étendue à Dieu dans les *Pensées métaphysiques I*, ch. II », in Chantal Jaquet (dir.), *Les pensées Métaphysiques de Spinoza*, Paris, Publications de la Sorbonne, 2004, p. 37-59.

JAQUET, Chantal, *L'unité du corps et l'esprit. Affects, actions et passions chez Spinoza*, Paris, Presses universitaires de France, 2004.

JAQUET, Chantal, « Préface », in Chantal Jaquet (dir.), *Les pensées métaphysiques de Spinoza*, Paris, Publications de la Sorbonne, 2004, p. 11-15.

JAQUET, Chantal, *Les expressions de la puissance d'agir chez Spinoza*, Paris, Publications de la Sorbonne, 2005.

JAQUET, Chantal, « L'erreur dans *Les principes de la philosophie de Descartes* de Spinoza, I, XV », in Jean-Pierre Cléro et Emmanuel Faye (dir.), *Descartes, des principes aux phénomènes*, Paris, Armand Colin, 2012, p. 61-78.

JAQUET, Chantal, *Spinoza à l'œuvre. Composition des corps et force des idées*, Paris, Publications de la Sorbonne, 2017.

JAQUET, Chantal, « Eternity », in Michael Della Rocca (dir.), *The Oxford Handbook of Spinoza*, Oxford, Oxford University Press, 2018, p. 370-376.

JAQUET, Chantal, « Longing (*desiderium*) for Vengeance as the Foundation of the Commonwealth », in Yitzhak Melamed et Hasana Sharp (dir.), *Spinoza's* Political Treatise : *A Critical Guide*, Cambridge, Cambridge University Press, 2018, p. 78-92.

JAQUET, Chantal, « La obediencia revolucionaria de Spinoza, o la crítica de la indignación », in Daniela Cápona González et Braulio Rojas Castro (dir.),

Spinoza. XIV Coloquio. Repensar la potencia revolucionaria de la modernidad, Valparaiso, Autoedición, 2019, p. 49-57.

JAQUET, Chantal, « Religion et politique : une logique de l'accommodement », *La pensée*, vol. 398, 2019, p. 131-143.

JAQUET, Chantal, *Spinoza ou la prudence*, Paris, Éditions du Retour, 2019.

JAY, Martin, *The Dialectical Imagination : A History of the Frankfurt School and the Institute of Social Research. 1923-1950*, Berkeley, University of California Press, 1993 [1973].

KISNR, Matthew, « Reconsidering Spinoza's Free Man : The Model of Human Nature », *Oxford Studies in Early Modern Philosophy*, vol. 5, Oxford, Clarendon Press, 2010, p. 91-114.

KLANJMAN, Adrien, *Méthode et art de penser chez Spinoza. Études sur l'idée vraie donnée*, Paris, Kimé, 2006,

LÆRKE, Mogens, *Spinoza and the Freedom of Philosophizing*, Oxford, Oxford University Press, 2021.

LAGRÉE, Jacqueline, « Spinoza et la foi du philosophe », in Pierre François Moreau, Claude Cohen-Boulakia et Mireille Delbraccio (dir.), *Lectures contemporaines de Spinoza*, Paris, Presses de l'Université Paris-Sorbonne, 2012, p. 189-200.

LAUX, Henri, « Le Christ et la politique chez Spinoza », *La pensée*, vol. 398, 2019.

LAUX, Henri, *Imagination et religion chez Spinoza. La* potentia *dans l'histoire*, Paris, Vrin, 1993.

LAZZERI, Christian, *Droit, pouvoir et liberté. Spinoza critique de Hobbes*, Paris, Presses universitaires de France, 1998.

LAZZERI, Christian, « Pascal et Spinoza », in Laurent Bove, Gérard Bras, Éric Méchoulan (dir.), *Pascal et Spinoza. Pensée du contraste : de la géométrie du hasard à la nécessité de la liberté*, Paris, Éditions Amsterdam, 2007, p. 245-272.

LAZZERI, Christian, « Identité constituante, identité constituée. Identité collective et groupe social », *Terrains/Théories*, vol. 3, 2015, p. 1-41.

LEMA HABASH, Nicolas, « La plasticité des termes "force" et "vie" dans les *Pensées métaphysiques* de Spinoza », in Vincent Legeay (dir.), *L'essence plastique. Aptitudes et accommodements chez Spinoza*, Paris, Éditions de la Sorbonne, 2018, p. 11-23.

LEMA HABASH, Nicolas, « Le parti des apôtres : Matheron et la subversion, entre Mao et le Christ », *La pensée*, 398, 2019, p. 86-97.

LIN, Martin, « Memory and Personal Identity in Spinoza », *Canadian Journal of Philosophy*, 35 (2), 2005, p. 243-268.

LLOYD, Genevieve, *Part of Nature : Self-Knowledge in Spinoza's* Ethics, Ithaca, Cornell University Press, 1994.

LORDON, Frédéric, « Derrière l'idéologie de la légitimité, la puissance de la multitude. Le *Traité politique* comme théorie générale des institutions », in Chantal

Jaquet, Pascal Sévérac et Ariel Suhamy (dir.), *La multitude libre. Nouvelles lectures du* Traité politique, Paris, Éditions Amsterdam, 2008, p. 105-129.

LORDON, Frédéric, *La Société des affects. Pour une structuralisme des passions*, Paris, Seuil, 2013.

MACHEREY, Pierre, *Introduction à l'*Éthique *de Spinoza. La première partie. La nature des choses*, Paris, Presses universitaires de France, 1998.

MACHEREY, Pierre, *Introduction à l'*Éthique *de Spinoza. La deuxième partie. La réalité mentale*, Paris, Presses universitaires de France, 1997.

MACHEREY, Pierre, *Introduction à l'*Éthique *de Spinoza. La troisième partie. La vie affective*, Paris, Presses universitaires de France, 1995.

MACHEREY, Pierre, *Introduction à l'*Éthique *de Spinoza. La quatrième partie. La condition humaine*, Paris, Presses universitaires de France, 1997.

MACHEREY, Pierre, *Introduction à l'*Éthique *de Spinoza. La cinquième partie. Les voies de la libération*, Paris, Presses universitaires de France, 1994.

MACHEREY, Pierre, « Spinoza et la simple obéissance », *La philosophie au sens large*, 2019. Disponible en ligne sur https://philolarge.hypotheses.org/2501 (consulté le 30/12/2021).

MACHEREY, Pierre, *Sagesse ou ignorance ? La question de Spinoza*, Paris, Éditions Amsterdam, 2019

MALABOU, Catherine, *Ontologie de l'accident. Essai sur la plasticité destructrice*, Paris, Editions Léo Scheer, 2009.

MANCHAK, John, « On Force in Cartesian Physics », *Philosophy of Science*, vol. 76, 2009.

MATHERON, Alexandre, *Individu et communauté chez Spinoza*, Paris, Minuit, 1969.

MATHERON, Alexandre, *Le Christ et le salut des ignorants chez Spinoza*, Paris, Aubier-Montaigne, 1971.

MATHERON, Alexandre, « L'État, selon Spinoza, est-il un individu au sens de Spinoza ? », in Michael Czelinski, Thomas Kisser, Robert Schnepf, Marcel Seen et Jürgen Stenzel (dir.), *Transformation der Metaphysik in die Moderne : Zur Gegenwärtigkeit der theoretischen und praktischen Philosophie Spinozas*, Würzburg, Königshausen und Neumann, 2003, p. 127-145.

MATHERON, Alexandre, *Études sur Spinoza et les philosophes de l'âge classique*, Lyon, ENS Éditions, 2011.

MATSON, Wallace, « Death and Destruction in Spinoza's *Ethics* », *Inquiry*, vol. 20, nº 1-4, 1977, p. 403-417.

MELAMED, Yitzhak, « The Metaphysics of the *Theological-Political Treatise* », in Yitzhak Melamed et Michael Rosenthal (dir.), *Spinoza's* Theological-Political Treatise : *A Critical Guide*, Cambridge, Cambridge University Press, 2010, p. 128-142.

MELAMED, Yitzhak, « A Glimpse into Spinoza's Metaphysical Laboratory : The Development of the Concepts of Substance and Attribute », in Yitzhak

Melamed (dir.), *The Young Spinoza : A Metaphysician in the Making*, Oxford, Oxford University Press, 2015.

Melamed, Yitzhak, et sharp, Hasana, « Introduction », in Yitzhak Melamed et Hasana Sharp (dir.), *Spinoza's* Political Treatise : *A Critical Guide*, Cambridge, Cambridge University Press, 2018, p. 1-11.

Miller, Jon, « Stoics and Spinoza on Suicide », in Gábor Boros (dir.), *Der Einfluss der Hellenismus auf die Philosophie der Frühen Neuzeit*, Wiesbaden, Harrasowitz Verlag, 2005, p. 107-135.

Monaco, Davide, « Individuation and Death in Spinoza's *Ethics*. The Spanish Poet Case Reconsidered », *British Journal for the History of Philosophy*, vol. 27, n° 5, 2019, p. 941-958.

Montag, Warren, *Bodies, Masses, Power : Spinoza and His Contemporaries*, Londres, Verso, 1999.

Moreau, Pierre-François, *Spinoza. L'expérience et l'éternité*, Paris, Presses universitaires de France, 1994.

Moreau, Pierre-François, *Spinoza et le spinozisme*, Paris, Presses universitaires de France, 2003.

Moreau, Pierre-François, « Les *Principia* de Spinoza », *Revue d'histoire des sciences*, vol. 58, n° 1, 2005, p. 53-66.

Moreau, Pierre-François, « L'amnésie du poète espagnol », *Klesis*, vol. 5, n° 1, 2007, p. 1-16.

Moreau, Pierre-François, « Les origines du christianisme dans le *Traité théologico-politique* », *La pensée*, vol. 398, 2019, p. 52-62.

Morfino, Vittorio, *Le temps et l'occasion. La rencontre Spinoza-Machiavel*, Paris, Classiques Garnier, 2012 [2002].

Morfino, Vittorio, « Imagination et ontologie de la relation. Notes pour une recherche », *La pensée*, vol. 398, 2019, p. 110-122.

Nadler, Steven, *Spinoza : A Life*, Cambridge, Cambridge University Press, 1999.

Nadler, Steven, *A Book Forged in Hell : Spinoza's Scandalous Treatise and the Birth of the Secular Age*, Princeton, Princeton University Press, 2011.

Nadler, Steven, « On Spinoza's "Free Man" », *Journal of the American Philosophical Association*, vol. 1, n° 1, 2015, p. 103-120.

Nadler, Steven, « Spinoza on Lying and Suicide », *British Journal for the History of Philosophy*, vol. 24, n° 2, 2016, p. 257–278.

Nadler, Steven, *Think Least of Death : Spinoza on How to Live and How to Die*, Princeton, Princeton University Press, 2020.

Negri, Antonio, *L'anomalia selvaggia. Saggio su potere e potenza in Baruch Spinoza*, Milan, Feltrinelli, 1981.

Negri, Antonio, *Spinoza subversif. Variations (in)actuelles*, traduction par Marilene Raiola et François Matheron, Paris, Kimé, 1994.

NUSSBAUM, Martha, « The Ascent of Love : Plato, Spinoza, Proust », *New Literary History*, vol. 25, nº 4, 1994, p. 925-949.

NUSSBAUM, Martha, *The Upheavals of Thought. The Intelligence of Emotions*, Cambridge, Cambridge University Press, 2001.

OLIVA, Luís César, « De não pensar na morte a não temer a morte », in Daniela Cápona González et Braulio Rojas Castro (dir.), *Spinoza. XIV Coloquio. Repensar la potencia revolucionaria de la modernidad*, Valparaíso, Autoedición, 2019, p. 168-177.

ONG-VAN-KUNG, Kim Sang, « Le pouvoir d'être affecté : modes spinozistes et singularités chez Deleuze », in Anne Sauvagnargues et Pascal Sévérac (dir.), *Spinoza-Deleuze : lectures croisées*, Lyon, ENS Éditions, 2016, p. 45-68.

PAVLOVITS, Tamás, « La raison du suicide chez Pascal et Spinoza », in Laurent Bove, Gérard Bras et Éric Méchoulan (dir.), *Pascal et Spinoza. Pensée du contraste : de la géométrie du hasard à la nécessité de la liberté*, Paris, Éditions Amsterdam, 2007, p. 209-217.

PFAUWADEL, Aurélie, et SÉVÉRAC, Pascal, « Connaissance du politique par les gouffres : Spinoza et Foucault », in Yves Citton et de Frédéric (dir.) *Spinoza et les sciences sociales. De la puissance de la multitude à l'économie des affects*, Paris, Éditions Amsterdam, 2008, p. 189-211.

POTTE-BONNEVILLE, Mathieu et ZAOUI, Pierre, « David Lynch – Corps et âme », *Man Waking From Dream*, catalogue exposition au FRAC Auvergne, Clermont-Ferrand, 2012.

RAMOND, Charles, *Qualité et quantité dans la philosophie de Spinoza*, Paris, Presses universitaires de France, 1995.

RAMOND, Charles. *Le vocabulaire de Spinoza*, Paris, Ellipses, 1999

RAMOND, Charles, « La loi du nombre (ou la démocratie comme "régime absolu") », Introduction à Spinoza, *Traité politique*, *Œuvres* V, Paris, Presses universitaires de France, 2005, p. 7-43.

RAMOND, Charles, *Spinoza contemporain. Philosophie, éthique, politique*, Paris, L'Harmattan, 2016.

RAMOND, Charles, « Adaptations illusoires et sélection réelle (dans la doctrine spinoziste des essences de choses singulières) », in Vincent Legeay (dir.), *L'essence plastique. Aptitudes et accommodements chez Spinoza*, Paris, Éditions de la Sorbonne, 2018, p. 109-127.

RICE, Lee, « Spinoza on Individuation », *The Monist*, vol. 55, nº 4, 1971, p. 640-659.

RORTY, Amelie, « Spinoza on the Pathos of Idolatrous Love and the Hilarity of True Love », in Moira Gatens (dir.), *Feminist Interpretations of Benedict Spinoza*, Pennsylvania, The Pennsylvania State University Press, 2009, p. 65-85.

ROSENTHAL, Michael, « Why Spinoza Chose the Hebrews : The Exemplary

Function of Prophecy in the *Theological-Political Treatise* », *History of Political Thought*, vol. 18, nº 2, 1997, p. 207-241.

ROSENTHAL, Michael, « What is Real about "Ideal Constitutions" », in Yitzhak Melamed et Hasana Sharp (dir.), *Spinoza's* Political Treatise : *A Critical Guide*, Cambridge, Cambridge University Press, 2018, 12-28.

RUTHERFORD, Donald. « Spinoza's Conception of Law », in Yitzhak Melamed et Michael Rosenthal (dir.), *Spinoza's* Theological-Political Treatise : *A Critical Guide*, Cambridge, Cambridge University Press, 2010, p. 148-167.

SCRIBANO, Emmanuela. « Invention et interprétation dans la réécriture spinozienne de la métaphysique des *Principia philosophiae* », *Revue d'histoire des sciences*, vol. 58, nº 1, 2005, p. 67-85.

SCRIBANO, Emmanuela, « Spinoza muore », *Rivista di Storia della Filosofia*, vol. 67, nº 1, 2012, 107-130.

SÉVÉRAC, Pascal, *Devenir actif chez Spinoza*, Paris, Honoré Champion, 2005.

SÉVÉRAC, Pascal, « Deleuze et Spinoza : les deux corps du moi », in Anne Sauvagnargues et Pascal Sévérac (dir.), *Spinoza-Deleuze : lectures croisées*, Lyon, ENS Éditions, 2016, 139-151.

SHARP, Hasana, « Eve's Perfection : Spinoza on Sexual (In)Equality », *Journal of the History of Philosophy*, vol. 50, nº 4, 2011, p. 559-580.

SHARP, Hasana, « Family Quarrels and Mental Harmony », in Yitzhak Melamed et Hasana Sharp (dir.), *Spinoza's* Political Treatise : *A Critical Guide*, Cambridge, Cambridge University Press, 2018, p. 93-110.

SHARP, Hasana. « Generosity as Freedom in Spinoza's *Ethics* », in Jack Stetter et Charles Ramond (dir.), *Spinoza in Twenty-First-Century American and French Philosophy : Metaphysics, Philosophy of Mind, Moral and Political Philosophy*, Londres, Bloomsbury, 2019, p. 277-288.

SUHAMY, Ariel, *La communication du bien chez Spinoza*, Paris, Classiques Garnier, 2010.

TEMKINE, Pierre, « Le modèle de l'homme libre », *Revue de métaphysique et de morale*, vol. 99, nº 4, 1994, p. 437-448.

TOSEL, André, *Spinoza ou le crépuscule de la servitude : essai sur le* Traité théologico-politique, Paris, Aubier, 1984.

VANDEWALLE, Bernard, *Spinoza et la médicine. Éthique et thérapeutique*, Paris, L'Harmattan, 2011.

VILJANEN, Valtteri, *Spinoza's Geometry of Power*, Cambridge, Cambridge University Press, 2011.

VINCIGUERRA, Lorenzo, *Spinoza et le signe. La genèse de l'imagination*, Paris, Vrin, 2005.

VIOLETTE, René, « Méthode inventive et méthode inventée dans l'introduction au *De Intellectus Emendatione* de Spinoza », *Revue philosophique de la France et de l'étranger*, vol. 167, nº 3, 1977, p. 303-322.

WALLER, Jason, « Spinoza on the Incoherence of Self-Destruction », *British Journal for the History of Philosophy*, vol. 17, n° 3, 2009, p. 487–503.

YOUPA, Andrew, « Spinoza's Theory of the Good », in Olli Koistinen (dir.), *Cambridge Companion to Spinoza's* Ethics, Cambridge, Cambridge University Press, 2009, p. 242–257.

YOUPA, Andrew, « Spinoza's Model of Human Nature », *Journal of the History of Philosophy*, vol. 48, n° 1, 2010, p. 61–76.

ZAC, Sylvain. *L'idée de vie dans la philosophie de Spinoza*, Paris, Presses universitaires de France, 1963.

ZOURABICHVILI, François. *L'idée de transformation dans la philosophie de Spinoza*, Thèse de Doctorat en Philosophie, Université Nancy 2, 1999.

ZOURABICHVILI, François. *Le conservatisme paradoxal de Spinoza. Enfance et royauté*, Paris, Presses universitaires de France, 2002.

ZOURABICHVILI, François. *Spinoza. Une physique de la pensée*, Paris, Presses universitaires de France, 2002.

ZWEERMAN, Theo. *L'introduction à la philosophie selon Spinoza. Une analyse structurelle de l'introduction du Traité de la réforme de l'entendement, suivie d'un commentaire de ce texte*, Louvain, Presses universitaires de Louvain, 1993.

INSTRUMENTS DE TRAVAIL, DICTIONNAIRES, INDEX ET LEXIQUES

BOUVERESSE, Renée, et MOREAU, Pierre-François, « Index informatique », in Spinoza, *Tratactus politicus / Traité politique*, édition de Pierre-François Moreau, Paris, Éditions Réplique, 1979.

GAFFIOT, Félix, *Dictionnaire latin français Gaffiot 2016*, Gérard Gréco, 2016.

GIANCOTTI-BOSCHERINI, Emilia, *Lexicon Spinozanum*, 2 tomes, Mertinus Nijhoff, La Haye, 1970.

GLARE, P. G. W. (dir.), *Oxford Latin Dictionary*, Oxford, Oxford University Press, 2012².

LIDDELL, Henry George, et SCOTT, Robert, *A Greek English Lexicon*, Oxford : Clarendon Press, 1996⁹.

RAMOND, Charles, *Dictionnaire Spinoza*, Paris, Ellipses, 2007.

REY, Alain, *Dictionnaire historique de la langue Française*, 3 tomes, Paris, Le Robert, 2019.

INDEX DES NOMS

INDEX DES NOTIONS

TABLE DES MATIÈRES

IMPRIM'VERT®

Achevé d'imprimer par Corlet,
Condé-en-Normandie (Calvados),
en Juillet 2022
N° d'impression : 176818 - dépôt légal : Juillet 2022
Imprimé en France